国家自然科学基金青年项目《标准联盟组合对企业技术标准化能力的影响机理研究：基于技术融合视角》(项目编号：72002070)、国家自然科学基金重点项目《自主创新背景下我国高技术产业标准化战略与政策研究》(项目编号：71233002)的核心成果

获得湖南省教育厅优秀青年项目《跨领域技术融合网络对突破式产品创新的影响研究》(项目编号：23B0606)的资助

企业标准化合作与产品创新战略

基于标准联盟网络结构的新产品开发研究

文金艳 著

知识产权出版社
全国百佳图书出版单位
—北京—

图书在版编目（CIP）数据

企业标准化合作与产品创新战略：基于标准联盟网络结构的新产品开发研究/文金艳著.—北京：知识产权出版社，2024.12.—（先进制造与创新发展丛书）.—ISBN 978-7-5130-9623-2

Ⅰ.F406.3

中国国家版本馆CIP数据核字第2024LX8485号

内容提要

企业标准化合作所形成的联盟网络结构反映其外部资源获取机会和行为差异，对新产品开发有不可忽视的影响。本书以汽车产业为例，探析了标准联盟网络形成及演化的动力机制，揭示了企业置身于标准联盟网络所具备的重要结构特征及所伴随的核心资源差异。基于网络嵌入性、标准经济学等理论，构建了标准联盟网络结构对企业新产品开发绩效的直接影响模型、权变影响模型和影响路径模型。利用我国汽车产业的技术标准、专利、联盟、新产品数据进行验证，并基于研究结论提出了在不同新产品开发战略下提升企业新产品开发绩效的联盟网络构建对策和提高产业整体产品创新水平的政策建议。

责任编辑：韩　冰　　　　　　责任校对：谷　洋
封面设计：商　宓　　　　　　责任印制：孙婷婷

先进制造与创新发展丛书

企业标准化合作与产品创新战略

基于标准联盟网络结构的新产品开发研究

文金艳　著

出版发行	知识产权出版社有限责任公司	网　　址	http://www.ipph.cn
社　　址	北京市海淀区气象路50号院	邮　　编	100081
责编电话	010-82000860转8126	责编邮箱	83930393@qq.com
发行电话	010-82000860转8101/8102	发行传真	010-82000893/82005070/82000270
印　　刷	北京九州迅驰传媒文化有限公司	经　　销	新华书店、各大网上书店及相关专业书店
开　　本	720mm×1000mm　1/16	印　　张	16.5
版　　次	2024年12月第1版	印　　次	2024年12月第1次印刷
字　　数	252千字	定　　价	98.00元
ISBN 978-7-5130-9623-2			

出版权专有　侵权必究
如有印装质量问题，本社负责调换。

目 录

第1章 绪 论 ········· 001

1.1 企业产品创新问题的提出　/ 001
　　1.1.1 国家创新战略下的企业创新　/ 001
　　1.1.2 标准化合作与新产品开发　/ 002
　　1.1.3 网络知识整合与资源禀赋　/ 003
1.2 本书的逻辑与框架　/ 005
　　1.2.1 逻辑思路与方法　/ 005
　　1.2.2 研究内容与框架　/ 008
　　1.2.3 研究技术路线图　/ 010
1.3 本书的主要创新点　/ 010

第2章 理论基础与文献综述 ········· 014

2.1 理论基础　/ 014
　　2.1.1 基于分工的模块化理论　/ 014
　　2.1.2 标准经济学　/ 015
　　2.1.3 资源依赖理论　/ 017
　　2.1.4 知识基础理论　/ 018
　　2.1.5 网络嵌入性理论　/ 019
2.2 相关文献综述　/ 021
　　2.2.1 新产品开发绩效的相关研究综述　/ 021

2.2.2　标准联盟网络结构嵌入性的相关研究综述　　　／029

　　2.2.3　知识整合能力的相关研究综述　　／035

　　2.2.4　网络资源禀赋的相关研究综述　　／046

2.3　本章小结　　／050

第3章　标准联盟网络形成及结构嵌入性特征分析 ……………… 052

3.1　标准化合作关系的形成机理　　／052

　　3.1.1　企业参与标准化合作的动机　　／052

　　3.1.2　基于博弈模型的标准化合作关系形成的条件　　／057

3.2　标准联盟网络的组织模式　　／064

　　3.2.1　自上而下的政府他组织　　／064

　　3.2.2　自下而上的企业自组织　　／066

　　3.2.3　混合组织　　／067

3.3　标准联盟网络的演化　　／068

　　3.3.1　标准联盟网络演化的过程　　／068

　　3.3.2　标准联盟网络演化的动力机制　　／071

3.4　标准联盟网络结构嵌入性特征分析　　／074

　　3.4.1　标准联盟网络所嵌入主体构成　　／074

　　3.4.2　标准联盟网络中心度与网络地位　　／076

　　3.4.3　标准联盟网络结构洞与网络控制　　／077

3.5　汽车产业标准联盟网络构建及特征　　／078

　　3.5.1　数据来源与收集　　／078

　　3.5.2　汽车产业标准联盟网络构建与分析　　／080

　　3.5.3　汽车产业标准联盟网络演化与企业网络位置变迁　　／082

3.6　本章小结　　／092

第4章　标准联盟网络结构对企业新产品开发绩效的直接影响研究 ……………………………………………………………… 093

4.1　新产品开发绩效的构成要素　　／093

4.1.1　新产品开发效果与新产品数量　　/093

　　4.1.2　新产品开发效率与新产品进入市场速度　　/094

4.2　标准联盟网络结构作用的一般模式　　/095

　　4.2.1　跨组织学习　　/096

　　4.2.2　社会资本累积　　/098

4.3　标准联盟网络结构对新产品开发绩效的影响机理　　/099

　　4.3.1　中心度对新产品数量的影响　　/099

　　4.3.2　中心度对新产品进入市场速度的影响　　/101

　　4.3.3　结构洞对新产品数量的影响　　/103

　　4.3.4　结构洞对新产品进入市场速度的影响　　/105

4.4　标准联盟网络结构对新产品开发绩效的影响实证　　/107

　　4.4.1　研究设计　　/107

　　4.4.2　数据分析　　/116

4.5　本章小结　　/121

第5章　标准联盟网络资源禀赋的调节作用研究 …………………… 123

5.1　标准联盟网络资源禀赋特征　　/123

　　5.1.1　网络成员地位构成与网络资源影响力　　/123

　　5.1.2　网络成员多样化构成与网络资源异质性　　/124

5.2　网络资源影响力调节下结构对新产品开发绩效的影响机理　　/125

　　5.2.1　网络资源影响力调节下中心度对新产品开发绩效的影响　　/125

　　5.2.2　网络资源影响力调节下结构洞对新产品开发绩效的影响　　/126

5.3　网络资源异质性调节下结构对新产品开发绩效的影响机理　　/127

　　5.3.1　网络资源异质性调节下中心度对新产品开发绩效的影响　　/127

　　5.3.2　网络资源异质性调节下结构洞对新产品开发绩效的影响　　/128

5.4 标准联盟网络资源禀赋的调节作用实证 ／130
    5.4.1 研究设计 ／130
    5.4.2 数据分析 ／134

5.5 本章小结 ／139

第6章 企业知识整合能力的中介作用研究 …………………… 141

6.1 影响新产品开发绩效的知识整合能力构成 ／141
    6.1.1 知识元素组合多样化与技术多元化能力 ／142
    6.1.2 知识元素组合效率与技术标准化能力 ／143

6.2 知识整合能力之技术多元化能力的中介作用机理 ／144
    6.2.1 标准联盟网络结构对技术多元化能力的影响 ／144
    6.2.2 技术多元化能力对新产品开发绩效的影响 ／147
    6.2.3 技术多元化能力在网络结构对新产品开发绩效影响中的中介作用 ／149

6.3 知识整合能力之技术标准化能力的中介作用机理 ／151
    6.3.1 标准联盟网络结构对技术标准化能力的影响 ／151
    6.3.2 技术标准化能力对新产品开发绩效的影响 ／154
    6.3.3 技术标准化能力在网络结构对新产品开发绩效影响中的中介作用 ／155

6.4 知识整合能力的中介作用实证 ／158
    6.4.1 研究设计 ／158
    6.4.2 数据分析 ／161

6.5 本章小结 ／168

第7章 知识整合能力之技术标准化能力的拓展研究 …………… 169

7.1 技术标准化能力的分类与特征 ／169

7.2 技术标准化能力形成的动力机制与来源 ／171
    7.2.1 技术标准化能力形成的动力机制 ／171
    7.2.2 技术标准化能力形成的来源 ／172

7.3 标准联盟网络结构对两类技术标准化能力的直接影响机理 / 174
   7.3.1 标准联盟网络结构对技术标准化主导能力的影响 / 174
   7.3.2 标准联盟网络结构对技术标准化跟随能力的影响 / 175
7.4 标准联盟网络结构影响两类技术标准化能力的网络构成条件 / 176
   7.4.1 标准联盟网络多样性构成对两类技术标准化能力的影响 / 176
   7.4.2 网络多样性在中心度对技术标准化能力影响中的调节作用 / 177
   7.4.3 网络多样性在结构洞对技术标准化能力影响中的调节作用 / 178
7.5 标准联盟网络结构对两类技术标准化能力的影响实证 / 180
   7.5.1 研究设计 / 180
   7.5.2 数据分析 / 184
7.6 本章小结 / 188

第8章 企业战略管理启示与政策建议 ······ 189

8.1 主要研究发现与讨论 / 189
   8.1.1 标准联盟网络结构影响新产品开发绩效 / 191
   8.1.2 标准联盟网络结构影响企业知识整合能力 / 192
   8.1.3 标准联盟网络结构通过知识整合能力影响新产品开发绩效 / 194
   8.1.4 标准联盟网络资源禀赋调节结构与新产品开发绩效的关系 / 195
8.2 企业管理启示 / 197
   8.2.1 基于新产品开发战略目标实施差异化标准联盟网络构建战略 / 197
   8.2.2 占据高中心密集网络位置提升企业技术多元化能力 / 198

  8.2.3 利用高中心非冗余网络位置提升企业技术标准化能力 / 199

  8.2.4 基于新产品开发战略目标选择适配的网络位置——知识整合能力提升路径 / 200

  8.2.5 基于新产品开发战略目标采取适配的网络位置——网络构成模式 / 202

  8.2.6 基于标准化战略选择适配的网络位置——网络构成模式 / 202

8.3 政策建议 / 203

  8.3.1 行业层面政策建议 / 203

  8.3.2 国家层面政策建议 / 206

8.4 本章小结 / 208

第9章 研究结论与展望 210

9.1 研究结论 / 210

9.2 研究展望 / 212

参考文献 214

第1章 绪 论

1.1 企业产品创新问题的提出

1.1.1 国家创新战略下的企业创新

随着新一轮科技革命和产业变革加速演进,创新驱动成为各国发展的大趋势。2016 年中共中央、国务院发布的《国家创新驱动发展战略纲要》明确指出,要坚持以全球视野谋划和推动创新,全面提升我国在全球创新格局中的位势[1];美国先后在 2009 年、2011 年和 2015 年三次推出《美国国家创新战略》,强调创新是产生持续价值的唯一因素[2];日本 2018 年出版的《科学技术白皮书》中也着重强调了创新以夯实科技实力对国家发展的重要性。党的二十大报告中明确指出,要加快实施创新驱动发展战略,集聚力量,坚决打赢关键核心技术攻坚战。迎接新科技革命带来的机遇与挑战的关键在于加快完善我国创新体系建设,促进各类创新主体协同互动和创新要素高效流动、配置以提升国家创新能力[1]。其中,企业自主创新能力提升作为完成该任务的重要环节,如何切实增强企业的产品创新能力,培育一批核心技术能力突出、集成创新能力强、引领重要产业发展的创新型企业[1],是当前我国需要解决的长期战略性问题,是助推我国由"科技大国"变为"科技强国"的关键。

近年来,市场需求快速变化,技术与产品的生命周期不断缩短,企业持续开发新产品并快速将其打入市场的能力成为其获取卓越绩效并实现可持续发展的核心要素。尤其是技术密集型产业(如汽车产业),"产品创新"已取代"生产和营销"成为企业的核心发展战略[3]。人工智能、互联网、新材料等新兴技术对全球汽车产业产生革命性影响，创新成为汽车企业应对环境变化、抓住发展机遇的关键。汽车由移动工具向智能终端转变，大批企业从自动驾驶、高效能驱动、芯片与信息安全等领域切入，努力推进产品创新，为用户提供全方位、个性化的出行体验。新产品开发作为企业竞争力的重要源泉，其重要性已得到研究人员和产业界的广泛认可和关注，但由于环境变化以及新产品开发本身所面临的高不确定性和高风险性，新产品开发的失败率一直居高不下，成为威胁企业发展、影响产业经济增长和转型升级的障碍[4-5]。尽管每年各大企业会在产品创新上投入大量的资金，但新产品开发绩效却达不到预期效果。这说明当前关于新产品开发的研究成果仍然不足以解决企业所面临的现实问题，如何增加新产品开发产出、比竞争对手更快地推出新产品，仍需进一步的理论探索与实证研究。

1.1.2　标准化合作与新产品开发

技术创新与技术标准密切关联。技术标准体现技术水平，影响产业构架和创新轨迹，甚至可以决定相关模块企业的命运[6]。技术标准的上述重要性使得主导或参与技术标准制定成为企业赢得国内外市场的关键，以及顺利开展产品创新活动的保障。但随着技术快速发展和产品复杂化趋势不断增强，企业仅依靠自身资源开展标准化活动、参与标准竞争的可能性越来越小。同时，技术密集型产业的技术系统复杂性也决定了技术标准需要企业联合供应商、客户及其他利益相关者共同制定。例如，汽车产业的整车技术系统庞大，技术标准的制定不仅需要集成多种互补性技术以形成先进方案，还需要考虑供应链上各个环节的兼容性和协同性，因此必须通过产业内组织合作提升标准方案的科学性和完备性。标准联盟因其独特竞争力内涵，成为企业推行标准化战略的首选模式，是企业参与正式标准制定、影响标准内容和技术轨迹的重要途径。参与标准联盟有助于企业触及和控制战略性知识资源。Ballester 等（2006）、Fershtman 和 Gandal（2011）也表示标准联盟向企业提供了一个有利于提升技术和获取网络优势地位的重要平台[7-8]。Delcamp 和 Leiponen（2014）提出，标准联盟可有效促进兼容性标准相关的知识分享和研发协作，从而增强企业对研发的投入动力,并提升标准化效率[9]。因此,企业通过参与标准联盟展开技术标准合作,有利于企业获取和整合外部优势技术资源和市场力量进而影响标准制定,分担研发风险,有效提升企业技术与产品优势,对企业开展产品创新活动有不可忽视的影响。

技术密集型产业新产品开发作为一项复杂创新工程,其开展与推进通常涉及多学科领域知识,越来越难以依靠单个或少量企业组织完成。例如,汽车整车产品研发涉及机械、电子、材料、控制、计算机科学、热力学、流体力学等多领域知识技术,企业在创新活动中经常面临单一知识技术资源限制,但又难以同时兼顾多领域核心竞争力的培育。因而跨越企业边界,应用企业间合作网络来获取外部互补性知识技术资源成为企业实现复杂新产品开发的重要途径[10-11]。标准联盟网络作为一种重要的企业间合作网络,在合作制定标准的过程中极大地扩展了知识信息流动和创新的空间,是企业了解和获取产品开发所需知识资源分布、技术前沿与趋势信息的重要机制。进入20世纪以来,越来越多的企业将参与正式标准制定作为其新产品开发和市场策略的重要内容,组建和参与标准联盟以增强在正式标准制定中的话语权[12-13]。标准联盟内与联盟间的标准化合作关系互相缠结,形成组织间虚拟链接的标准联盟网络。参与标准联盟的企业不仅能在合作制定标准的过程中接触和获取来自伙伴的知识技术资源,还有机会通过合作伙伴的协作关系触及其他组织的各类有形与无形资源。一方面,标准联盟网络代表一系列便利或限制企业外部知识信息获取行为的关系渠道[14-15],嵌入标准联盟网络的企业通常比网络外企业能接触到更丰富的外部知识信息流[16],好的网络位置可为企业提供更高效的知识信息获取机会[17-18];另一方面,标准联盟网络作为社会资本形成与依附的载体[19],在网络中处于不同位置的企业在社会资本形成与积累方面存在差异[20],影响其在标准制定中的影响力和资源获取效率。因此,从网络视角研究企业如何在标准化合作过程中增强创新能力、提升新产品开发绩效,是值得深入探讨的重要理论与实践问题。

1.1.3 网络知识整合与资源禀赋

知识基础观认为知识是企业新价值创造和竞争优势形成的最重要战略

资源[21-23]，知识整合则是组织能力的本质与核心[24]。标准联盟网络为所有参与网络的企业触及和获取潜在外部知识技术资源提供了交互平台，占据不同网络位置可为企业提供有差异的外部知识技术资源获取与整合机会。但所获取的网络知识技术资源通常不能直接转化为企业绩效，需要企业通过知识整合能力对获取的外部资源加以吸收与利用，从而帮助企业获取新产品开发优势[25]。"资源—能力—绩效"的路径模型很好地解释了标准联盟网络不同结构所伴随的资源特征如何创造新产品开发优势的过程。知识整合作为将不同来源、结构、层次和内容的知识进行集成与重构的过程[26]，其目的既包含将不同领域专业知识融合以产生新领域知识[27-28]，也包含将零散的知识整合为有序的知识体系[29-30]。因此，基于知识整合目的视角，企业知识整合能力可划分为技术多元化能力（对多样化知识进行融合与重组进而实现知识创新，将技术知识延伸到新技术领域的能力）与技术标准化能力（对多样化知识进行综合与协调，减少多样性选择进而形成系统知识构架的能力）。由此可见，企业所处标准联盟网络结构与外部知识技术资源获取紧密相连，是构建知识整合能力（技术多元化和标准化能力）的关键前因，知识整合能力则是企业获取创新优势的重要来源，影响企业新产品开发绩效。标准联盟网络结构如何通过企业技术多元化能力和技术标准化能力影响企业新产品开发绩效，是企业实施新产品开发战略需要解决的另一个重要研究问题。

在标准联盟网络中，良好的网络位置本质上只是高效获取与整合外部多样化互补资源的渠道，而最终能从所拥有渠道获得的知识技术资源特征及整合难度，还取决于企业所嵌入网络的资源禀赋。在标准化合作过程中，虽然企业间合作关系的非个体布局影响个体行为及对知识技术资源的占有量的观点得到普遍认同[31-32]，但是企业通过构建和维持一系列企业间连接分布以占据好的网络位置并不足以获取新产品开发所需的多样化知识技术资源，企业所嵌入网络的资源禀赋是其通过网络位置有效获取与整合外部资源的前提[33]。其中网络资源影响力（如伙伴的地位、声誉）和网络资源异质性（如伙伴多样性）是企业以联盟合作形式获取外部资源所关注的重点[34-36]，将影响企业通过特定网络位置所能获取的外部资源价值及获取外部资源的难易度。因此，引入标准联盟网络资源禀赋特征变量（网络资源影响力、网络伙伴异质性）作为权变影响因素，可帮助我们进一步理解企业所处标准联盟网络结构对企业新产品开发绩效的影响，为企业新产品开发战略决策提供更全面的支撑。

本书的内容主要解决以下几个问题：①企业如何利用标准联盟网络来获取新产品开发数量优势和时间优势？②企业所处标准联盟网络结构如何影响企业新产品开发绩效？③当企业所处标准联盟网络资源禀赋特征不同时，其网络结构对企业新产品开发绩效的影响将如何变化？④企业拥有较强的知识整合能力（技术多元化能力、技术标准化能力）是否有利于提升新产品开发绩效？⑤企业技术多元化能力、技术标准化能力在标准联盟网络结构与新产品开发绩效的关系上有无中介作用？上述两种能力的影响路径是否存在差异？

1.2 本书的逻辑与框架

1.2.1 逻辑思路与方法

本书聚焦于标准联盟网络，运用知识基础理论、网络嵌入性理论、资源依赖理论和标准经济学理论，对企业所嵌入网络结构特征对新产品开发绩效的影响机理进行了系统深入的理论研究，基于我国汽车产业展开实证分析，发现、分析和论证了企业在标准联盟网络中不同位置所带来的网络资源差异，以及由此形成新产品开发优势的网络资源禀赋条件及不同知识整合能力培育路径，并重点拓展研究了关于知识整合之技术标准化能力形成的标准联盟网络前因。本书基本的研究逻辑如下：首先，采用规范研究方法在文献分析的基础上对所提出的研究问题"企业所处标准联盟网络结构如何影响企业新产品开发绩效"进行全面的理论分析与归纳，根据标准联盟网络结构嵌入性、企业知识整合能力、网络资源禀赋和企业新产品开发绩效之间内在的理论逻辑联系构建关于"网络结构对企业新产品开发绩效的直接影响""基于网络资源禀赋的影响条件""基于知识整合能力的影响路径"的概念模型，并推理提出核心研究假设。然后，采用实证研究方法收集我国技术密集型制造业的代表——汽车产业的数据进行检验，基于研究问题和数据特征选择科学的计量分析方法（固定效应负二项回归模型）展开实证分析，以验证所提出的研究假设。最后，根据实证分析结果归纳结论，为企业基于标准联盟网络的新产品开发战略实施提供管理对策，并提出相应政策建议。因此，本书的基本研究思路可总结为"文献分析—理论推演—概念模型构建与假设提出—数据收集与处理—计量模型选择与构建—实证检验—核心结论归纳与讨论—提出建议与对策"。本书采用的具体研究方法如下。

1. 规范研究

（1）文献综述。为全面了解、梳理、总结和利用已有研究成果，增强理论推演和假设提出过程的科学合理性，我们首先充分利用了图书馆和网络在线数字资源收集文献并展开文献综述。在湖南省高等学校图书馆数字资源共享平台、中国知网、万方数据知识服务平台、维普网、EBSCO、ScienceDirect、Wiley InterScience、SpringerLink、Emerald 等资源库中检索了1985—2023 年有关标准联盟网络、新产品开发、知识整合、技术标准制定、技术多元化等相关领域的中英文文献，利用 Google Scholar 追踪最新的研究文献。通过对大量文献的收集、筛选、阅读与整理，总结已有研究成果，梳理本研究的理论基础，分析研究热点和不足，并对相关领域影响力较大的经典文献进行了认真学习与参考，从而提出研究问题，构建理论分析框架和具体研究思路。

（2）理论推演。针对所聚焦的研究问题和构建的研究框架，梳理已有相关研究成果，分析标准联盟网络结构（中心度、结构洞）对新产品开发绩效的直接影响机理，企业知识整合能力（技术多元化能力、技术标准化能力）的中介作用机理，标准联盟网络资源禀赋（网络资源影响力、网络资源异质性）的调节作用机理，在此基础上推演出研究假设。

（3）数理模型推演。针对标准联盟网络的重要构成——标准化合作关系，基于博弈视角构建数理模型，探讨两个组织间达成标准化合作共识的条件，确定企业何时采用标准化合作战略。结合已有研究和标准化合作关系特征，设定模型基础假设与变量，形成合作主体受益矩阵，通过均衡求解分析标准化合作关系形成的条件。

2. 实证研究

（1）社会网络分析法。社会网络分析是通过数据方法、图论等定量分析方法将行动者之间的关系与社会系统结构结合起来[37]。为对标准联盟网络进行定量研究，本书运用社会网络分析法对产业内的企业组织间的标准化合作关系分布进行整体刻画，生成标准联盟网络。首先，采集汽车产业1998—2013年的正式标准联合起草数据；然后，基于正式标准联合起草单位信息形成组织间标准化合作的0-1网络邻接矩阵；最后，利用UCINET软件基于矩阵数据刻画拓扑关系图、计算与生成网络指标，以定量分析标准联盟网络结构特征。

（2）案例分析。以汽车产业为例，构建和绘制产业标准联盟网络，并分析标准联盟网络演化过程及结构特征；以奇瑞汽车和航天晨光为案例，展现企业在标准联盟网络中的位置变迁，分析企业所处标准联盟网络结构特征的差异和变化，以及由此引发的企业资源和能力变化。

（3）半结构化访谈。对比亚迪、江淮汽车、一汽集团、宇通客车、中联重科、长丰汽车和华为等代表性品牌展开了半结构化访谈，以了解企业参与正式标准制定的动机、企业标准制定影响力的来源、企业加入标准化联盟的目的，并针对标准化合作与新产品开发之间的关系提出了更多见解。对政府标准化研究机构（中国标准化研究院、中国汽车技术研究中心有限公司）进行访谈，以获取汽车产业标准制定实践的背景知识，并对正式标准制定过程和标准文件数据的意义提供了权威解读。

（4）面板数据分析。为实现对研究假设的实证检验，全面采集和整理了汽车产业大样本面板数据。研究焦点企业为我国汽车整车生产商，结合企业的标准联盟数据、标准制定数据、专利申请数据、整车新产品数据、企业性质数据，构建了一个横跨13年的数据面板，观测数据包含企业横截面信息和动态变化的时间序列数据。面板数据使变量间增加了多变性、减少了共线性，从而能比时间序列数据、横截面数据提供更有价值的数据信息，更适用于变化中的动态研究。根据所构建的理论模型和需纳入模型分析的变量数据特征，选择固定效应模型进行实证分析。

（5）计数数据模型分析。为减少估计偏差，本书基于实际数据特征来选择计量分析模型。由于研究的被解释变量为非负整数，不宜采用要求误差服从正态分布的普通最小二乘法（OLS）进行回归，因此采用计数数据模型（Count Data Model）对研究问题展开计量分析更合理。然后根据被解释变量的过度离散分布特征，选择负二项回归模型对参数进行估计。

1.2.2 研究内容与框架

本书共9章，具体内容如下。

第1章：绪论。首先介绍了本书的研究背景和选题来源。在此基础上阐述研究开展的整体逻辑思路及方法，并说明主要研究内容及框架、技术路线、预期的主要创新点。

第2章：理论基础与文献综述。理论基础方面介绍了与技术标准制定、标准联盟网络形成及新产品开发相关的模块化理论、标准经济学、资源依赖理论、知识基础理论、网络嵌入性理论。对新产品开发绩效、标准联盟网络结构嵌入性、知识整合能力和网络资源禀赋的相关研究进行了综述，具体内容聚焦于主要构念的概念与内涵，以及不同构念之间的关系，清晰地呈现了研究主题相关领域的研究进展。

第3章：标准联盟网络形成及结构嵌入性特征分析。首先从企业组织间微观合作机制分析企业参与标准化合作的动机，并构建博弈模型探讨标准化合作关系形成的条件。其次对标准联盟网络形成的政府推动他组织、高技术企业自组织和混合组织三种组织模式进行了详细阐述。随后基于生命周期理论对标准联盟网络演化的过程及不同阶段的特征进行分析，并总结探讨标准联盟网络演化的动力机制。再次针对标准联盟网络形成后企业在网络中的结构特征展开分析。最后构建汽车产业标准联盟网络，从网络规模、中心度、结构洞等结构特征入手，对标准联盟网络演化及企业在网络中位置的变迁进行分析，为后续实证研究奠定基础。

第1章 绪 论

第4章：标准联盟网络结构对企业新产品开发绩效的直接影响研究。首先根据已有研究成果和本书研究问题对企业新产品开发绩效的构成维度进行分析，指出新产品开发绩效可划分为新产品数量和新产品进入市场速度。随后分析了标准联盟网络结构作用的一般模式，进一步从中心度和结构洞两个方面研究了标准联盟网络结构对新产品数量和新产品进入市场速度的直接影响机理，并提出研究假设。最后收集汽车产业标准联盟和新产品数据，以车辆生产商作为焦点企业，对网络结构和新产品开发绩效进行测度，选择固定效应负二项回归模型进行实证分析和假设检验。

第5章：标准联盟网络资源禀赋的调节作用研究。从社会网络视角分析了网络资源禀赋的重要特征——网络资源影响力、网络资源异质性，指出网络资源影响力可表现为网络成员的网络地位构成，网络资源异质性可表现为网络成员组织类型多样化构成，深入探讨了网络资源影响力、网络资源异质性的调节作用并提出研究假设。基于汽车产业数据进行变量测度，并构建计量模型检验研究假设。

第6章：企业知识整合能力的中介作用研究。首先指出了企业新产品开发绩效与两种不同知识整合能力（技术多元化能力和技术标准化能力）密切关联。然后深入分析了标准联盟网络结构对新产品数量的影响主要通过技术多元化能力产生作用，而标准联盟网络结构对新产品进入市场速度的影响主要通过技术标准化能力起作用，并提出相关研究假设。基于所收集的汽车生产商的标准联盟网络数据和新产品数据，并采集相关专利和标准起草信息测度企业知识整合能力，利用逐步检验法进行中介效应检验。

第7章：知识整合能力之技术标准化能力的拓展研究。首先，对技术标准化主导能力和跟随能力的内涵、特征、来源和形成动力机制进行分析，揭示技术标准化主导能力和跟随能力形成的内在机理。其次，基于社会资本理论分析不同网络结构所依附的结构资本变化，剖析标准联盟组合中心度、结构洞如何影响企业不同类型技术标准化能力，结合网络主体多样性构成考察源于特定网络位置的技术标准化优势，并提出相关研究假设。最后，基于汽车产业数据进行变量测度，并构建计量模型检验研究假设。

第8章：企业战略管理启示与政策建议。首先逐一总结与讨论主要研究发现。其次分析核心研究发现对企业实践的指导和借鉴意义，指导企业如何根据新产品开发战略选择适配的网络位置以提升竞争力。最后分别从行业、国家层面提出相应的政策建议。

第9章：研究结论与展望。阐述本书的核心结论，并在此基础上提出未来可进一步研究的方向。

1.2.3 研究技术路线图

依据本书的研究问题、研究内容、研究思路与方法，聚焦标准联盟网络，结合规范研究与实证分析的研究方法，对企业所处标准联盟网络结构与新产品开发绩效的关系进行深入系统分析与实证检验，得到的研究技术路线如图1-1所示。

1.3 本书的主要创新点

本书的主要创新点体现在以下五个方面。

（1）基于网络结构嵌入性视角探讨标准联盟网络位置对企业不同维度新产品开发绩效的影响，拓展了标准化合作理论和网络嵌入性理论。一方面，已有关于标准化合作的研究主要围绕企业标准联盟参与决策和运营展开，却忽视了由企业标准联盟参与决策形成组织间关系网络所带来的影响。超越企业联盟伙伴特征或联盟特征，从网络关系视角来衡量企业新标准化合作关系形成、已有合作关系终止所带来的结构特征变化对企业标准化和创新活动的影响，加深了我们对组织间标准化合作活动的理解，也是对标准化理论体系的有益补充。另一方面，虽有学者从社会网络视角针对协作研发联盟、产学研联盟等展开研究，但鲜有研究针对标准联盟展开。不同类型联盟的任务目标不同，成员构成特征和行为方式都存在差异，研究主题与标准联盟本身契合度不高会使所得研究结论对标准联盟活动的针对性与指导性存在缺陷[38]。标准联盟区别于一般战略联盟的特征使得标准联盟网络中的知识和知识交换不同于一般战略联盟网络，从而网络结构对新产品开发绩效的影响也存在差异。

研究维度	研究内容	研究方法
研究问题提出	·核心研究问题的提出	
理论基础与文献综述	·理论基础分析 ·相关研究现状	·文献分析 ·理论探讨
标准联盟网络形成及结构嵌入性特征分析	·标准化合作关系的形成机理 ·标准联盟网络的组织模式和演化 ·标准联盟网络结构嵌入性特征分析 ·汽车产业标准联盟网络构建及特征	·理论推演 ·数理建模 ·案例分析/访谈 ·社会网络分析
标准联盟网络结构对企业新产品开发绩效的直接影响研究	·新产品开发绩效的构成要素 ·标准联盟网络结构作用的一般模式 ·标准联盟网络结构对新产品数量的影响 ·标准联盟网络结构对新产品进入市场速度的影响	·理论推演 ·社会网络分析 ·企业访谈 ·计量分析
标准联盟网络资源禀赋的调节作用研究	·标准联盟网络资源禀赋特征 ·标准联盟网络资源影响力的调节作用 ·标准联盟网络资源异质性的调节作用	·理论推演 ·社会网络分析 ·计量分析
企业知识整合能力的中介作用研究	·影响新产品开发绩效的知识整合能力构成 ·知识整合能力之技术多元化能力的中介作用 ·知识整合能力之技术标准化能力的中介作用	·理论推演 ·社会网络分析 ·计量分析
知识整合能力之技术标准化能力的拓展研究	·技术标准化能力的分类与特征 ·技术标准化能力形成的动力机制与来源 ·标准联盟网络结构对两类技术标准化能力的直接影响 ·标准联盟网络结构影响两类技术标准化能力的网络构成条件	·理论推演 ·社会网络分析 ·企业访谈 ·计量分析
研究结论与政策建议	·主要研究发现 ·企业战略管理启示 ·政策建议 ·研究展望	

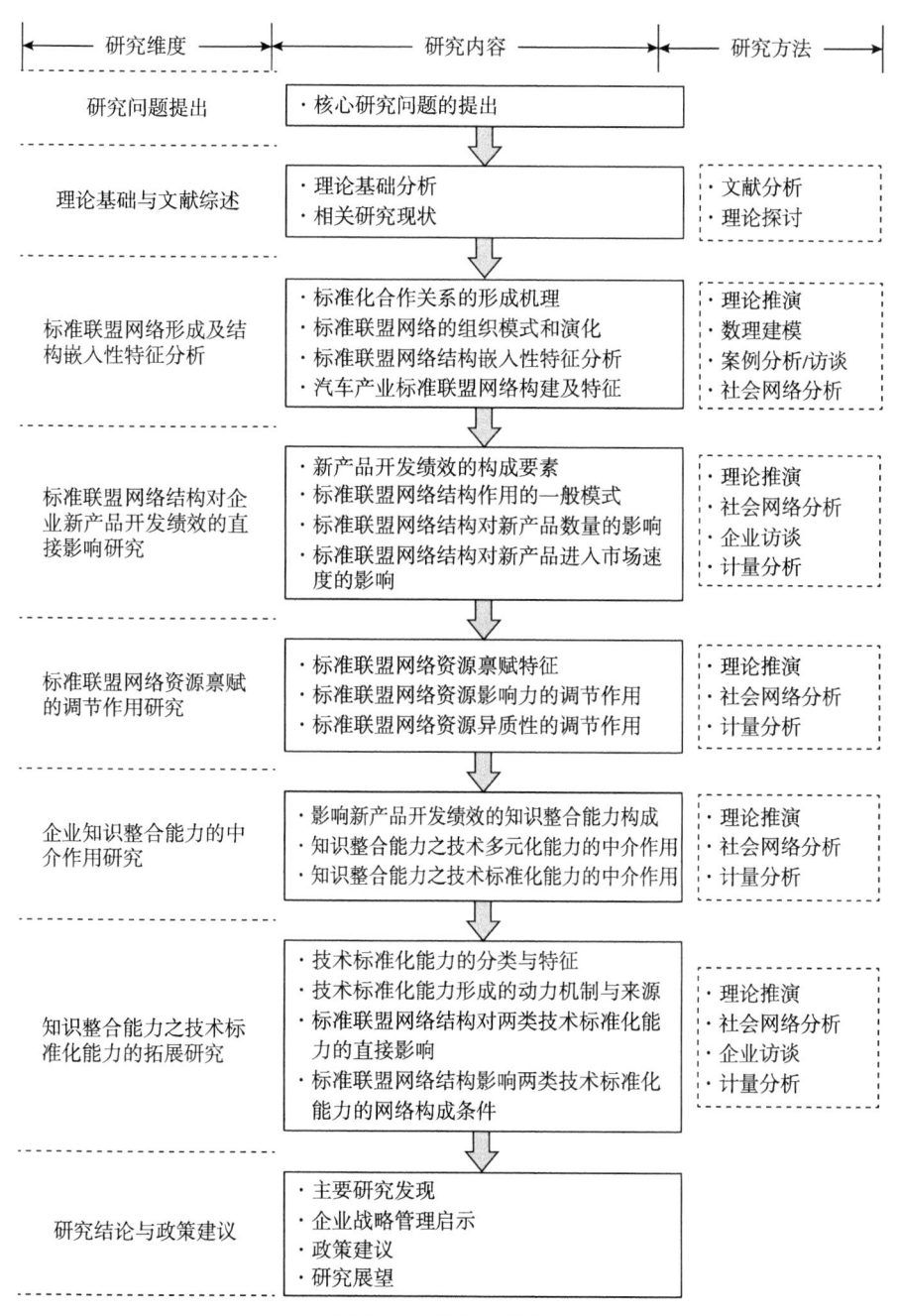

图 1-1 研究技术路线

(2) 验证了当企业处于不同资源禀赋（网络资源影响力、网络资源异质性）的标准联盟网络时，网络结构对企业新产品开发绩效的影响差异。构建起创新过程中的网络结构与网络内容的理论关联，提出网络结构—网络主体构成的影响模式，回答了企业在新产品开发过程中应该如何管理标准联盟关系、和谁组建标准联盟的问题，进一步丰富了标准化合作和创新搜索理论。标准联盟网络结构影响企业外部资源获取效率，网络资源禀赋特征反映外部资源影响力和异质性，二者共同决定企业在标准联盟网络中的知识交换与整合、解释企业的新产品开发绩效，加深了我们对"组织间网络—创新绩效"框架的经济管理理论解释。

(3) 构建知识整合视角下标准联盟网络影响新产品开发绩效的路径模型。标准联盟网络作为网络参与主体获取潜在网络资源的重要机制，企业所处网络结构特征影响其跨组织学习和社会资本积累，对企业新产品开发绩效的影响具有多种途径。尽管国内外学者对标准联盟、组织间合作网络、新产品开发分别展开了丰富的研究，但关于标准联盟网络与企业新产品开发绩效之间关系的研究仍处于"黑箱"状态。本书结合知识整合和网络嵌入性理论，构建起标准联盟网络构建与企业知识整合能力（技术多元化能力、技术标准化能力）间的理论联系。通过对现有研究成果的梳理、总结与演绎，结合多次调研、访谈结果，以"外部知识获取—知识整合—绩效形成"为逻辑主线提出标准联盟网络通过知识整合（技术多元化、技术标准化）影响新产品开发绩效的传导路径，是对已有研究框架的补充与完善，进一步打开了"组织间网络—创新绩效"这一研究领域的"黑箱"。

(4) 深入探析两种重要的技术标准化能力（主导能力、跟随能力）的内涵、特征、差异化来源及形成标准联盟网络的前因。现有研究根据两类标准化活动的侧重点差异提出了标准化主导能力与跟随能力这对构念[39-40]，却未对这对构念的内涵及发展规律展开深入分析和阐述。对于什么样的标准联盟网络有利于企业技术标准化主导能力和跟随能力的形成与提升，更缺乏深入的理论与实证探讨。本书对两种技术标准化能力进行深入剖析，不仅是解决"高技术企业如何利用外部资源提升技术标准化主导能力、跟随能力"这一理论问题的前提，也为标准化研究领域一系列新的理论研究打开了一扇窗。并以社会网络观为基本框架，结合网络主体构成考察源于特定网络位置的技术标准化优势，进一步深化了网络资源和社会资本理论。对网络位置作用的理解需要结合企业所处网络构成情境，企业所连接伙伴特征及关注的网络产出类型将影响特定网络位置优势的发挥。

（5）结合社会网络分析法、面板数据模型、计数数据模型对标准联盟、产品创新与标准化活动展开定量分析。当前关于标准联盟的研究多属于定性分析，对企业新产品开发绩效的研究往往基于问卷进行横截面数据分析，相关研究数据的困境在一定程度上限制了我们观测标准联盟网络对产品创新绩效的客观影响。本书收集了汽车产业标准联盟和整车新产品面板数据，构建计量经济模型实证检验标准联盟网络结构对企业新产品开发绩效的影响，是对现有研究方法的有效补充，并为该领域关联实证研究的开展奠定了基础。

第 2 章
理论基础与文献综述

2.1 理论基础

2.1.1 基于分工的模块化理论

模块化概念源于复杂机械产品（如汽车、火车、飞机等）的设计与制造实践[41]，主要表现为将一个大型产品分解为一个个部件，实现各部件的设计与生产松散耦合，在不损害产品整体性的前提下进行分别制造生产[42]。模块化本质上是知识的分工，是产业链变革的结构性表现[43-44]。一个复杂产品系统可按照纵向链状分工或横向平行分工方式，分解为半自律的子系统（知识模块），不同知识模块间可根据一定的兼容规则和对接标准松散耦合成整体的复杂产品系统[43,45-46]。因此，技术密集型产业，产品结构和功能通常较为复杂，由多个相对独立又相互依赖的技术模块构成，形成一个复杂的技术体系。

标准的形成以及企业组织在标准制定活动中形成网络的现象可在模块化理论中找到理论依据。与传统线性生产与创新的组织模式不同，模块化各环节的生产与创新活动交互发生[47]。各模块相对独立又互相依赖的设计与生产方式使得不同技术模块之间需要一个统一的标准将其兼容对接起来。模块内知识属于模块供应商的隐性子系统知识，而标准界面和联系规则是将模块子系统构成复杂产品系统的显性系统知识[46]。模块化通过对系统的分解实现各模块独立高效运转，为保证各模块更新发展不会对整体系统运转效率带来负面影响，就对集成和整合各模块的系统结构和规则——技术标准提出了要求。技术标准不仅是检验各个模块的设计、性能、安全是否符合要求的重要方法，也是整合各模块形成高效产品生态系统的关键[48-49]。因此，模块化的发展使得标准的必要性和重要性不断提升。

随着科学技术更新速度的加快和产品复杂性的不断提升，少有企业可以拥有和维持复杂产品所有模块的专业技术，因而企业趋于在少数领域构建起核心竞争优势，聚焦于模块单元的部件制造生产与创新[50-51]。模块化分工是专业化和一体化分工的融合[44]。既要求企业培育和发展核心能力聚焦单元模块的产品生产和组分知识创新，也需要不同模块企业协同合作共同参与规则与界面标准制定，保证单元模块集成为复杂系统的效果和效率。因此，新产品开发活动与产品单元模块的组分知识创新密切关联，也受到关于不同产品模块间互动对接规则的界面标准的影响。基于同一模块和不同模块生产经营的企业间相互协作、配套和互补的标准制定协调活动，形成企业组织间复杂多变的网络关系。

2.1.2 标准经济学

标准，广义上是不同主体根据商定规则对从事某些关键活动形成共识[52-53]；狭义上通常指技术标准，可视为一套在一定范围内必须遵守的关于产品、流程、格式或步骤的规范[54]。技术标准的本质是多个经济主体关于产品和服务特性规范的集体协商选择[55-56]。从供给角度看，一项技术标准代表对某一特定产品的层级结构和功能参数在设计逻辑上的知识和经验集成[54-55,57]；从需求角度看，一项技术标准反映了消费者对达成统一技术格式，从而允许跨产品集成与互换的愿望[60,55]。

对于标准的分类，基于不同视角有不同的划分方法。David 和 Greenstein（1990）基于标准形成过程将标准划分为正式标准（也称为法定标准）和事实标准[58]。正式标准由权威标准化组织根据正规的程序组织制定和发布，更具合法性[59]；而事实标准通常产生于不同企业或联盟形成的有差别解决方案间的市场竞争[61]。布林德（2006）在 David（1987）分类标准的基础上，基于标准化的经济动机及其经济影响将标准分为兼容性标准、质量标准、品种简化标准和信息标准等几种类型[62-63]。此外，还可基于标准的约束性和指导范围对标准类别进行划分，见表 2-1。

表 2-1　基于不同视角的标准分类

划分视角	划分类别
标准形成过程	正式标准、事实标准
标准经济影响	兼容性标准、质量标准、品种简化标准、信息标准
标准约束性	强制性标准、推荐性标准
标准指导范围	国际标准、国家标准、行业标准、地方标准、企业标准

在模块化生产中，标准制定是集成具有竞争力产品系统的基础[48]。而网络外部性使得技术标准制定与选择的重要性不断提升。在标准制定上，兼容性标准的统一与制定可提升消费者效用，产生更大的网络外部性，从而提升标准竞争力[64]。同类产品间的兼容将提升产品价值，产生直接网络外部性，消费者的效用将随着不同产品体系的标准兼容性提升而增加。互补产品间的兼容，将带来联动效应，产生间接网络外部性，消费者的购买决策将给整个兼容系统中的产品和服务带来增量影响。直接网络外部性和间接网络外部性带来的都是需求方的规模经济，因而越来越多的产业内的利益相关者选择联合制定技术标准，以联盟为载体，提升标准兼容性，扩大用户安装基础来赢得竞争力。在标准选择上，生产者和消费者都更加偏好选择那些被其他人广泛应用的标准[65]。对于企业而言，采用被供应商、客户普遍接受的标准生产产品与提供服务，将大大降低市场风险，推进技术与产品扩散。如果所采用的标准与行业标准不一致，那么产品对消费者而言也缺乏吸引力。

技术标准的形成、完善和更替都将直接影响企业产品生产和创新活动的开展。一方面，技术标准是对产品生产和制造的指导规范，为企业模块化创新活动提供稳定平台。潘海波和金雪军（2003）指出，技术标准将不同、分散的创新活动同步化、系统化，降低创新不确定性风险，提高创新效率[66]。芮明杰和张琰（2009）指出，技术标准有利于提升复杂产品系统内子模块组合多样性，通过子模块排列组合使产品种类更加丰富[43]。在基于模块化分工的产业链中，系统标准的确立可帮助标准用户在可见的设计规则下进行协同创新与改进，实现整体系统效应大于各模块单独效应之和[66]。另一方面,技术标准也能约束技术创新。围绕同一标准进行规模化投入与生产,将带来单位成本的下降。但大部分标准具有将产品限定在一定范围内,或者限定产品型号、质量等参数值的功能[65],这样会减少产品或技术多样性,限制创新。同时,当网络外部性和转换成本同时存在时,技术标准将产生路径依赖和技术锁定问题,产业可能面临次等标准困境[66-67],阻碍创新。但 Liebowitz 和 Margolis（1995）将技术标准所产生的路径依赖区分为三个级别,并指出只有三级路径依赖才会导致标准竞争市场失灵和锁定效应,且三级路径依赖在现实中很少存在[68]。

2.1.3 资源依赖理论

资源依赖理论于 20 世纪 70 年代逐步发展成为战略管理领域最有影响力的理论之一[69]。该理论最先源于 Pfeffer 和 Salancik（1978）的研究,他们认为企业是一个开放式系统,企业为实现生存的目标必须与所依赖环境中的因素互动以获取缺乏的资源;对组织行为的研究需关注该行为发生的生态情境,从而奠定了资源基础理论的基础。之后资源基础理论被广泛应用于组织间关系研究,研究者认为企业的经济行为受到组织间依赖关系网络的约束,企业可采取行动减少环境不确定性和外部依赖性以达到高效获取外部稀缺资源或削弱外部组织间关系约束的目的[70]。其中一个核心行动因素是控制核心资源的权利,通过削弱他人对自身的权利、增强自身对他人的权利以促进外部核心资源获取、减少外部组织间关系的束缚[69]。这些观点和假设成为后续研究完善和发展资源基础理论的前提。

标准联盟网络的形成以及网络资源对企业创新活动的影响都可以在资源依赖理论中找到依据[71]。高技术产业复杂产品的技术高综合性和集成性决定了企业开发和生产产品所涉及的技术高度多样化且互相依赖,这使得单个企业依靠自身技术能力实现创新突破、重构标准体系越来越难[72],企业在产品创新和技术标准化活动中经常面临单一知识资源限制,却又无法同时兼顾多个领域核心竞争力的培育。因而跨越企业边界组建标准联盟成为企业集聚外部专业技术与知识产权、扩大用户安装基础以提升技术标准化能力的首选模式[73],也是获取产品创新所需资源的重要途径。企业的标准化和创新活动需要企业从环境中获取必要的创新资源，由于创新资源具有稀缺性和分散式分布特征，企业与环境中的外部组织产生互相依赖，不同企业组织间的联盟合作关系相互嵌入缠结，标准联盟之间不再孤立，从而形成标准联盟网络。标准联盟网络作为组织间围绕标准设定所形成的协作关系总和[16]，极大地扩展了知识流动和创新的空间，是企业获取外部稀缺的、有价值的和创新所需资源的重要机制[15]，但也使企业在获取资源时面临不确定性，给企业在网络中的行为带来限制和约束，即标准联盟网络资源特征将影响企业的创新和标准化行为。

2.1.4　知识基础理论

知识基础理论衍生自资源基础理论，认为知识是企业实现价值创造和竞争优势提升最重要的资源[21,24]。企业存在的首要角色在于专业知识整合[24]。基于产业专业化和效率提升要求，企业需要在某一知识领域形成专业优势，增加知识深度的代价通常是牺牲知识宽度，然而知识的运用又要求企业将不同类型的专业知识结合在一起[23]。在高技术产业，一个完整的最终产品对知识范围的要求很广，很少有企业能够实现自身知识和产品知识领域的完美匹配。因此，企业通常需要获取和整合外部知识来生产高度复杂的、多部件产品，如汽车、飞机等，以实现产品创新。

企业获取产品生产和创新所需的外部知识的途径有多种。当某一专业知识可打包为一个产品时，知识需求方无须了解该专业知识内部运作机制便可有效利用它，知识可以通过市场机制进行转移。当企业所需知识（如隐性知识）无法完全打包成产品进行转移时，组织间合作便成为重要的途径来支持与补充市场合约[23]。参与标准联盟正是企业获取无法嵌入在产品中的知识的有效途径[74]。Axelrod 等（1995）指出标准联盟可有效帮助企业整合伙伴的多样化专业知识技能[60]。Nambisan（2013）认为通过技术标准合作，企业可获得与利益相关者讨论、测试或推广某一特定技术的机会，从而帮助企业了解技术发展新动态及相关标准的最新知识[15]。

基于知识基础理论，一个企业可用其所整合的专业知识范围来描述[23]，一项产品可视为由一系列专业知识子系统组成的复杂知识系统。在创新研究中，有学者强调创新源于知识元素的结合与重组[75-77]。专业知识子系统的创新升级与更换可有效推进产品创新，同时，对专业知识子系统间的联结方式进行重组也是实现产品创新的重要方式。Baldwin 和 Clark（2000）认为对复杂产品系统不同子模块间相互依赖性和设计规则的深入了解和完善可有效降低系统复杂性，并通过替换和重组子模块知识有效实现产品变更与创新[78]。Ethiraj 和 Levinthal（2004）进一步指出复杂产品不同部件（专业知识子系统）间的互动规则复杂多样，成功整合外部伙伴专业知识来开发新产品还取决于伙伴对关于互动和技术规则的系统知识（标准）的一致性认同[79]。因此，企业进行新产品开发需要同时注意专业领域的知识创新（知识子系统创新）和由于这些创新所带来的知识子系统间交互规则（知识系统架构）的变化。

2.1.5 网络嵌入性理论

网络嵌入性（Network Embeddedness）是新经济社会学中的嵌入性理论在社会网络、组织与战略等研究领域的应用。该理论强调企业经济行为与所处社会关系网络的内在联系，认为应将企业视为互相依赖而非孤立的个体来研究其在经济环境中的行为。根据 Granovetter（1985）对嵌入性的阐述，企业所维持的社会关系和结构能够产生信任、消除机会主义，从而影响企业在经济活动中的行为与决策[80]。网络嵌入性理论很好地连接了社会学、经济学和组织理论，被学者广泛应用于产业集群[81-82]、营销渠道[83]、企业兼并[84-86]等研究领域。而网络嵌入性描述了社会网络连接的核心特征，是研究组织间网络关系与结构的重要概念。

对于网络嵌入性的类别，学者们基于不同角度对网络嵌入性的维度进行了差异化划分。Granovetter（1985）区分出关系嵌入和结构嵌入的不同作用[80]。而 Uzzi（1997）却认为嵌入性应从信任、优质信息共享和共同解决问题三个维度来描述[87]。Hagedoorn（2006）从国家、产业和企业三个层次出发，分别将嵌入性分为环境嵌入性、组织间嵌入性与双边嵌入性[88]。其中，Granovetter（1985）提出的"关系嵌入—结构嵌入"框架的应用最为广泛，尤其在创新网络嵌入性研究中得到广泛认同[80,82,89]。

关系嵌入性聚焦网络中不同主体间互动形成的关系特征，强调运用关系可获得的知识、经验等社会资源[89-90]，研究重点在于企业间社会关系类型、联结强度等关系特征。结构嵌入性则关注网络中连接行动主体间关系的总体布局与结构，强调企业间网络连接的非个体布局影响个体对信息、知识和资源的占有量，研究围绕企业所处网络的整体结构（整体网络结构嵌入性）以及自身在网络中的位置（自我中心网络结构嵌入性）特征展开[32,88,91-92]。其中，中心度、结构洞和个体网络密度作为描述企业与网络中其他节点连接的完备程度及企业伙伴之间连接的完备程度的核心指标，成为自我中心网络视角下网络结构嵌入性研究关注的重点[93-99,31]。

管理学和经济学领域的学者纷纷基于网络嵌入性理论来解释企业绩效的差异，其中企业创新绩效得到了极大关注。随着高技术产业技术不确定性和复杂程度的持续提升，由于资源局限性，企业需通过外部合作来获取、学习和转移知识，从而构建持续竞争优势，减少创新风险[100]。网络中流动的知识、信息和其他战略资源可为企业带来与外部组织进行互惠学习与协作的机会，从而激发知识整合与创新[20,101]。企业间创新网络逐步成为企业获取外部知识的重要途径[31,86]。然而，并非网络中嵌入的所有企业都能享有同等的资源获取机会[17]，企业在网络中的位置、所处网络的整体结构以及关系强度不同，将导致有差异的创新绩效[102]。学者们都认同网络嵌入性影响企业在创新过程中的外部资源获取与整合，但不同类型网络中的成员任务目标、构成特征和行为方式都不同，因而不同类型网络的嵌入性对企业创新绩效的影响机理也存在差异。再加上不同类型创新活动对资源支持、网络结构特征要求的差异，使得网络嵌入性在产业实践中的应用存在局限[103]。因此，有必要考虑企业间网络特征，并对网络嵌入性与不同类型创新能力和组织绩效的关系进行分类探讨。

2.2 相关文献综述

2.2.1 新产品开发绩效的相关研究综述

1. 新产品开发绩效的概念与内涵

新产品开发是企业实现可持续发展的关键环节,企业只有持续地进行新产品开发才能在激烈的市场竞争中获得和维持竞争优势[104-105]。要想准确理解新产品开发绩效的概念,首先应对新产品及新产品开发有一个清晰的认知。

创新性是现有研究界定和划分新产品的重要变量,高创新性产品被视为高度新颖产品[106]。例如,Song 和 Montoya-Weiss(1998)将新产品分为全新产品(Really New Products)和改进产品(Incremental Products),他们认为只有包含市场上从未使用过的技术,能对整个产业造成影响的产品才是全新产品,而基于现有技术进行升级改良的产品只能称为改进产品[107]。后续学者则基于不同视角,对新产品进行进一步分类和定义。Atuahene-Gima(1995)[108]、O'Connor(1998)[109]、Gilsing 等(2008)[110]从"对谁而言是新的"出发,将新产品基本分为三大类:第一类是对于企业而言该产品是新的,产品中包含企业以前从未使用过的技术,或满足企业之前所不熟悉的市场需求[111]。第二类是对于市场而言该产品是新的,产品包含在整个产业中未出现过的技术或功能特征,或者产品改进后的特性具备提升企业 5~10 倍绩效的潜力[109]。第三类是对于世界而言该产品是新的,产品的开发没有基于任何已有技术,是前所未有的产品创新[112]。另一部分学者则从"什么是新的"出发,基于产品中的技术[111,113-114]、产品设计[115]、流程[116]、服务[117-118]、功能[119]、顾客价值[120]等来研究新产品开发。

综上所述,新产品是一种相对概念,产品创新内容是多样化的。不同研究视角对新产品的理解存在差异,精准界定新产品的概念是科学探讨新产品开发绩效及其影响因素的前提。由于本研究主要关注企业通过新产品开发形成新的竞争优势,聚焦第一类产品创新性,因此认为企业所推出的能够满足顾客新需求,在产品结构、功能用途、技术特征等方面发生有别于企业现有产品的新变化的产品就是新产品。而新产品开发则是企业为满足自身发展和市场需求,进行新产品的构思、开发、测试与改进和商业化的全过程[5,121]。

企业进行新产品开发最关注的是开发成果及新产品能否被市场所接受,因此需要衡量新产品开发绩效[122]。Churchill 等(1985)认为组织绩效是"组织活动对该组织目标贡献程度的基本评价,是组织在活动过程中的成果积累"[123]。因此,新产品开发绩效可视为对企业在新产品的构思、开发、测试与改进和商业化的过程中所取得的效率和效果的评价,是新产品开发活动的客观产物和结果变量[121]。

2. 新产品开发绩效的影响因素

(1) 企业内部因素。企业是新产品开发的主体,不同企业进行新产品开发的内部环境及理念都存在差异[124]。学者们关于企业内部因素对新产品开发绩效影响的研究十分丰富,总体来看主要包括企业的战略导向、组织内部知识整合和企业能力等。

1) 战略导向。引导企业活动的战略方向在很大程度上决定了其在追求可持续更优绩效过程中的行为[125-127]。企业在开发新产品的过程中,战略导向可能会通过引导管理者的注意力和资源分配来影响产品开发重点和绩效。如市场导向更强调用户拉动,企业将重点关注市场信息来开拓产品价值。张婧和段艳玲(2010)指出顾客驱动型组织学习比竞争者驱动型组织学习对新产品开发绩效的改善作用更为明显[128]。廖勇海等(2015)也认为市场导向是创造性想法的来源,有利于缩小产品改进和顾客期望之间的差距,有利于产品创新,但对于不同类型产品创新的作用大小存在差异[129]。但也有学者指出市场导向并不能有效提升新产品开发绩效[130-131],甚至会阻碍产品创新[132]。Joshi(2015)指出顾客导向对突破式产品创新的影响取决于组织报酬,当企业实施基于结果的组织报酬时,顾客导向将负向影响突破式产品创新[120]。Citrin 等(2007)则基于信息处理理论和权变理论认为不同的战略类型(勘探者、防御者、分析者)将影响组织信息运用对新产品开发绩效的作用[133]。

2）组织内部知识整合。随着产品复杂性提升和市场竞争加剧，企业只依靠研发部门高效完成新产品开发的可能性降低，不同部门间的协同合作成为新产品开发过程中需要关注的重要因素[134,105]。组织内部知识整合强调企业内部各部门间互相依赖、协同合作推进新产品开发[105]。周健明等（2014）指出，企业内部知识整合通过知识惯性对企业新产品开发绩效产生积极影响[135]。Olson等（1995）重点关注跨职能互动结构对新产品开发速度和成功率的影响，并强调不同创新性产品开发对跨职能部门互动结构的要求存在差异[112]。秦剑（2014）则具体分析了跨职能知识整合有效性的前因变量及其对新产品开发绩效的影响[136]。此外，Durmuşoğlu（2013）结合知识基础观和社会网络理论，提出企业新产品开发团队社会关系结构将影响所获取知识的质量和丰富度，影响新产品的新颖度和成功率[137]。

3）企业能力。企业除了适配的战略导向和组织内部知识整合模式，还须积累相匹配的能力来有效推进新产品开发，包括创新能力、技术能力、外部伙伴整合能力、影响政府的能力等。吴爱华和苏敬勤（2012）探讨了渐近性、突破性创新能力在企业新产品开发中的作用[138]。吴伟伟等（2010）[139]、冯宗宪等（2012）[140]则关注企业技术能力，他们认为技术能力有助于企业开发出比竞争对手更独特的产品。吴伟伟等（2010，2013）还指出企业技术管理能力越强，知识吸收能力也越强，企业在新产品开发中的绩效表现也会越好[139,141]。此外，Chen等（2017）[142]、冯宗宪等（2012）[140]分别探讨了企业整合供应商、顾客的能力对产品创新绩效的影响。赵文红和原长弘（2011）则基于动态能力的资源观点，认为企业影响政府的能力和影响行业的能力可降低政治环境和市场环境的不确定性，从而帮助企业在新产品开发中获得更好的绩效表现[143]。

除上述战略导向、组织内部知识整合和企业能力外，还有学者发现企业的创业失败经验可给予企业知识和激励，对随后的新产品开发绩效产生积极作用，但过多的创业失败经历也将削弱创业者的认知能力和学习成效，对随后的新产品开发绩效产生负面影响[144]；高技术企业不同类型知识资产（技术资产、关系资产和结构资产）特性对企业利用型学习和探索型战略有不同影响，继而影响新产品开发绩效[145]；战略决策综合性可帮助决策者更好地评估外部环境对新产品开发的影响，从而保证决策有效性[146]。影响企业新产品开发绩效的内部因素很多，但从本质上看，各因素都主要通过对企业内外部信息、知识的有效收集与整合，作用于有着差异化知识信息需求的不同类型新产品开发，最终产生有差异的企业绩效。

（2）企业外部因素。环境是企业生存与发展的场所，新产品开发是企业将自身能力与外部环境需求相匹配的过程，要求企业对技术和市场环境信息进行探索性搜寻[143]，因此，利用与适应外部环境也是推进企业新产品开发成功的关键。关注企业外部因素的研究主要围绕行业环境和外部知识整合两个方面展开。

1）行业环境。在经济全球化和科技快速更迭的背景下，企业尤其是高技术企业的发展面临较大的环境不确定性。环境主要作为重要的权变变量进入研究框架。Atuahene-Gima 和 Li（2004）实证得出战略决策综合性与新产品开发绩效的关系还取决于环境不确定性，其中技术不确定性发挥负向调节作用，而需求不确定性发挥正向调节作用[146]。俞仁智等（2015）考察了环境不确定性在企业家精神前因组织维度与新产品创新绩效的关系中的调节机制[147]。廖勇海等（2015）利用 Meta 分析方法发现市场导向、产品创新、产品竞争优势和新产品开发绩效的关系都受到国家文化、行业和技术基础的显著影响[129]。Frankort（2016）则针对企业间研发联盟展开研究并得出，从联盟获取的知识能否转化为产品创新绩效还需考虑联盟伙伴间的技术关联以及产品市场竞争程度[148]。此外，也有学者从影响路径视角探讨了行业市场环境在新产品开发中的角色。曹勇等（2016）将知识共享引入模糊前端（FFE）创新，他们认为企业内部知识共享可降低市场、资源、组织与技术不确定性，提高新产品开发项目成功率[149]。

2）外部知识整合。高度复杂产品开发通常需要跨领域合作，企业很难仅依靠自身资源实现产品创新来响应市场需求。越来越多的企业通过与外部组织协作来获取互补创新资源，实现风险共担，缩短产品开发周期，巩固和形成竞争优势。因此，外部知识整合成为企业在新产品开发中需要考虑的重要因素[105]。积极与供应商、顾客甚至竞争者进行新产品开发协作与信息共享的企业，比不愿意进行整合的企业更易获得竞争优势[105,150]。企业对外部技术知识和顾客知识的有效整合，能积极促进组织动态能力培育，帮助企业获得更优的新产品开发绩效[135]。曹勇等（2016）构建了FFE 阶段与新产品开发绩效之间的知识共享模型，他们认为前端知识共享程度越高，越能有效降低来自市场、技术与资源等方面的不确定性，从而提升新产品开发绩效[149]。在外部知识整合中，顾客知识整合是学者和实践者的关注热点。通过将新产品特征与顾客偏好相匹配，顾客知识整合可加速新产品开发成功[151]。汪涛和郭锐（2010）指出顾客参与通过关系涉入影响顾客与新产品开发企业的知识分享，进而改善新产品开发绩效[152]。范钧和聂津君（2016）则构建了企业—顾客在线互动、知识共创与新产品开发绩效的关系模型，发现企业—顾客在线互动的信息导向和任务导向互动与新产品开发绩效存在显著正向关联[104]。同时，企业新产品开发对供应商知识整合的依赖也日益增强。Wynstra 等（2012）对供应商开发责任管理展开研究，指出对供应商实行货币量化差异管理可有效促进辅助信息收集，加快产品开发速度，从而增强新产品开发优势[153]。谢恩和陈昕（2015）发现基于技术而非基于社会关系的供应商网络嵌入程度对买方企业新产品新颖性和开发速度有正向影响[154]。

总之，对外部环境因素和外部知识整合的研究本质上都是探究企业如何获取与整合利益相关者的知识信息，实现新产品开发与市场需求对接，开发出比竞争者更具优势的新产品。然而，企业通过外部环境扫描，或者供应商、顾客参与新产品开发，虽然可以促进知识流动与获取，但是并不必然能够实现有效的知识整合，企业必须系统考察知识转移以及有效知识整合情况，从而识别和探讨为什么有的知识转移渠道优于其他方式[155]。

(3) 开发项目因素。

1) 产品特征。企业开发项目的目标产品特征与开发难度和风险紧密相关。如产品新颖度和复杂度不同，项目对资源支持、组织行为要求有较大差异，影响最终新产品开发绩效。如项目复杂度将带来更多开发误差，限制项目团队的开发速度[156]；技术和产品新颖度是新产品开发不确定性的主要来源[157]，而高不确定性将导致额外的产品调试甚至产品重设计。Story 等（2015）比较了在新兴市场上企业不同水平的产品创新性的新产品开发绩效，发现二者间呈倒 U 形关系[158]。另外一些学者则将产品创新性作为企业内外部因素影响新产品开发绩效的调节变量。如 Joshi 和 Sharma（2004）得出新产品开发项目的特征将调节顾客知识发展对新产品开发绩效的影响[151]。秦剑（2014）则考察了跨职能整合对不同创新性水平的新产品开发绩效的差异化影响[136]。Ernst 和 Fischer（2014）证实了创新性水平将正向调节跨职能整合行为维度对新产品开发绩效的影响[159]。

2) 开发阶段与模式。新产品开发作为企业进行新产品构思、开发、测试与改进和商业化的全过程[5]，不同的开发阶段将呈现出独有特征。孔婷、孙林岩、冯泰文（2015）构建了新产品开发四个基本阶段的营销—制造整合之间的依赖关系及其与新产品开发绩效的关系模型，发现不同阶段营销—制造整合对新产品开发绩效的影响存在差异[160]。曹勇等（2016）针对模糊前端创新，发现 FFE 阶段市场、资源、组织及技术不确定性的降低对新产品开发具有不同程度的正向影响；详细的初始规划有利于提高新产品开发绩效[149]。另一部分学者则针对企业在新产品开发过程中采用的开发模式展开研究。如游博和龙勇（2016）探讨了技术模块化、产品模块化及制造流程模块化与新产品开发绩效间的关系[161]；Sethi 等（2003）研究了网络新产品开发系统整合如何影响新产品开发绩效，以及战略导向、产品特征等情境因素如何影响二者间的关系[162]。

综上所述，新产品开发绩效的影响因素如图 2-1 所示。

第 2 章　理论基础与文献综述

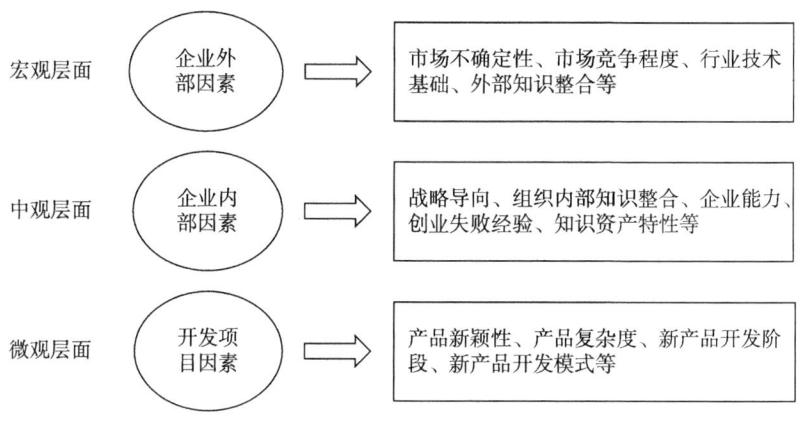

```
宏观层面    企业外      市场不确定性、市场竞争程度、行业技术
            部因素  ⇒  基础、外部知识整合等

中观层面    企业内      战略导向、组织内部知识整合、企业能力、
            部因素  ⇒  创业失败经验、知识资产特性等

微观层面    开发项      产品新颖性、产品复杂度、新产品开发阶
            目因素  ⇒  段、新产品开发模式等
```

图 2-1　新产品开发绩效的影响因素

3. 新产品开发绩效的测度

新产品开发绩效的测度是企业开展创新活动关注的重点。从现有研究成果来看，国内外学者已对新产品开发绩效的测量维度与指标展开了大量研究。但不同学者对新产品开发绩效内涵的理解有所不同，对其测度的侧重点存在一定差异。现阶段主流的测度指标可划分为财务性指标和非财务性指标[163]。

（1）财务性指标。财务性指标被用来衡量企业所开发新产品进入市场后的绩效表现，包括销售收入及增长率、利润及增长率、投资回报、市场分享与增长率、市场份额增长率、顾客满意度等。赵文红和原长弘（2011）认为财务性指标能更充分地解释创新带来的市场绩效[143]。由于难以得到新产品开发绩效精确的客观数据[164]，测度方式通常是将这些指标与竞争者或企业所制订的目标做比较。如 Atuahene-Gima 和 Li（2004）通过关键信息提供者提供的企业新产品销售增长率来测度新产品开发绩效[146]。Joshi 等（2004）则认为新产品开发绩效测度应与关键竞争对手比较新产品所带来的盈利能力、市场占有率以及市场增长率[151]。廖勇海等（2015）采用企业新产品在销售收入、市场份额和利润率等方面相对于竞争对手同类产品表现的好坏来反映绩效[129]。Ernst 和 Fischer（2014）强调新产品开发成果在营业额、利润、预期市场占有率以及商业化成功方面的目标达成度[159]。

（2）非财务性指标。非财务性指标关注新产品开发项目的效果和效率[165]。在开发效果上，新产品开发绩效表现为创新的数量、质量、产品新颖度等。Artz 等（2010）[166]、Frankort（2016）[148] 主要采用新产品发布数量来衡量新产品开发绩效。Story 等（2015）也通过量表来描述企业相比于竞争对手向目标市场发布新产品数量的优势[158]。汪涛和郭锐（2010）提出新产品开发绩效的两个构面：新产品质量、新产品开发相对于主要竞争者成功的程度[152]。Durmuşoğlu（2013）则以产品新颖度和新产品成功率来衡量新产品开发绩效[137]。在开发效率上，新产品开发绩效则主要关注新产品项目在开发时间上的表现，包括新产品开发周期、进入市场速度等，来衡量企业能否在市场上获取先行者地位或时间优势。大量研究选择综合效果和效率指标来测度新产品开发绩效。如张婧和段艳玲（2010）基于 Baker 和 Sinkula（1999）开发的量表，从新产品推出速度、推出数量、上市成功率以及差异化程度四个方面来测度产品创新绩效[128]。Zhang 和 Li（2010）[167]、于晓宇和陶向明（2015）[144] 则让创业者评估企业在新产品数量、新产品进入市场速度、新产品质量等方面与主要竞争对手相比的成功度。Ganesan 等（2005）[168]、谢恩和陈昕（2015）[154]、Chen 等（2017）[142] 则都认为产品新颖性和开发速度是衡量新产品开发绩效的核心。

此外，也有很多研究开发量表，将财务性指标和非财务性指标一起测度。Montoya-Weiss 和 Calantone（1994）的研究将新产品开发绩效划分为企业的财政绩效、市场绩效和技术绩效[169]。吴伟伟等（2013）认为新产品开发绩效应包括技术绩效、市场绩效、财务绩效和消费者绩效[141]。周健明等（2014）在 Cooper 和 Kleinschmidt（1987）的市场、财务和机会窗口三个维度的基础上加入技术维度来测度新产品开发绩效[135]。其他研究虽在具体测度指标设定上有所差异，但整体依然囊括在以上维度中。如 Sherman 等（2005）开发了三个维度六个指标来测度新产品开发绩效，即流程导向绩效、竞争绩效和产品开发周期[170]。冯宗宪等（2012）认为企业新产品开发绩效需要考虑新产品的差别化、投放时机以及销售额、利润和市场份额[140]。

在财务性指标和非财务性指标的选择上，我们认同张慧颖和李振东

(2015)[171]的观点,即非财务性指标测度的是新产品进入市场前的绩效,更能直接体现企业的产品创新能力,是企业新产品开发的直接结果。而财务性指标是新产品进入市场后的绩效,更关注企业所推出的产品在市场中的表现,其中涉及大量企业营销战略、市场环境等不可控因素。因此,本书选择非财务性指标来测度新产品开发绩效,并综合已有指标体系,结合产品效果指标和效率指标,选取新产品数量和新产品进入市场速度来测量新产品开发绩效。其中,新产品数量被广泛应用于创新搜索[172]、知识整合与交换[173]、研发联盟[174-175,148]等领域的新产品开发研究,新产品进入市场速度则是衡量新产品开发成功的重要指标[169]。

2.2.2 标准联盟网络结构嵌入性的相关研究综述

1. 标准联盟与标准联盟网络

在当前研究中,"技术标准联盟""技术标准化联盟""专利联盟"等存在一定程度的概念重叠,但不同提法的侧重点存在差异,见表2-2。技术标准联盟侧重技术标准设定和推广技术标准的目的。Keil(2002)认为市场上几个企业结成联盟、形成标准制定机构,可以对标准制定产生巨大影响[176]。张米尔和冯永琴(2010)认为标准联盟是为创立技术标准并使其获得市场认可而组建的一种组织间战略联盟[177]。技术标准化联盟将技术标准视为一个从研发、专利技术确定到标准采用、产品开发与市场扩散

表2-2 标准联盟的不同界定方式

类别	侧重点	主要学者
技术标准联盟	强调技术标准设定与推广技术标准的目的	Keil(2002)[176],吴文华和张琰飞(2006)[73],曾德明等(2007)[72],张米尔和冯永琴(2010)[177]
技术标准化联盟	强调从研发、专利技术确定到标准采用、产品开发与市场扩散的标准化过程	李再扬和杨少华(2003)[180],孙耀吾等(2009)[178],王珊珊等(2014)[179],邓颖(2015)[181],王道平(2017)[40]
专利联盟	强调专利在技术标准构建与推广中的重要作用	Vakili(2016)[182],曾德明等(2008)[183],张米尔等(2012)[184]

的完整过程[178,40]。孙耀吾等（2009）认为技术标准化联盟的组建与发展可划分为三个阶段：R&D协作、技术方案提出和标准建立准备阶段，技术方案选择与确定、知识产权谈判和技术协议签订的基本标准建立阶段，网络联盟开放与扩大的标准发展和基本技术市场扩散阶段[178]。王珊珊等（2014）认为标准联盟以建立和推广应用标准、提升标准竞争力为主要目标，联盟内部成员之间进行联合研发、标准专利共享、标准体系共建，对外推动标准专利许可实施[179]。专利联盟则强调专利在技术标准构建与推广中的重要作用。如 Vakili（2016）认为专利联盟是两个或两个以上组织基于固定条款对所拥有的专利进行分享或对外许可的协议安排[182]。曾德明等（2008）将技术标准联盟界定为专利拥有者为构建技术标准而形成的专利技术分享和集成对外许可的联盟组织[183]。技术标准内容通常涉及专利引用，越来越多的标准联盟采取专利池形式将分散的专利技术集成为技术标准，聚集产业优势技术资源，提升所倡导的技术方案的竞争力[184]。

纵观这些定义，学者们的研究视角各有不同，一方面丰富了研究成果，另一方面也导致对标准联盟本质的认知存在一定的模糊性和偏差。技术标准化过程可划分为标准制定和标准推广两大阶段，每个阶段又包含多个活动环节[176]。但并非所有标准联盟活动都囊括标准化过程的所有活动，且通常标准联盟是开放的，处于动态成长和变化中，企业可根据其需求在不同阶段加入联盟，因此，强调技术标准设定与推广目的的技术标准联盟定义比强调技术标准化过程的技术标准化联盟定义更符合产业实践需要。按照技术标准的形成机制不同，技术标准存在正式标准和事实标准之分。企业在推动事实标准形成过程中通常涉及大量知识创造与专利集成活动，大量联盟标准最终体现为一个专利包[38]。Blind 和 Thumm（2004）强调知识产权在事实标准竞争中的重要性，他们认为核心专利的技术标准是标准竞争中的强大力量，也是联盟谋求超额利润的重要工具[185]。从这个方面来看，标准联盟与专利联盟紧密相关。但专利联盟并不等同于标准联盟，因为正式标准制定更强调产业内协商，为保证公平与产业健康发展，正式标准中引入的专利必须具有必要性，且应实施适当的专利许可制度。从而围绕正式标准制定而形成的标准联盟通常不以专利池的形式运营。因此，技术标准联盟与专利联盟在本质上存在一定差异，本书更接受技术标准联盟的定义，认为标准联盟是为制定和推广某项技术标准而组建的一种组织间联盟。

Leiponen（2008）认为在高技术产业，企业的战略决策并非在于选择一个联盟参与，而在于通过参与不同的联盟组合来积累充足的知识和政治资本[186]。李薇（2014）也指出核心企业技术标准化战略目标的实现通常需要其组建多个局部联盟[38]。基于社会网络理论，从技术标准联盟网络特征出发的研究模式更适用于技术标准联盟研究。由此，企业通过参与不同的技术标准设定，将形成其所拥有的联盟组合[187]或者称为嵌入联盟网络[31]。在不同技术标准的设定过程中，企业组织间的合作关系相互缠结嵌入从而形成标准联盟网络。基于此，本书认为标准联盟网络是集中关注技术标准设定的，是企业、高等院校、科研机构、政府机构和中介机构等围绕技术标准设定所形成的正式与非正式协作关系的总和。其最终目的在于谋求主导设计话语权，提升企业技术和产品的市场竞争力。

标准联盟本质上是一种战略联盟，但相比于其他战略联盟也具备一系列独有特征：成员技术领域高度相关[60]、协作性和折中性谈判[186]、联盟产出兼具公共品和私有品属性[16]。这些特征使得标准联盟网络中的知识关联度高，节点在标准化过程中面临更大的知识技术溢出风险，广泛存在的"搭便车"和"合谋"行为致使节点间知识交换并不必然发生。因此，标准联盟区别于一般战略联盟的特征使得标准联盟网络中的知识和知识交换不同于一般战略联盟网络，企业获取外部知识技术开发新产品对标准联盟网络的资源禀赋、结构特征要求也将存在差异。

2. 结构嵌入性视角下的标准联盟网络的重要特性

在结构嵌入性视角下，网络参与者置身于标准联盟网络中同时具备个体、整体两个层面的结构特性。个体层面聚焦企业在网络内与其他参与者的关系，即企业在标准联盟网络中的中心度、结构洞、个体中心网密度等位置特性；整体层面聚焦企业所处网络内参与者间相互关系的总体性结构，如中心势、社会中心网密度等特性。

(1) 标准联盟网络个体层面结构特征变量。

1) 中心度。中心度是指网络参与者与网络中其他节点的联结完备程度，可衡量焦点企业在标准联盟网络中的地位[93]。根据测度方式不同，中心度有局部和整体之分[188]。局部中心度（Local Centrality）主要反映一个点在其局部环境内是如何被联络的，即与一个点直接相连的其他点的个数，即点度中心度。整体中心度（Global Centrality）则衡量一个点在总体网络中的战略重要性，一般用接近中心度和中介中心度测度[189-190]。接近中心度关注一个点与网络中其他许多点的平均距离，企业在标准联盟网络中的接近中心度水平可表征其在该网络中获取和传递知识信息对其他网络主体的依赖程度；中介中心度则关注一个点在多大程度上位于网络其他点的"中间"，企业在标准联盟网络中的中介中心度水平可表征其他网络主体间传输信息对该企业的依赖程度。

2) 结构洞。根据 Burt（1992）的界定，结构洞是网络中两个节点（人、组织或市场）间的非冗余关系[188]。当企业在标准联盟网络中连接了其他彼此间不存在标准化合作关系的企业组织时，该企业便占据了结构洞[191]。大量研究成果显示，结构洞位置是社会资本形成的重要来源，有利于企业获取信息优势和控制优势[188,192]。一方面，非冗余关系有利于企业触及多样化信息来源，及时、独占地获取外部知识信息；另一方面，连接互不相连的伙伴易于产生丰富的中介机会，企业可通过充当信息"桥"控制两端信息传递[188]。在实践中，企业无法与产业内所有企业组织都维持标准合作关系，连接不完备的标准联盟网络必然存在大量结构洞。

3) 个体中心网密度。密度描述一个网络图中各个点之间关联的紧密程度。从个体中心网（Ego-centric Network）视角出发，密度关注的是围绕着某些组织形成的标准化合作关系的密度[189]。在计算个体中心网密度时，一般不需要考虑标准联盟网络内焦点企业与伙伴间的直接标准化合作关系，只需聚焦标准化合作伙伴之间的各种联系[189]。结构洞和密度属于此消彼长的关系，企业所拥有的结构洞越多，则密度越低；结构洞越少，则密度越高[193]。企业个体中心网密度较高时意味着伙伴之间联系紧密，企业通常与固定的联盟成员参与技术标准制定；如果密度较低，则表示企业与所连接伙伴之间联系稀少[194-195]，企业倾向于与互不关联的组织展开多样化的技术标准合作。

（2）标准联盟网络整体层面结构特征变量。

1）中心势。中心势特指网络整体各节点间的中心度差异程度，可用来评价一个网络围绕某些中心点的集中趋势。从测度来看，中心势就是中心度最高的节点与网络中其他节点的中心度实际差值总和与最大可能差值总和的比值[189]。以度数为基础的中心势测度对节点的局部重要性敏感，代表网络中关系向某一个核心节点集聚的趋势；以中介性为基础的中心势测度对各个点构成的"链"敏感，则关注网络中其他节点依赖某些节点传递关系的程度[189]；以接近性为基础的中心势测度对节点连接其他节点的最短连接路径敏感，则关注网络中的节点不依赖其他节点传递信息的程度[196]。

2）社会中心网密度。社会中心网密度关注作为一个整体的网络关联模式，一般用来描述网络成员间关联的稠密程度[93]。标准联盟网络中主体间联系越稠密，密度越高，该网络也越完备。网络密度是一种重要的战略资源，其变化将影响网络成员间的知识信息流动及非正式监督机制的建立，影响隐性知识转移和网络资源获取[197]。Reagans和Zuckerman（2001）指出网络密度意味着结构洞的缺失，可通过培育网络成员间认同，提升互惠与信任水平，从而加速知识交换与集体行为的形成[198]。Phelps（2010）也认为密集网络所产生的信息与互惠可减少联盟成员间的交换障碍，促进成员间合作[31]。

3. 标准联盟网络结构嵌入对新产品开发绩效的影响综述

随着标准联盟在产业实践与企业竞争中发挥越来越重要的作用，其对企业产品创新的影响也日益凸显。众多学者围绕企业加入标准联盟的动机及其所能带来的好处展开了丰富的研究，认为标准联盟参与企业相比于非标准联盟参与企业将展现出更高的绩效[9,16]。现阶段关于标准联盟参与和新产品开发绩效的研究主要从创新激励、知识信息获取两个方面进行探讨。

(1) 创新激励。技术标准的确立可获得极高定价权，使技术创新利润最大化。标准联盟作为行业标准设定的重要途径，将有效降低联盟成员的创新风险，激发创新积极性[199]。Lerner 和 Tirole（2004）认为企业加入专利联盟的预期将刺激企业创新，互补型的专利池通过消除专利许可实施障碍也能提高企业创新效率[200]。Delcamp 和 Leiponen（2014）指出标准联盟可提升企业发明产出水平，并激励企业增加研发投入以内化潜在外部性[9]。曹勇和张诗瑶（2012）也指出，在标准联盟形成前，潜在成员对谈判优势和未来收益的预期将激励其进行专利研发和提升专利质量。但从反垄断和专利联盟内在企业共谋属性来看，联盟形成后也将削弱企业创新动力，产生低更新效率[201]。

(2) 知识信息获取。标准联盟网络聚集了众多企业、科研机构的多种知识，使单个企业能够通过这种合作网络来定位知识信息分布，获知彼此的知识和技能。标准联盟中的合作伙伴在技术上具有较高关联互补性，可加速彼此对联盟中专利技术的学习和吸收[201]。联盟成员可受益于知识溢出效应，获取伙伴多样性互补知识来支撑企业内部产品创新活动[202-203]。Narayanan 和 Chen（2012）认为知识获取是企业参与标准化组织的重要动因[55]。Nambisan（2013）的研究指出，标准联盟参与可促进企业多样化产业知识获取，从而帮助企业更好地识别创新机会、制订创新计划[15]。因此，标准联盟参与可帮助企业获得信息优势[204]。尤其对于自身缺乏研发资源的小企业来说，参与联盟对其具有较大的吸引力[16,205]。需要注意的是，标准联盟参与也将伴随参与成本及关键知识外溢风险[16]。Blind（2006）指出有些知识在标准联盟中无法严格保密，容易被转移至其他企业组织。尤其大部分标准制定组织要求标准制定参与者披露相关专利，这将降低技术实力强的企业加入正式标准联盟的意愿，因为它们担心重要知识资产会被泄露给竞争者[65]。

标准联盟参与和企业创新绩效密切相关，但企业战略决策并非在于选择一个联盟参与，而在于通过参与不同的联盟组合来积累充足的知识和政治资本[186]。企业在标准联盟参与过程中通常与不同组织形成一系列合作关系，即嵌入标准联盟网络中。相关研究对标准联盟网络特征与新产品开发绩效关系的探讨较为缺乏，主要还是针对在标准制定过程中联盟网络结构对外部信息知识获取效率的影响展开探索。标准联盟为企业提供了获取外部知识的渠道，但企业对外部知识的有效获取和吸收还取决于其在联盟网络中的结构特征。李莉（2008）认为隐性知识和显性知识在网络中依赖不同途径进行传递，对行为主体间信任水平的要求也不同[206]。这意味着闭合网络与"桥"位置将对知识转移产生不同影响。李薇等（2016）指出，在标准联盟中占据结构洞位置的中介机构可有效发挥协同功能，促进同质性企业间的合作[207]。曾德明等（2016）同样指出，因为标准联盟网络中成员间的知识技术相关性较高，企业构筑稀疏、富有结构洞的合作网络更有利于企业获得及时和非冗余的知识信息[208]。此外，李冬梅和宋志红（2017）指出，占据网络中心位置的企业可利用信息优势和合作吸引力提升标准竞争力[209]。

综上所述，标准联盟参与可激励企业创新，为企业获取竞争者、供应商、顾客、科研机构及其他利益相关者的显性与隐性知识提供渠道，通过外部知识交换与整合影响企业创新绩效[210,65]。但企业在标准化合作过程中所嵌入的网络结构将如何影响企业新产品开发绩效依然未知。虽有学者在探讨联盟标准制定机制时提及网络结构对知识信息获取的影响，但对于标准联盟网络结构差异如何影响企业的知识分享、转移行为，最终产生有差异的新产品开发绩效，依然有待进一步探索。

2.2.3 知识整合能力的相关研究综述

1. 知识整合能力的概念与内涵

（1）知识整合的概念与内涵。知识整合概念最初由 Henderson 和 Clark（1990）在《架构性创新：现有产品的技术重组与成熟公司的失败》中提出，他们认为将组分知识（Component Knowledge）连接在一起形成整体所需结构知识（Architectural Knowledge）的过程便是知识整合[211]。之后大量学者对知识整合内涵与外延进行了不断的深化与延伸，但整体上对知识整合的定义尚未形成统一界定。学者们展开研究的视角不同，内涵也不尽相同。概括而言，主要观点可见表 2-3。

表 2-3　不同学者界定的知识整合含义

学者（年份）	主要观点和内容
Demsetz（1991）[212]	知识整合是将不同专业知识结合在一起的过程
Kogut 和 Zander（1992）[21]，陈力和宣国良（2007）[213]	知识整合是企业结合与应用现有知识及所获取知识的能力，目的在于发展新组织原则、开发新知识技术
Grant（1996，1996）[24,214]	知识整合是结合不同来源专业化知识应用于重复性生产任务的过程，通过对现有知识的重构以产生构架创新
De Boer 等（1999）[30]	知识整合是将组分知识转变为结构知识的过程，这种结构知识通常以平台形式服务于新产品开发
陈力和鲁若愚（2003）[215]，赵修卫（2003）[216]	知识整合是将不同来源、不同功能、不同内容的知识进行融合与集成，使单一零散知识综合成具有较强柔性、条理性、系统性的新知识体系
Singh（2008）[217]，程鹏等（2014）[218]	知识整合是将不同的零散、破碎的知识进行联合与重构，以形成新知识的过程
陈铁军（2007）[219]，Kraaijenbrink 等（2007）[220]	知识整合指的是组织对内外部不同类型知识进行有效识别、获取和利用的过程，促进不同主体维度上知识彼此互动，从而产生新知识
谢洪明等（2008）[221]	知识整合是将一系列不同属性的知识融合形成新概念或新工艺的过程

从表 2-3 可知，尽管不同学者对知识整合的界定不尽相同，但对知识整合内涵的认识与理解是一个不断深化的过程。综合来看，可将知识整合理解为将不同来源、结构、层次和内容的知识进行集成、融合与重构，以形成新知识的过程，其内涵体现在以下几个方面：①知识整合的对象主要是既有的多样化、零散的知识；②知识整合的方式是对不同类型知识进行集成、融合与重构；③知识整合的目的是形成新知识，包括新的组分知识和结构知识。其中，组分知识是产业中已存在的、构成复杂产品体系的专业知识；结构知识是企业通过组合与重构不同类型组分知识而形成的系统结构[30,222]。总体上，对知识整合内涵的理解可表达为如图 2-2 所示。

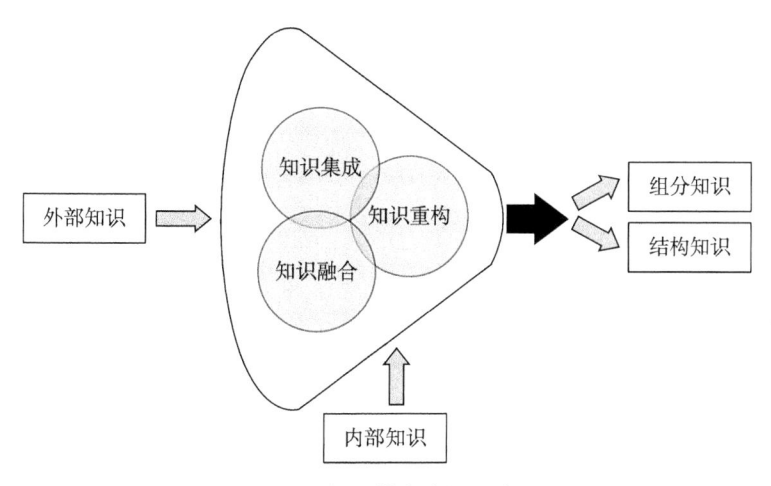

图 2-2 知识整合内涵示意图

（2）知识整合能力的界定与维度划分。在概念界定的基础上，不同学者对知识整合能力的维度划分存在差异。从知识整合方向的角度来看，强调企业综合运用现有内部知识和所获取外部知识的能力[213,223]，将知识整合能力划分为内部知识整合能力和外部知识整合能力[223-225,135]。从知识整合机制的角度来看，强调企业实现成功知识整合的因素，De Boer 等（1999）将知识整合能力划分为系统能力、协调能力和社会化能力[30]。谢洪明等（2008）也指出社会化能力和合作能力是知识整合能力的主要组成因素[221]。孔凡柱（2014）也采用 De Boer 等的划分方法，研究这三类知识整合能力分别与知识整合效率、弹性的交互对企业创新绩效的影响[226]。从知识整合过程的角度来看，强调知识整合不同环节所需要的能力。如陈力和宣国良（2005）基于知识整合实现所需的知识识别、筛选、吸收、提炼、共享与新知识发展环节，将知识整合能力划分为知识吸收、共享、系统化和发展能力[28]。基于不同研究视角的知识整合能力划分如图 2-3 所示。

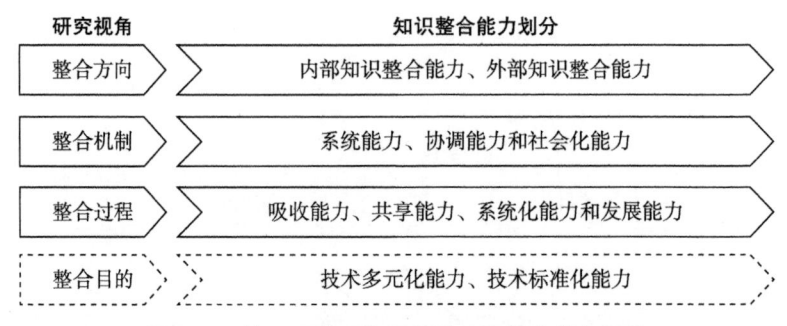

研究视角	知识整合能力划分
整合方向	内部知识整合能力、外部知识整合能力
整合机制	系统能力、协调能力和社会化能力
整合过程	吸收能力、共享能力、系统化能力和发展能力
整合目的	技术多元化能力、技术标准化能力

图 2-3 基于不同研究视角的知识整合能力划分

已有研究围绕上述方向、机制和过程视角对知识整合能力展开了丰富的研究，但鲜有研究关注知识整合目的。企业知识整合的目的不同，其整合机制和资源、能力需求都不同，对企业创新活动的影响将存在较大差异。忽略基于知识整合目的的能力划分容易导致研究结果不一致，也会使企业对知识整合能力与创新绩效间的关系感到混乱并产生疑惑。随着知识整合的内涵与外延不断发展，企业知识整合的目的既包括形成新的结构知识，也包括产生新的组分知识[218,221]。如计算机、心理学、仿生学和系统工程等领域知识的融合与集成催生了人工智能科学，人工智能作为一种新的组分知识被广泛应用于工业生产、安全防护、自动驾驶、医疗和金融等领域，在与其他组分知识结合的过程中则形成了新结构知识，如在智能网联汽车发展中逐步形成关于人工智能、新能源、网联技术、汽车制造等组分知识相互对接兼容的互动规则与技术标准体系。因此，企业整合内外部知识产生新组分知识的能力可体现为其将知识从技术领域拓展至新领域的能力，即技术多元化能力；企业整合知识产生结构知识的能力可表现为企业形成不同组分知识间互动规则和系统知识构架并将其推广的能力，即技术标准化能力。因此，从对知识整合含义的理解出发，并参考了众多先前学者所提出的知识整合能力，我们基于知识整合目的视角认为技术多元化能力和技术标准化能力是知识整合能力的主要构成维度。

2. 知识整合能力之技术多元化能力

（1）技术多元化能力的界定。技术多元化能力是企业将自身的技术活动或技术知识存量延伸到核心技术领域外的不同新技术领域的能力[227]。知识基础观认为一个企业可用其所整合的专业知识范围来描述，企业知识基础的多样性可通过知识组合灵活性和协同效应提升其战略价值[23]。知识的创造和积累是企业实现产品与服务创新的前提，企业知识基础的扩张有利于挖掘不同创造性知识组合，交叉融合开发多元化新产品[228]。Suzuki和Kodama（2004）通过对日本大型企业的案例研究指出，技术知识多元化与企业产品多元化和销量增长密不可分[229]。企业既可以通过内部研发，也可以从外部获取或通过协作研发来构建多样化技术基础[227]，但本质上都是通过对企业内外部知识资源进行整合来形成新组分知识，实现企业在新技术领域的知识扩张。

（2）技术多元化能力的影响因素。当前对技术多元化相关概念的探讨已较为成熟，但对技术多元化能力影响因素的研究还不系统，总体上主要围绕以下两个方面展开：一是从企业外部环境探讨。Levinthal（1997）[230]、贾军和张卓（2012）[231]认为，资源丰富、包容性较高的环境更有利于企业获取技术多元化所需资源，开展技术多元化活动。Garcia-Vega（2006）指出，竞争激烈的环境可推动企业开展有别于竞争对手的知识技术拓展活动[232]。潘鑫等（2014）[233]、曾德明等（2015）[234]指出，企业外部资源获取机会与能力对企业技术多元化有重要影响。二是从企业内部环境探讨。楼永（2004）[235]、何郁冰和陈劲（2008）[236]认为，技术、知识等无形资源积累是企业提升技术多元化能力的重要影响因素。周新川（2009）[237]、潘鑫等（2014）[233]则指出，资金、研发人员等有形资源也是企业技术多元化能力形成的前提。朱朝晖（2009）认为企业学习能力影响其探索新领域知识的可能性[238]。陈力和宣国良（2005）[28]则认为知识吸收能力是企业通过所积累知识辨别内化外部知识的前提，与企业技术多元化能力紧密相连。综合来看，企业外部知识资源获取和吸收、内部知识资源积累及资金和人员实力是影响企业技术多元化能力的主要因素。

技术多元化能力的影响因素如图2-4所示。

图 2-4　技术多元化能力的影响因素

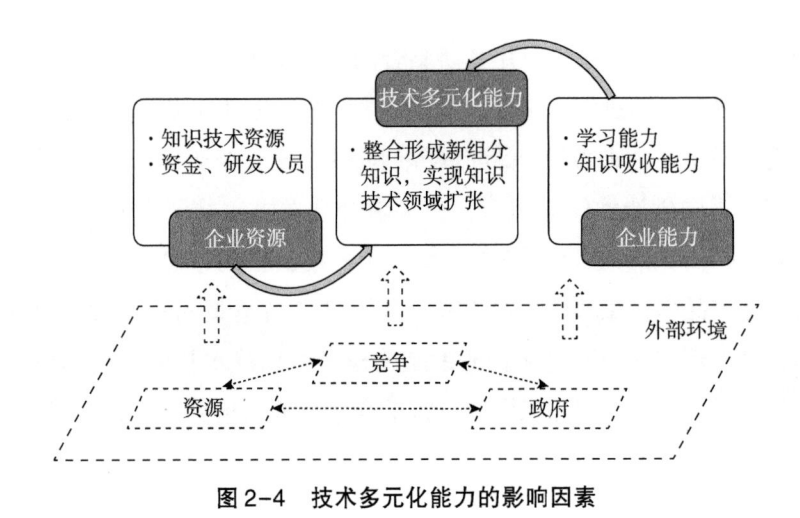

（3）技术多元化能力与新产品开发绩效关联研究。技术多元化能力与企业新产品开发绩效的关系主要围绕知识组合与重组（Knowledge Combination and Recombination）和知识吸收两个方面展开。

1）关于知识组合与重组。技术多元化能力可增加知识创新组合机会、提高研发活动效率，从而提升企业新产品开发优势。企业技术基础向新领域扩张可为企业提供新技术选择，将新领域技术与现有技术融合形成新知识组合，从而增加探索与识别新技术机会的可能性[239]，获得范围经济与协同效应[240-241]，提高新产品开发效率。技术多元化为实现技术组合与重构提供更丰富的技术元素，实现"异花授粉"[242]，将已有技术与新技术进行融合形成新技术、增加产品新功能，利用多元化技术基础与供应商、配套商等进行协同增加技术价值，从而实现新产品开发绩效的改善与提升[243]。何郁冰和丁佳敏（2015）[244]、郭玉玉和宋燕（2016）[245]认为一个企业所能掌握的产品和市场机会，本质上取决于其所涉足的技术范围。多技术企业能有效地进行知识整合，降低某种独特技术的锁定效应[232]，跨领域知识整合易形成交叉创新，发现行业利基市场。多元化的技术基础可帮助企业挖掘更多有互补性的、新奇的方法以加速创新[246]。

2）关于知识吸收。技术多元化能力可以在一定程度上表征企业的知识吸收能力，影响企业对外部知识技术的评价、吸纳和应用，从而影响企业创新活动的开展。何郁冰和陈劲（2013）指出外部知识的获取效果取决于企业已有知识，企业技术多元化能力越强，其具备较强吸收能力的技术领域也越宽，在协作创新过程中越能有效地协同产业链上下游价值链[243]。当企业依赖组织间联盟网络获取外部创新资源时，需要具备强大的吸收能力以实现对外部知识信息的有效转化与利用。孙玉涛和臧帆（2017）指出企业在区域内和区域间所开展的研发协作对创新绩效的影响取决于企业技术基础能否有效吸收外部所获取的知识和技术[247]。Osterloff（2003）指出，随着企业技术多元化程度的不断提升，其所拥有的技术机会集也迅速扩大，企业可识别和把握的技术和市场机会将根据其技术领域宽度的变化而产生系统变化[248]。魏江等（2013）也认为企业技术基础的多样性决定了内部知识与所获取外部知识的相关性、可整合性，从而影响企业知识吸收能力及其研发活动绩效[249]。

尽管大量学者认为技术多元化有助于企业挖掘新知识组合机会，吸收转化外部知识，提高其动态创新能力[229,250]，但也有学者对技术多元化的创新优势有所质疑，他们认为技术多元化不利于企业聚焦核心领域培育优势，无法形成规模效应并会增加技术协调成本。如徐娟（2017）指出，技术多元化将产生新研发成本，沟通、协调成本也会相应上升，技术资源分散还将增加系统风险，不利于企业技术核心竞争力的提高[241]。张庆垒等（2014）认为技术多元化的创新型技术企业面临更大的风险和不确定性[251]。贾军和张卓（2013）也指出多维度技术多元化将削弱其对组合能力的控制，破坏组织异质性，从而对创新绩效产生消极影响[252]。

综上所述，企业技术多元化能力的重要性已被广泛认同，但其与企业绩效关系的研究结论还不一致。探索产生争议的原因对于企业合理采用技术多元化战略具有重要意义。

3. 知识整合能力之技术标准化能力

（1）技术标准化能力的界定。当前对技术标准化能力的界定一般从技术标准、技术标准化的概念入手。前期概念界定视角不同，对技术标准化能力的理解也存在差异。

技术标准代表对某一特定产品的层级结构和功能参数在设计逻辑上的知识和经验集成，是多个经济主体关于产品和服务特性规范的集体协商选择[55,57]，本质上是对产品技术知识的系统编码化处理，是关于产品知识的系统构架。对产品不同模块知识技术间兼容、对接和互动规则制订一系列技术要求和指导方案，一方面使相关产品或服务达到市场准入门槛，规范市场竞争秩序[253]，另一方面为产品生产或服务提供技术方法、方案、路线，提高产业整体生产运作效率[254]。技术标准化则是技术标准形成的过程[255]。根据《标准化工作指南 第1部分：标准化和相关活动的通用术语》（GB/T 20000.1—2014），技术标准化活动包括编制、发布和实施标准的过程[256]。Techatassanasoontorn 和 Suo（2011）将标准化视为知识技术传播的过程[257]。孙耀吾等（2009）则将技术标准从技术选择、技术标准制定到技术标准推广的完整过程称为技术标准化[178]。在技术密集型产业，产品复杂性和技术集成性使得标准化活动需要产业内多个利益相关主体协作开展，集成众多关联技术形成协同体系，加快技术标准扩散。技术标准化涉及多方利益主体，从技术选择、技术标准制定到技术标准推广都呈现出网络化特征[179]。

基于对技术标准化理解的不同，现阶段学术界对技术标准化能力的定义还未形成统一描述（见表2-4）。伍燕妮等（2005）主要从企业推广技术标准的能力来界定[258]。孙耀吾等（2007）[259]、王珊珊等（2013）[260]则认为技术标准推广能力是狭义的技术标准化能力，广义上还应包括从研发、专利化、标准确立到产业化的能力。Leiponen（2008）基于企业在正式标准制定中的贡献与影响力来考察其技术标准化能力[186]。邹思明等（2017）认为技术标准化能力本质上是影响技术标准化实现的能力，是过程与结果的统一[39]。本研究认同邹思明等（2017）对技术标准化能力的界定，即企业在围绕自身技术形成产业标准的过程中所体现出来的技术标准制定与推广能力。

表 2-4 不同学者界定的技术标准化能力含义

学者（年份）	主要观点和内容
伍燕妩等（2005）[258]	技术标准化能力即企业推广技术标准的能力
孙耀吾等（2007）[259]，王珊珊等（2013）[260]	技术标准推广能力是狭义的技术标准化能力，广义上应包括从研发、专利化、标准确立到产业化的能力
Leiponen（2008）[186]	技术标准化能力体现为企业在正式标准制定中的贡献与影响力
邹思明等（2017）[39]	技术标准化能力本质上是影响技术标准化实现的能力，是过程与结果的统一
王道平等（2017）[40]	联盟主导企业的技术标准化能力由研发能力、管理能力和资源能力构成

（2）技术标准化能力的影响因素。关于技术标准化能力的关键前因，现有研究主要围绕与"技术标准"密切关联的"主导设计"展开。在某种程度上，在产业内被广泛采用的技术标准（超过50%）将成为主导设计[6]，一个主导设计通常由一系列技术标准组成[261]。企业技术标准化能力越强，其构建主导设计的能力也越强。相关文献强调技术演变、网络效应、社会磋商和政治动态是主导设计形成的核心机制[262-263,57]，相应地，可识别出三类重要因素会影响企业形成主导设计的能力和技术标准化能力：①技术基础因素，如技术优势。Haurand 和 Stummer（2018）基于 Agent 模型分析了主导设计形成机理，发现技术上更优越的替代方案常常（但并非总是）能成为主导设计[264]。曾德明等（2005）提出，企业技术优势（包含技术结构、研发能力、学习能力等）是技术标准化能力的重要构成部分[265]；曾德明等（2015）发现技术多元化程度高的企业在标准制定中更具影响力[234]。②市场基础因素，如用户安装基础、企业支持基础。Lee 等（2006）认为扩大用户安装基础最大的优势在于能使企业产品的主导能力逐步增强，创造一种"从众"现象，导致"赢家通吃"[266]。Stremersch 等（2007）则提出，事实上由用户安装基础产生的间接网络效应作用比预期要弱[267]。Dai 等（2018）认为企业支持基础是一种重要的市场力量，可有效增强技术标准的网络效应，提升标准竞争优势[271]。③社会和

政治相关因素，如社会资本、政府政策、制度环境等。邹思明（2015）基于对汽车产业的实证研究得出，结构嵌入性社会资本正向影响企业技术标准化能力，关系嵌入性社会资本对技术标准化能力的影响与关系嵌入维度有关[49]。张晓博（2013）提出政府与利益集团"合谋共赢"行为将严重影响企业参与标准化工作的积极性，阻滞标准化工作健康发展[268]。文金艳和曾德明（2019）聚焦区域制度环境发现，市场化水平上升和政府干预减少将阻碍企业利用多样化联盟组合提升技术标准化能力[269]。可知，企业现有资源（包括技术、用户安装基础、企业支持基础、社会和政治资本）对制定与推广技术标准十分关键。企业一方面可以通过内部资源发展——鼓励创新、扩张用户基础或投资互补配套产品，来积累标准化过程中的内部技术和市场优势[270]；另一方面也可以通过外部资源聚集——构建或参与标准联盟来积累技术和市场资源、形成社会资本，以提升企业在标准化过程中的影响力[186,269]。

综上所述，现有研究承认技术标准化能力是企业竞争力乃至国家竞争力的重要内容，其不仅影响企业生存概率和可持续绩效，还与行业兴衰及国家整体经济利益密切关联。过去几十年关于技术标准化能力的研究主要有下述几个特征：①从早期关注技术标准化能力的整体概念与内涵向近期关注不同类型技术标准化能力的概念与内涵转变，对技术标准化能力的理解从笼统、浅显、片面走向细化、深入、全面。②对技术标准化能力形成的内在机制和影响因素，主要关注技术演变、网络效应、政治动态和社会磋商机制，核心考察技术优势、市场基础、社会和政治资本等因素的影响。③从早期关注技术标准化能力的内部来源（企业内部资源优势）向近期关注技术标准化能力的外部来源（外部联盟资源获取）转变，如何利用标准联盟获取外部资源、提升标准竞争力成为技术标准化领域的研究重点。

（3）技术标准化能力与新产品开发绩效关联研究。在高新技术产业，技术标准体现技术水平，影响技术选择和技术创新轨迹[1]。主导设计范式（或技术标准）成为高技术企业竞争制高点。自发参与正式标准制定已成为高技术企业产品开发和市场策略的一个重要内容。Blind 和 Mangelsdorf

(2016)研究发现,电气工程与机械领域的企业参与标准制定的最大动机在于影响行业规则,确保行业设计规范符合自身利益[59]。而企业能否通过参与技术标准制定获得战略利益的前提在于其技术标准化能力[56]。

技术标准作为技术转移渠道,可有效促进和加速创新[272-273]。企业通过将自身技术标准化,影响国家标准、行业标准内容,可加速自身新技术扩散,提高新产品开发效率。Swann(2000)指出,标准化有助于凝聚焦点和资源来开发新兴技术与市场,技术标准可帮助创新型企业传递其创新性产品的安全性、质量及特征都达到客户基本要求的信息,促进新技术和新产品的扩散,从而激励企业创新活动的开展[274]。Narayanan 和 Chen(2012)通过对发表在顶级期刊上的 89 篇文献进行分析得出,技术标准对创新扩散的积极影响得到证实,但创新型企业转化标准轨迹来替换技术体系的关键在于功能兼容性[55]。Blind(2013)认为技术标准通过减少多样性选择,聚焦于特定技术或解决方案,加快新技术和新产品进入市场的速度,增加远期创新投入和互补性技术的开发[273]。企业自身技术体系与技术标准的一致性程度直接影响企业能否实现其创新成果产业化。因此,企业围绕自身核心技术制定和推广技术标准的能力越强,在正式标准制定中的影响力越大,将越有利于增强市场对企业新技术和新产品的信任,减少新产品开发风险,节约交易成本,推动持续的产品创新。

技术标准作为产品设计的知识技术集成,其质量和竞争力离不开核心专利技术的支撑。专利的排他性和技术标准的市场垄断性相结合将驱动企业基于标准竞争展开技术创新以追逐超额利润。Cohen 和 Lemley(2001)指出专利与标准相结合对创新的影响取决于创新本身的特征、成本和产业成熟度[275]。在以持续性创新为重点的产业,知识产权保护可促进竞争,结合专利的标准可增加社会福利,并鼓励创新[276]。Blind(2013)也聚焦于企业将知识产权转化为标准行为,指出该战略对知识产权权利人和标准实施者都非常有益[273]。知识产权权利人通过将专利集成为技术标准,利用知识产权产生的暂时垄断来激发其持续投入研发的动力。此外,对于平台标准的技术、产品和服务而言,标准和知识产权通常免费开放,通过间接网络效应激励企业增加研发投入来提升专利和新产品产出。Bekkers 等

(2012）针对获取专利权与技术标准化之间的冲突展开研究，认为以专利池形式构建标准可减少专利权人和标准实施者之间的交易成本，随着标准的扩散与推广，专利权人可获得额外许可收入，同时减少标准实施者的许可成本[277]。专利池还可有效避免双重边际效应，从而降低采用标准所需的一整套许可价格[273]。虽然标准中的知识产权能为企业带来大量经济利益，但它也将使创新产生额外成本。知识产权与基于标准的网络外部性将导致长于专利保护期限的垄断，从而产生无效率，如高价格和低竞争性的市场结构。具有较大的标准制定影响力的企业，更有优势将自身核心专利转化为标准，从而为专利权人带来极大的经济利益[56]。在利益驱动下，企业更有动力持续投入研发创新，保证技术领先性和标准方案采用率。

现阶段学者较多围绕"标准制定所带来的经济利益"来探讨企业参与标准制定的动机，而对企业技术标准化能力如何影响其创新活动尚缺乏深入探讨，尤其针对传统研究中关于技术标准与创新关系的争议在企业层面如何体现，以及企业如何参与技术标准制定以实现有针对性的创新目标等问题还缺乏系统研究。

2.2.4 网络资源禀赋的相关研究综述

1. 网络资源禀赋的内涵

资源禀赋（Resource Endowment），又可称为要素禀赋，是资源本身的固有特征，最早由瑞典经济学家赫克歇尔和俄林在20世纪30年代提出[278]。他们运用资源禀赋进一步解释了李嘉图的比较优势理论，认为假设生产率和技术不变，生产要素的相对富裕程度（资源禀赋）是产生区域间比较优势的重要原因[279]。狭义的资源禀赋仅指自然资源禀赋，包括土地资源、水资源、矿产资源等自然资源的资源储量规模、资源种类及质量、资源的集聚程度、资源的开采条件等[278,280]。而广义的资源禀赋不仅包括自然资源禀赋，还包括人力资源、社会网络资源、资金资源和技术资源等与经济增长密切相关的生产要素[281-282]。

资源禀赋于20世纪80年代逐步被应用于管理学领域，具体表现为资源基础理论的形成与发展。资源基础理论认为组织是各种资源的集合体，组织竞争优势建立在其所拥有和支配的异质性资源和关系的基础上[283]。在此理论中，资源禀赋是指被组织所掌控，可被组织用于设想和实施战略以提高其效率与效能，能够展现组织核心竞争力的资源，既可以是有形的也可以是无形的[284-285]。能够使企业获取持续竞争优势的资源禀赋应该满足 VRIN 标准[283]，即有价值（Valuable）、稀缺性（Rare）、难以模仿（Imperfectly Imitable）、不可替代（Non-substitutable）。在此基础上，一些学者对组织层面的资源禀赋进行了不同的定义和分类。如 Shane 和 Stuart（2002）将企业的资源禀赋分为社会资本、人力资本、技术资源和环境条件[286]，田莉（2009）将企业初始资源禀赋分为技术资源禀赋和人力资源禀赋[287]，苏晓华和王招治（2010）则将衍生企业从大学母体所继承的资源禀赋划分为管理资源禀赋、技术资源禀赋、资本资源禀赋和社会资源禀赋[288]，姚铮（2016）将企业资源禀赋分为营销资源禀赋、技术资源禀赋和关系资源禀赋[289]。

从总体来看，尽管不同领域的学者基于不同视角对资源禀赋的界定不尽相同，但对资源禀赋内涵的理解都在不断深化，主要体现在以下几个方面：①资源禀赋主要用来描述特定主体所拥有资源的特征；②它是一种相对概念，可用来考察国家或区域自然资源、企业有形和无形资源丰裕度，也可拓展至社会网络层面，描述特定层面的个体间或组织间网络所拥有资源的特征；③其构成是多维的，网络资源规模、网络资源异质性、网络资源影响力等都是形成资源比较优势的重要方面。由于本研究主要关注标准联盟网络，因此采用的网络资源禀赋定义是指企业所处标准联盟个体中心网络的资源丰裕度，网络资源规模、网络资源异质性、网络资源影响力是描述网络资源禀赋特征的重要维度。

2. 资源禀赋视角下的网络构成特征

"社会网络"是网络节点及节点间联结的集合[290]，标准联盟网络的节点涉及企业、高等院校、科研机构和政府机构等组织，节点间联结则是组织间的标准化合作关系。从资源基础观来看，企业组织可被视为一系列特有资源的集合，因此网络资源禀赋本质上关注构成网络的节点特征。标准联盟网络中的资源分享可克服单个企业资源基础限制带来的增长障碍,网络资源禀赋特征将影响所嵌入企业的创新优势。网络资源规模、网络资源异质性、网络资源影响力是描述网络资源禀赋特征的重要维度,我们主要从这三个维度来总结资源禀赋视角下的网络构成特征。

(1) 网络资源规模。网络资源规模是指网络的资源存量,现有研究一般从两个方面展开研究。一是将单个企业看作一系列资源集合,用构成网络的企业组织数量来描述网络资源规模[31,291],可表述为网络成员规模;二是将网络视为资源依附的载体,观察网络中所有节点所拥有的知识技术资源或其他类别资源的总量。网络资源规模越大,所涉及的企业组织数量越多,网络中流动的知识、技术、人才、资金等无形和有形资源越多[97,291],丰富的网络资源流动可为嵌入其中的企业带来规模效应和范围效应[97,292]。但需要注意的是,网络规模越大,越有可能为企业带来过量不熟悉的知识流,这既增加了企业对伙伴关系的管理负担[292],也削弱了知识组合潜力[77]。

(2) 网络资源异质性。网络资源异质性关注构成网络的节点在某一属性特征上的多样性分布,如组织类型、规模、年龄、技术、地理位置等[34,293-295]。组织类型不同、组织所拥有的技术不同或组织所处地理位置不同,背后所代表的含义都在于具备这些不同特征的组织所承载的资源存在差异。如网络构成节点的组织类型多样性较高,网络中涉及的供应商、客户、竞争者、高等院校、科研机构和政府机构等能为嵌入其中的组织提供高度异质化的知识信息,如产品部件知识、消费者市场反馈、专业领域共性基础知识和前沿知识、经济与政策环境知识信息等[296-297]。网络构成节点的技术多样性越高,网络中涉及的技术类别越多,来自产品开发核心技术领域、关联技术领域、无关技术领域但存在融合潜能的异质知识信息越可能产生协同效应和"异花授粉"效应,提供更多的创新组合机会[293,31]。

(3) 网络资源影响力。网络资源影响力主要关注网络节点的地位和声誉,在狭义上可指网络各个节点在网络活动中的平均影响力水平,描述节点组织在网络体系中的序列或等级;在广义上可指在社会活动中的影响力,主要涉及一个企业由尊重决定的在社会等级制度中的地位[35,298]。Lin 等(2009)就将联盟伙伴地位划分为社会地位和网络地位,考察连接不同地位伙伴对企业绩效的影响[35]。现有研究主要围绕狭义的网络资源影响力展开,考察网络伙伴在网络中的地位对知识转移或企业绩效的影响[299-300]。如 Lin 等(2009)实证表明,联盟伙伴较高的社会地位和网络地位都将增强联盟伙伴资源互补性对企业绩效的正向影响[35]。Lavie(2007)研究发现,与能够提供有价值资源的优秀合作伙伴展开合作,可以提升企业的市场绩效,但是强大的合作伙伴可能会利用他们的议价能力,来削弱重点企业从其联盟投资组合中获取租金的能力[301]。邓渝和黄小凤(2017)认为与地位相似的合作伙伴进行合作,意味着企业与其合作伙伴有高度的地位重叠,这会加剧合作联盟中的竞争性[302]。

3. 网络资源禀赋与新产品开发绩效关系综述

网络资源禀赋代表网络拥有的资源状况,它直接关系着嵌入其中的节点通过网络连接所能接触和获取资源的特征。网络资源规模、网络资源异质性、网络资源影响力是描述网络资源禀赋特征的重要维度,但由于网络资源规模通常体现为构成网络的节点数量规模,在企业个体中心网中则表现为企业直接联结的伙伴数量,与企业的结构嵌入性特征——中心度存在一定程度的重合。因此,我们主要聚焦网络资源异质性和网络资源影响力来综述关于网络资源禀赋与新产品开发绩效关系的研究。

一是聚焦网络资源异质性。具体在研究中体现为网络节点间距离、同质性、多样性[303],在此我们统称为网络资源异质性。现阶段关于网络资源异质性与创新绩效的关系还未形成一致结论。一方面,企业学习伙伴知识的能力将随着伙伴间知识基础相似性的增加而提升[304],组织间差异将削弱知识分享能力和效果,容易引发沟通协调困难和联盟关系管理成本上升[295]。Goerzen 和 Beamish(2005)研究得出,更高的联盟网络多样性将增加关系管理的复杂性,由此产生的负向回报将超越边际收益[305]。因此,网络资源异质性的提升不利于企业转移网络知识推进创新。另一方面,伙伴重叠度高将带来知识冗余,降低跨组织学习动力,减少利用外部资源实现创新的机会和空间[297]。Wuyts 和 Dutta（2014）指出网络资源异质性可有效拓宽视野、激发创造性思维，提升创新决策质量和价值[293]。Lee 等（2017）通过元分析也得出联盟网络资源多样性正向影响企业绩效的结论[306]。

二是聚焦网络资源影响力。具体在研究中体现为网络节点地位和节点声望，在此我们统称为网络资源影响力。现阶段对网络资源影响力的研究主要围绕高影响力伙伴所带来的有形与无形资源优势、与高影响力伙伴合作中的地位不对等展开。网络影响力是指企业从组织间网络的等级序列中获得的声望和地位，反映企业在组织间关系中的影响力[35]。高影响力伙伴对外部组织具有较强的合作吸引力[307]，伙伴主动向其分享和转移知识的意愿较强。Thomas-Hunt 等（2003）提出社会地位差异会增强低地位者向高地位者分享知识的意愿[308]。Lin 等（2009）指出高地位组织具备较高声誉，能从环境中获得持续的资源供给，并提升其战略地位[35]。Still 和 Strang（2009）也认为高声望组织对创新成果的潜在采用者拥有更大的影响力[309]。此外，声望、地位在企业间的分布是非均衡的，伙伴间影响力的地位差异会带来双方在合作中的地位不对等。Thomas-Hunt 等（2003）指出高社会地位者倾向于拒绝低社会地位者的知识分享，而更愿意接受来自同等地位伙伴的知识分享[308]。高地位企业组织在联盟伙伴选择上会更加挑剔，与高地位伙伴建立合作关系通常面临更严格的调查，在协作中易处于谈判劣势，产生更高的合作成本[35]。因此，连接高影响力伙伴有助于企业触及市场无法接近的知识池，获得更多创新资源优势；但也将产生地位不对等，在合作创新中缺乏决策话语权和灵活性。

综上所述，尽管大量学者围绕网络资源禀赋展开了丰富的研究，但大多只关注网络内容对创新绩效的直接影响，结论不一，且网络内容如何影响网络结构与企业创新绩效的关系仍然有待进一步探索。

2.3 本章小结

本章主要介绍了本研究开展的理论基础与研究现状，从而为本书研究路径的确定奠定了基础。首先阐述了本书重要的理论基础，包括基于分工的模块化理论、标准经济学、资源依赖理论、知识基础理论和网络嵌入性理论，从而加深我们对标准联盟网络结构、新产品开发等构念的理解；其次对新产品开发绩效的相关研究成果进行分析与总结，清晰呈现文献所聚焦的核心被解释变量的研究进展；随后综合不同学者对标准联盟的定义，从而清晰界定标准联盟网络，总结标准联盟和标准联盟网络区别于一般战略联盟和战略联盟网络的特征，并阐述结构嵌入性视角下标准联盟网络的重要特性，指出现有关于标准联盟的研究主要集中于标准联盟参与动机及联盟网络结构对外部知识信息获取效率的影响，忽视了对影响外部知识获取的标准联盟网络结构与新产品开发绩效关系的探讨；然后总结不同学者对知识整合能力的定义，指出基于目的视角将知识整合能力划分为技术多元化能力和技术标准化能力，并对关于技术多元化能力、技术标准化能力和新产品开发绩效关系的研究成果进行梳理与分析，总结现有研究的不足；最后介绍网络资源禀赋的内涵及资源禀赋视角下的网络构成特征，指出网络资源影响力、网络资源异质性是反映网络资源禀赋的两个重要指标，并通过对网络资源禀赋与新产品开发绩效的关系进行研究综述，得出网络内容如何影响网络结构与企业创新绩效的关系仍然有待进一步探索。

第3章 标准联盟网络形成及结构嵌入性特征分析

3.1 标准化合作关系的形成机理

3.1.1 企业参与标准化合作的动机

1. 风险与成本共摊

技术标准设定过程复杂，其开发和推广阶段都充斥着高投入、高风险，通常单一企业很难依靠自身力量独自完成，组建联盟与其他企业组织展开标准化合作成为分摊成本和风险、提升标准化效率和竞争力的有效途径[61,310]。首先，高技术产业技术复杂性及不断加快的技术发展步伐，让企业难以同时在多个技术领域形成技术优势，也使得技术标准构建的难度持续提升。这源于高技术产品各部件之间复杂的互动关联，知识整合难以由单一企业实现。如汽车产业，即便是制定技术含量相对较低的座椅技术标准，也需要融合汽车生产商的设计和造型知识以及座椅生产商的技术和制造知识。因此，企业需要与用户、各种系统部件供应商、科研机构，甚至竞争者等组织协同合作，汇聚互补性专业化资源，降低标准中专利技术的使用成本，并讨论确定技术路线和选择体系框架[311]，确保在设计解决方案时考虑到它们的利益和局限性，从而缩短技术标准研发周期，降低技术不确定性风险。其次，"赢家通吃"结果的残酷性使得标准之间的竞争十分激烈，失败的企业将承担标准体系转换带来的高成本，甚至直接退出市场的风险。这也迫使企业选择竞合战略，增加标准用户安装基础，分散市场风险。Farrell 和 Saloner（1986）认为标准联盟是市场实力较弱的企业参与主导设计竞争的唯一途径[312]。Aggarwal 等（2011）认为企业降低标准设定风险的重要战略之一便是通过合资公司与其他企业展开标准化合作[313]。如索尼和飞利浦通过协作努力，成功将 CD 技术发展为行业标准。企业通过与外部组织构建标准化合作关系还可向外界（用户）传递标准可靠性信息，增强消费者对产品的信心，从而分担并降低标准创新中的市场风险[313]。

企业开展技术标准制定不仅面临技术、市场风险，还伴随着高成本。高技术领域同时具备知识技术密集和资金密集的特点，产品、技术和标准研发与推广都需要大量的资金投入与支持。Delacey 等（2006）指出标准的开发与推广意味着企业投入巨额资金，且费用还将随着专利投入资源的增加而快速增长[314]。对于小企业而言，技术标准化活动所带来的高成本通常让其望而却步[16]。因此，小企业通常期望与其他资金实力雄厚的企业展开合作，支持与跟随大企业的标准战略来有效减少标准活动参与成本，或者联合众多中小企业的力量达到分担标准化成本与风险的目的。如中联重科在联合中小企业开展行业标准制定过程中，通常主动承担绝大部分的标准化经费，从而提高伙伴参与的积极性。此外，企业间协作开展标准制定有利于综合利用不同企业的知识与能力，整合分散的技术（如专利），减少重复性开发和资金浪费[9]。Clark 等（2001）指出专利联盟中的专利分享与许可机制可以有效减少重复研发，提高创新效率[315]。因此，分摊和降低高成本所带来的财务资金风险也是企业与外部组织开展标准化合作、构建标准联盟的重要目的。

总之，企业加入标准联盟网络，一方面可促进产业链连接，集各家所长缩短标准开发周期，加速标准推广，降低标准制定技术风险和市场风险[9]；另一方面可减少技术重复研发，分摊开发与推广成本。合作制定技术标准是企业在全球化竞争态势下占据优势竞争地位的最佳选择。

2. 外部知识技术获取

根据知识基础理论，知识是企业实现价值创造和竞争优势提升最重要的资源[21,24]。基于产业专业化和效率提升要求，企业需要在某一知识领域形成专业优势；然而知识的运用又要求企业将不同类型的专业知识结合在一起。高技术产业的技术复杂度及不同领域技术融合的大趋势，一方面使得产品创新和技术标准构建所要求的知识范围越来越广，另一方面也让企业只能专注于少数领域构建优势知识能力。这意味着单个企业无法将自身知识与产品创新、技术标准制定所要求的知识完美适配。从而，企业与外部组织构建标准化合作关系的重要动机还在于获取与整合外部多样化知识技术[16]。

（1）汇聚外部互补性知识资源提升技术标准方案完备性。技术标准的竞争力源于技术方案的先进性和兼容性[234]。技术先进性要求标准制定者在所涉及的核心领域是技术专家，保证支撑技术标准的技术相比于行业内其他同类技术是优越的；技术兼容性要求标准制定者是多面手，兼顾关联领域的兼容性。单个企业很难同时作为专家和多面手，因此标准发起者通常希望通过与产业链相关企业展开标准化合作，共享专业化互补知识技术，聚集优势资源来确保标准的先进性和兼容性，从而提升所制定标准成为行业标准的可能性和竞争力。此外，一个复杂的技术系统通常由一个核心技术基础和许多由不同制造商独立开发的相关技术群组成[57]，其发展与创新离不开互补技术参与者网络的支持。因此，标准制定的本质特征也通常要求利益相关者之间的协同合作[203]。中联重科标准化研究院副院长在深度访谈中也表示：对于中联重科而言，加入标准联盟或建立标准联盟，是为了形成更具竞争力的技术解决方案。一方面，邀请其他相关企业共同制定标准，可以利用它们的专业知识来增强技术解决方案的全面性和兼容性。另一方面，联盟合作伙伴是我们所倡导标准的可靠支持者。在大多数情况下，一家企业所拥有的私人标准化合作伙伴关系，决定了其在正式标准制定中的投票行为。

（2）整合外部异质性知识资源培育新的知识能力。知识基础理论认为企业所拥有知识资源是其竞争优势的主要来源，由于企业知识范围与产品范围的不一致，外部知识资源获取成为企业创新绩效的重要影响因素[105,235]。标准联盟极大地扩展了企业跨组织学习的空间，为企业获取外部丰富的知识技术、扫描行业前沿动态提供了有效平台。因为与外部组织标准化合作关系的建立不仅为企业接触伙伴核心知识和关键技术主张提供了可能，在合作设计正式标准过程中，还能提早获取标准内容等相关信息，获取先动优势[59]。通过参与标准联盟，企业在获得影响标准制定机会的同时，更可在与成员讨论、发展和评价技术方案的过程中产生新知识，并获取有价值的学习机会[186,203]。曾德明等（2006）指出借助标准联盟实现组织学习比其他方法（如自主 R&D、技术引进吸收）更为迅速有效[311]。如华为 2003 年被思科起诉后，积极参与国内与国际标准的开发与制定，联合中国信息通信研究院、中国电信、中国移动等伙伴主动参与国际标准制定，积极加入如 ITU、CCSA、3GPP 等国际标准化组织，到 2011 年，华为向国际标准化组织共提交了超过 25000 份标准草案。初期华为递交草案的目的并非只为争取标准制定权，而在于争取出席和参与国际标准讨论会的机会，在沟通交流中积累社会关系并了解国际技术发展动态和各国优秀企业的技术主张，从而完善企业技术和产品研发思路[311]。

3. 标准制定影响力提升

虽然正式标准和事实标准的形成过程存在差异，但企业在两类标准制定中的影响力都主要体现在市场优势、技术优势和社会资本优势三个方面[204,316-318,186]。市场优势体现企业所倡导技术标准的用户安装基础，反映消费者的支持程度，通常市场占有率超过 50% 的技术标准将成为行业主导标准[56,319,271]，在市场上具备更强的标准竞争力。技术优势体现企业所拥有的核心知识产权比竞争对手具有优越性和全面性，拥有技术优势的企业才有能力构建体现技术先进性的主流技术标准，推动和引导行业技术范式实现突破，同时企业核心技术资源与能力不易被复制，是其构建和维持行业优势技术规范的关键。而社会资本优势体现源于企业所嵌入组织间网络所带来的特殊资源，如信任、认同与支持。企业与组织，如供应商、客户、政府机构和科研机构等的协作关系，可有效集聚外部市场力量和技术力量，从而提高企业自身标准竞争优势。Gao（2014）指出技术越复杂，社会政治因素的影响越重要[320]，获取政府和产业链利益相关者的支持对于后来者的标准竞争力提升越关键。对于简单产品而言，主导设计通常基于技术因素形成，而复杂产品的技术标准将涉及更多的社会、政治因素[321]。因此，与外部组织广泛协作、参与标准联盟等战略决策，都将为企业带来无形的社会网络关系资本和结构资本，提升标准制定影响力。

在高技术产业，复杂产品的技术高综合性和集成性使得企业单独依靠自身市场优势和技术优势主导行业标准制定的概率降低[72]。为提升标准制定影响力，在标准竞争中占据有利地位，市场力量相当的竞争者间，或市场力量较为薄弱的企业，为构建与推广符合自身技术优势和发展轨迹的技术标准，通常采用标准联盟方式，利用组织的市场力量迅速为标准建立起一定规模的用户安装基础，使其所倡导的技术规范得到市场认可[177]。同时，由于单个企业技术资源的局限性，现实中拥有不同核心技术的企业会联合起来进行专利技术共享，综合利用多个企业的互补性知识和能力，向行业提供更佳的技术解决方案，从而提高企业的标准制定影响力[186]。此外，社会资本对组织间社会关系网络具有依附性。企业为获取和利用网络社会资本，宣传与扩散所倡导的技术规范，通常将战略性布局企业与外部组织的协作关系[8]。

正如华为技术经理在访谈①中表示，企业的标准化行为是由利益驱动的。当大企业有共同利益时，它们会合作压制中小企业。当它们的利益不同时，大企业会分别与中小企业合作，相互竞争。有时，在标准化技术委员会中，大多数企业或组织并不关心其他企业说什么或者解决方案有多完美。它们只关心其他企业的解决方案是否符合它们的期望，或者其他企业是不是市场的重要参与者。联盟为企业提供了向联盟成员宣传自身技术解决方案的途径，联盟还可以汇集多家企业的技术和市场力量，提高企业所倡导的标准的竞争力。

综上所述，企业选择与外部组织开展标准化合作的动机之一在于提升其标准制定影响力，希望借助外部组织的力量来完善技术方案，提升其所倡导技术方案的市场优势，并利用组织间联结带来的社会资本增强企业所倡导技术方案的市场优势和技术优势，提升配套商、客户等利益相关者对

---

① 2014年11月27日（深圳）与华为技术经理的半结构化访谈。

标准的接受与认可程度。

3.1.2 基于博弈模型的标准化合作关系形成的条件

标准联盟网络的形成在于企业组织之间标准化合作关系的建立，由此需要确定企业合作策略产生的条件。企业加入标准联盟或与其他企业、研究机构等展开标准化合作的基本前提是参与合作的收益大于不参与合作的收益[322]。标准化合作关系是两个组织间多次博弈的结果，合作双方都要理性衡量内外部因素及双方行为对企业自身发展的影响，根据不同情形下企业参与或不参与标准化合作所带来的效用来决策。只有双方均可从合作中获益，共识才可达成，合作关系才得以建立和维系。借鉴现有关于组织间合作研究的主流设定，将多方企业间的标准化合作博弈简化成两个企业间的博弈，博弈过程简化为合作、不合作两种状态[49,196]。标准化合作博弈还具有以下特征。

（1）重复博弈。技术标准的重要性及其随着技术演化而更新升级的必要性，决定了组织间的标准化合作关系往往不是一次性的，而是多次甚至长期的。以往的合作次数关系到组织间信任水平，影响合作效益和博弈结果。

（2）非零和博弈。标准化合作双方存在共赢的可能，因而是一种非零和博弈。一方得利并非建立在另一方的损失之上，博弈各方的收益或损失之和不为零。

（3）主体均是理性的，并具有适应性。主体以追求利润最大化为目的，会根据投入资源、环境、所得效益做出理性判断；主体也具备学习能力，且具有至少一项自身的专有核心技术优势[196]。

（4）标准化行为具有外部性。标准化行为的结果——技术标准将影响市场内其他主体的利益。主体间合作的效益、不合作的损失都受到后续产业主导标准和企业技术体系间一致性程度的影响[186]。

1. 基础假设与变量

基于已有研究成果[49]，结合标准化合作实践特征对模型进行一定程度的简化，设定如下。

（1）设 f_1、f_2 是某一技术密集型产业中拥有互补性技术的两家企业。结合产业实际，假设不论 f_1、f_2 是否进行标准化合作，后续都将出现主导标准要求产业内所有主体采用。企业可选择结成联盟整合双方技术共建技术标准，努力将联盟标准推广为产业主导标准，以获取高额回报；也可以选择不结盟，直接跟随和采用后续形成的产业主导标准。f_1、f_2 在标准化合作初期的收益不高，但随着所制定技术标准逐步推广，收益增加，直到标准升级更替，收益减少。本研究聚焦的是技术密集型企业的标准化活动，成长周期长，企业只有在能获取高回报的情况下才会承担风险开展标准化活动。因此，设定标准化收益是投入的二次函数[323]：$R = \frac{1}{2}\lambda I^2$。其中，$R$ 为标准化收益，I 为标准化投入，λ 为边际投入 I 的收益参数，考虑到标准化活动的高投入、高回报特征，令 $I>1$，$\frac{1}{2}\lambda>1$ [49]。

（2）设 θ 为一致性指数（$0<\theta<1$），代表企业技术体系与产业最终主导标准间的一致程度，与标准化活动边际投入收益参数 λ 正相关。企业技术体系与最终产业主导标准越一致，企业能从标准化活动中获得的收益越高[186]。θ 值接近 1，表示企业成功将自身核心技术推广为产业主导标准，企业将从标准化活动中获取高额回报；θ 值接近 0，意味着与企业核心技术完全不同的替代性技术在产业内成为主导，企业无法从标准化活动中获益。为体现 λ 和 θ 的正相关关系，并考虑 $\frac{1}{2}\lambda>1$ 的设定，令 $\lambda=1/(1-\theta_M)$，且 $\theta_{f1}<\theta_M$、$\theta_{f2}<\theta_M$。其中，θ_M 为双方合作时产业主导标准与企业技术体系的一致性，θ_{f1}、θ_{f2} 为双方不合作时产业主导标准与企业技术体系的一致性。

（3）设 α、β 分别是企业 f_1、f_2 组成标准联盟时投入固定成本的比例，且 $\alpha+\beta=1$。标准化合作效益和所承担风险损失都按该比例分配。

（4）设 ε 是标准化合作协同效应系数，企业 f_1、f_2 进行标准化合作所产生的收益 R 受到 ε 的正向影响，合作所产生的协同效应将带来双方收益的增加，且 $\varepsilon>1$。

(5) 设 δ 为合作溢出效应系数，技术作为标准化活动最重要的资源投入，在合作过程中可能溢出。在 f_1 合作、f_2 不合作的情况下，f_1 依然产生投入成本 αI，f_2 却能从 f_1 的技术投资中获取和转移部分溢出的知识技术资源。标准化合作收益包括技术溢出收益，且这部分收益远远小于标准化成果带来的收益，即 $\delta \ll \varepsilon$。

(6) 设 C 为标准转换成本，L 为转换成本给企业带来的损失。联盟标准化活动面临高风险，包括成员不合作行为带来的风险和联盟标准研发和推广失败风险[324]，此时将产生采用产业主导标准所带来的转换成本 C。产业主导标准和企业技术体系一致性 θ 越高，企业面临的转换成本越低；相反，θ 越低，企业面临的转换成本越高。因此，设定由该风险带来的损失 $L=(1-\theta)C$。

(7) 设 f_1、f_2 的合作效益受到以往成功合作次数 n 的影响，两者间的标准化合作效益受到已完成合作次数的正向激励[196]，用贴现因子 ∂ ($\partial>0$) 来表示。随着合作次数的增多，对彼此的了解程度加深，f_1 和 f_2 之间的信任愈加牢固，合作效益和合作产出随之提升。∂ 越大，以往成功合作次数对新合作的正向激励也越大。

2. 合作主体的效益矩阵

根据以上基础假设，再设定 f_1、f_2 两家企业选择合作开展标准化活动的概率分别为 q 和 p，其效益函数 G 为标准化合作收益减去投入成本和风险损失。两者进行第 n 次标准化合作博弈的效益支付矩阵见表 3-1。

表 3-1 标准联盟网络内主体效益支付矩阵

		企业 f_2	
		合作（p）	不合作（$1-p$）
企业 f_1	合作（q）	$G_{1/1}$，$G_{1/2}$	$G_{2/1}$，$G_{2/2}$
	不合作（$1-q$）	$G_{3/1}$，$G_{3/2}$	$G_{4/1}$，$G_{4/2}$

四种不同情况下企业 f_1 和企业 f_2 的效益函数如下。

第一种情况：企业 f_1 和企业 f_2 同时选择合作。f_1 开展第 n 次标准化合作的效益函数为标准化合作收益与投入成本、风险损失之差，如式 (3-1) 所示：

$$G_{1/1} = \alpha\varepsilon R(1+\partial)^{n-1} - \alpha I - \alpha L \qquad (3-1)$$

将 $R = \frac{1}{2}\lambda I^2$，$\lambda = \frac{1}{1-\theta_M}$，$L = (1-\theta_M)C$ 代入式 (3-1)，可得

$$G_{1/1} = \alpha\varepsilon I^2(1+\partial)^{n-1}/[2(1-\theta_M)] - \alpha I - \alpha(1-\theta_M)C \qquad (3-2)$$

同理，当 f_1、f_2 都选择合作时，f_2 开展第 n 次标准化合作的效益函数为

$$G_{1/2} = \beta\varepsilon I^2(1+\partial)^{n-1}/[2(1-\theta_M)] - \beta I - \beta(1-\theta_M)C \qquad (3-3)$$

第二种情况：企业 f_1 选择合作，企业 f_2 选择不合作。双方没有标准化合作，企业 f_1 的标准化合作收益为 0，但仍然投入了成本 αI，并承担联盟活动失败风险损失 αL，其效益函数如式 (3-4) 所示：

$$G_{2/1} = -\alpha I - \alpha(1-\theta_{f1})C \qquad (3-4)$$

企业 f_2 的标准化合作收益也为 0，并从企业 f_1 投入的资源中获得一定溢出效应，同样承担联盟活动失败风险损失 βL，其效益函数表示如下：

$$G_{2/2} = \delta\alpha I - \beta(1-\theta_{f2})C \qquad (3-5)$$

第三种情况：企业 f_1 选择不合作，企业 f_2 选择合作。双方依然没有达成合作共识，对应的效益函数分别为

$$G_{3/1} = \delta\beta I - \alpha(1-\theta_{f1})C \qquad (3-6)$$

$$G_{3/2} = -\beta I - \beta(1-\theta_{f2})C \qquad (3-7)$$

第四种情况：企业 f_1 和企业 f_2 都选择不合作。虽然二者没有投入，也没有收益，但都面临联盟活动失败风险损失 L。故有

$$G_{4f1} = -\alpha(1-\theta_{f1})C \tag{3-8}$$

$$G_{4f2} = -\beta(1-\theta_{f2})C \tag{3-9}$$

3. 主体间标准化合作的条件分析

下面基于企业 f_1 的视角，分析该企业做出标准化合作决策的条件。企业 f_1 做出"合作"还是"不合作"的决策取决于这两种选择所带来的期望收益之差（$G_{f1C} - G_{f1I}$），当该差值大于 0 时，企业 f_1 才会选择与企业 f_2 展开标准化合作。由于企业 f_1 所拥有的关于企业 f_2 行为的信息不完全，因此企业 f_1 不同决策下的期望收益还受到企业 f_2 参与合作的概率 p 的影响。设 ΔG_{f1} 为 G_{f1C} 与 G_{f1I} 之差，可得

$$\begin{aligned} G_{f1C} &= p\{\alpha\varepsilon I^2(1+\partial)^{n-1}/[2(1-\theta_M)] - \alpha I - \\ &\quad \alpha(1-\theta_M)C\} - (\alpha I + \alpha C - \alpha\theta_{f1}C)(1-p) \\ &= p\alpha\varepsilon I^2(1+\partial)^{n-1}/[2(1-\theta_M)] + p\alpha C(\theta_M - \theta_{f1}) - \\ &\quad \alpha I - \alpha C + \alpha\theta_{f1}C \end{aligned} \tag{3-10}$$

$$\begin{aligned} G_{f1I} &= p[\delta\beta I - (1-\theta_{f1})\alpha C] - (1-p)(1-\theta_{f1})\alpha C \\ &= p\delta\beta I - \alpha C + \alpha\theta_{f1}C \end{aligned} \tag{3-11}$$

$$\begin{aligned} \Delta G_{f1} &= G_{f1C} - G_{f1I} \\ &= p\alpha\varepsilon I^2(1+\partial)^{n-1}/[2(1-\theta_M)] + \\ &\quad p\alpha C(\theta_M - \theta_{f1}) - \alpha I - p\delta\beta I \end{aligned} \tag{3-12}$$

因为 $\delta\beta I < \delta I$，$\delta I \ll \frac{1}{2}\varepsilon\lambda I^2$，且 α 为不趋于 0 的正数，可得

$$\delta\beta I \ll \frac{1}{2}\alpha\varepsilon\lambda I^2(1+\partial)^{n-1} \tag{3-13}$$

企业 f_1 选择标准化合作的条件在于 $\Delta G_{f1} > 0$，根据式（3-12），须有

$$p > \frac{\alpha I}{I\{\alpha\varepsilon I(1+\partial)^{n-1}/[2(1-\theta_M)] - \delta\beta\} + \alpha C(\theta_M - \theta_{f1})} \tag{3-14}$$

因为 $\frac{1}{2}\lambda > 1$，即 $1/[2(1-\theta_M)] > 1$，$\delta \ll \varepsilon$，$\beta \in (0,1)$，式 (3-14) 可以简化为

$$p > \frac{I}{\varepsilon I^2(1+\partial)^{n-1}/[2(1-\theta_M)] + C(\theta_M - \theta_{f1})} \quad (3-15)$$

类似地，可以得出企业 f_2 选择标准化合作的条件为

$$q > \frac{I}{\varepsilon I^2(1+\partial)^{n-1}/[2(1-\theta_M)] + C(\theta_M - \theta_{f2})} \quad (3-16)$$

将式 (3-12) 对 p 求导可得

$$\frac{\partial \Delta G}{\partial p} = \alpha \varepsilon I^2(1+\partial)^{n-1}/[2(1-\theta_M)] + \alpha C(\theta_M - \theta_{f1}) - \delta\beta I$$

$$= I\left[\frac{1}{2}\alpha\varepsilon\lambda I(1+\partial)^{n-1} - \delta\beta\right] + \alpha C(\theta_M - \theta_{f1})$$

显然有 $\frac{\partial \Delta G}{\partial p} > 0$，且 $\theta_M - \theta_{f1} > 0$，企业 f_1 的标准化合作意愿随着企业 f_2 选择合作的概率 p 的增大而增强。根据式 (3-15) 可知，对企业 f_2 进行标准化合作的概率 p 的限制是企业 f_1 做出"合作"决策的条件，具体表现如下。

（1）当 I、θ_M、θ_{f1}、∂、n、C 一定时，标准化合作协同效应系数 ε 越大，企业通过标准化合作能得到的收益也越高。企业 f_1 在高额收益驱动下将放松对 p 的要求。即使企业 f_2 的合作概率较低，只要在满足式 (3-15) 的前提下，企业 f_1 依然愿意采取标准化合作策略。而当标准化合作产生的合作协同效应系数 ε 较小时，企业 f_1 对 p 的要求随之提高。

（2）当 ε、θ_M、θ_{f1}、∂、n、C 一定时，如果标准化合作投入 I 较大，意味着企业 f_1 进行合作的沉没成本较高，企业 f_1 对投资回报的追求也会让其放松对 p 的要求。在满足式 (3-15) 的前提下，企业 f_1 为避免高额的沉没成本，在 p 较低的情况下仍将做出进行标准化合作的决策。

（3）当 ε、I、θ_{f1}、∂、n、C 一定时，如果双方合作后企业技术体系与

后续产业主导标准的一致性程度 θ_M 较高，表示企业 f_1 和企业 f_2 合作制定和推广的技术标准成为产业主导设计的可能性越高，企业 f_1 的标准化合作决策对企业 f_2 所体现合作意愿的要求越低。在满足式（3-15）的前提下，即使 p 很低，企业 f_1 对依附主导设计巨额回报的追求，将强烈驱使其选择与企业 f_2 展开标准化合作。

（4）当 ε、I、θ_M、∂、n、C 一定时，如果 θ_{f_1} 较大，表示企业 f_1 不合作时自身技术体系和最终产业主导技术标准的一致性程度较高，即企业 f_1 独立开展标准化活动，也能成功将大量核心技术融入产业主导技术标准体系。在这种情况下，只有企业 f_2 积极发送信号传递想与企业 f_1 展开合作的意向，企业 f_1 才会选择以联盟形式推进技术标准化。

（5）当 ε、I、θ_M、θ_{f_1}、∂、C 一定时，如果企业 f_1 和企业 f_2 在过去已成功展开多次标准化合作（n 较大），双方通过频繁合作已建立起信任关系，并积累了一定的合作经验，彼此间信任与合作经验让合作效益随之增长，驱使双方默契地选择合作推进标准化。在该情形下，企业 f_1 将放松对 p 的要求。如果 n 较小，双方较为陌生，更倾向于互相试探以避免机会主义风险，只有当 p 较高时，企业 f_1 才能放心地与企业 f_2 展开合作。

（6）当 ε、I、θ_M、θ_{f_1}、n、C 一定时，如果每次合作经验的贴现因子 ∂ 较大，企业 f_1 和企业 f_2 展开重复标准化合作所获得的正向激励也越大，从而在满足式（3-15）的前提下，企业 f_1 会积极选择合作以获得更高的合作效益。如果 ∂ 较小，企业 f_1 则会收紧决策范围，当 p 较高时，企业 f_1 才会选择合作。

（7）当 ε、I、θ_M、θ_{f_1}、∂、n 一定时，如果采用产业主导标准的成本 C 较大，市场上的技术标准竞争较为激烈，企业 f_1 面临较高的技术标准转换成本，企业 f_1 对主导技术标准的渴望会降低对 p 的要求，在满足式（3-15）的前提下，即使企业 f_2 的合作意愿较低，为避免高额的技术标准转换成本，企业 f_1 也倾向于做出合作的决策。若企业 f_1 对技术标准的转换成本不敏感，则其对 p 的要求便会相应提高。

在标准联盟网络中，企业 f_1 和企业 f_2 是同质的，只有两者同时参与，标准化合作关系才会产生。企业 f_1 和企业 f_2 参与标准化合作的概率与 ε、

I、θ_M、$\theta_{f1/f2}$、∂、n、C 紧密关联，ε、I、θ_M、∂、n、C 越大，双方合作推进标准化的可能性也越大。值得注意的是，$\theta_{f1/f2}$ 越大，双方合作的可能性越小。

标准化主体间重复博弈的结果决定产业内标准化合作关系的形成，推动产业内技术标准更新换代及标准体系下创新活动的高效开展。当参与标准联盟获取的利益大于不合作的利益时，企业会选择合作。经济利益驱动企业间的交互，推动标准化合作关系的形成与终止，整体上呈现为标准联盟网络结构逐步变化。

3.2 标准联盟网络的组织模式

长期以来，我国实施由政府单一供给的标准体系。正式标准从立项、起草、审查到发布等各环节都有严格的流程，而标准立项计划一般通过两种形式提出：①国家主管部门根据需求提出；②企业根据自身创新情况将成果提炼成标准，向国家标准化部门提出立项要求。根据标准计划提出与推行的方式，可将标准联盟网络的组织模式划分为自上而下政府推动的他组织模式、自下而上高技术企业自组织模式、政府机构与高技术企业协同推动的混合组织模式，如图3-1所示。

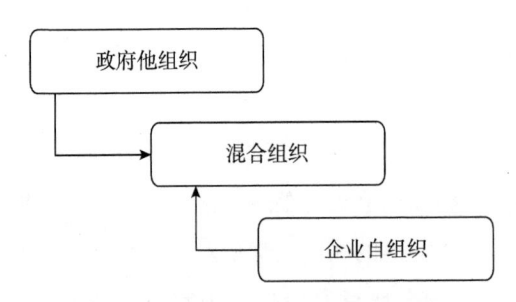

图3-1 标准联盟网络不同组织模式

3.2.1 自上而下的政府他组织

政府推动的他组织主要指在政府干涉和引导下组建标准联盟来完成正

式标准设定。政府推动的他组织模式的优势在于：①政府机构通常立足产业统筹发展需求，要求技术标准具备综合化和系统化特点，比企业主导制定更具客观性，可避免技术锁定；②政府机构主导形成标准联盟的动机在于加速国家长远发展目标的达成，而非竞争企业间的短期利益角逐[325]；③在企业不愿意投入但有利于产业健康发展的领域，需要政府机构的支持与协调，修正对产业发展有害的事实标准，鼓励具备标准化能力的企业组织形成联盟完善标准体系建设。根据政府机构在标准联盟形成中的干预程度，标准联盟网络形成划分为政府主导型和政府引导型。

（1）政府主导型。在标准联盟网络形成阶段和运行阶段都由政府机构起主导作用，表现为企业组织间的合作联结向政府机构汇聚。这一模式主要出现于高战略重要性和复杂性的技术领域，或涉及行业基础健康发展的技术领域。前者，如关系国家信息安全、能源安全领域的标准体系构建，所涉及的核心技术和关联技术复杂，所需时间长、资金投入巨大，且短期经济效益不明显，相关企业很难迅速做出组建或参加标准联盟的战略决策。这需要政府集中优势资源和力量全面统筹，组织和协调行业直接或间接利益相关者联合攻关，解决资金短缺、市场机制利益驱动不足的问题[326]。后者需要政府机构利用权威监督标准的设定，避免由于追逐私利而阻碍行业发展，如安全、节能、环保领域的标准制定。我国将涉及安全、节能和环保三个领域的标准设定为强制性标准，通常由政府机构根据产业发展实际提出标准设定需求，组织行业的权威专家和龙头企业代表加入标准化技术委员会并参与标准起草。因而，这些领域在政府机构的主导下，有着互补优势资源的企业、高等院校、科研机构等容易展开技术标准协作，形成标准联盟网络。

（2）政府引导型。政府机构基于产业发展需求并结合相关政策倾斜来引导市场主体组建标准联盟，以推进技术标准化。政府机构在该过程中主要发挥支持者而非主导者的作用，干预程度较低。正式标准具备准公共品性质，承载着提高产业竞争力的责任，在利益驱动不足的情况下，政府一般从产业利益出发，通过政策引导、资金补贴、资金配套、提供公共服务体系等多种形式增强企业参与的积极性，支持和鼓励标准联盟的构建[327]。

如当国内技术水平不足，而国外已经强制推行相关标准时，政府机构往往根据国情，由国家行业标准委员会牵头，引导和鼓励行业骨干企业及其他产学研组织共同参与，将相关标准设立为推荐性标准予以推广实施。当高技术企业间的利益相似性和相互认知性较低，不足以自动激发形成标准联盟的意愿时，也依赖于第三方的促进。在我国，企业之间的竞争意识在一定程度上大于协作意识，要促使双方削弱竞争意识而选择协作的前提在于帮助企业确认协作产生的共同利益将大于潜在竞争风险。作为第三方的政府机构，通过搭建信息网络和技术共享平台，完善配套公共服务体系和知识产权保护制度，可帮助企业组织识别和发现共同利益，吸引和劝说企业、科研组织参与标准联盟网络。

3.2.2 自下而上的企业自组织

自组织是指在没有外部指令的条件下，系统内部各要素协调联动运作，形成有序结构[328]。标准联盟网络的自组织性表现为在不需要"中央控制者"的情况下，可有效融合不同企业组织的核心能力，发挥协同效应，从低级走向高级，从无序走向有序[329]。2015年国务院发布《深化标准化工作改革方案》提出，通过改革把政府单一供给的现行标准体系，转变为由政府主导制定标准和市场自主制定标准共同构成的新型标准体系[330]，充分发挥企业作为市场主体的活力与能动性。这充分肯定了在缺乏政府干预的情况下，企业在市场中自组织协作对完善标准体系的重要性。

企业是产业创新主体，也是技术标准采用主体。企业比政府机构更了解市场需求和技术标准优劣[326]。在高技术产业，技术标准关系着架构及其相关模块企业的命运[1]，主导设计范式成为高技术企业的竞争制高点。标准联盟可为企业提供有效的外部知识获取渠道、内部知识技术扩散途径，并帮助企业提升标准制定影响力，从而占据优势竞争地位[15,320,186]。在这些因素的驱动下，企业基于自身发展的需求和对市场的预期，将自主搜寻互补的优质合作伙伴，以正式和非正式契约形式形成联盟，利用团体力量构建技术标准，参与标准竞争。不同企业组织在彼此伙伴搜寻和资源对接、协商过程中形成有序结构的标准联盟网络。如 3Com 公司为开发和推广以太网，游说迪吉多、英特尔和施乐联合推进以太网标准化。由于以太网支持成本低廉、大量使用的双绞线，能很好地适应市场变化，陆续有相关企业被吸引并加入以太网联盟，如西门子、三星、SUN 微系统公司等，在与令牌环网和 ARCNET 的标准竞争下成功获胜[331]。同时，基于外部环境变化，企业为获取可持续的竞争优势，结合其战略目标，通常将参与不同联盟组合，中断或形成新的协作关系来响应市场需求，使标准联盟网络实现从不平衡状态到平衡状态再到不平衡状态的转化，实现标准联盟网络的有序演化与发展。

3.2.3 混合组织

在高新技术产业，企业自组织和政府他组织是标准联盟网络形成的主要模式。随着标准联盟网络的动态发展，两种模式不断交叉融合，自组织和他组织混合方式推动标准联盟网络的形成与演化。两种模式各有优势，但单纯依赖一种模式形成标准联盟网络将存在弊端。政府推动的他组织模式强调政治导向而非市场导向，该情形下构建的联盟缺乏市场活力，企业被动跟随国家政策或追逐政府资金补助的联盟行为将导致低合作效率、低产出。同时，在技术飞速发展和政府决策速度较慢的情况下，政府主导模式可能培育出一个低效率、有阻碍性的标准制定团体，而非反应敏捷、行动迅速高效的联盟。另外，根据政府管制俘虏理论，地方政府的自利动机容易被政绩压力激活。地方政府在引导和组织标准联盟构建的过程中，可能产生利益集团的寻租行为[332]。而这些过度依赖政府协调和控制形成的标准联盟网络在政府机构退出后很难高效持续运行。在自组织模式下，由于外部环境的不确定性、信息不对称和沟通不完全以及企业自身战略局限，标准联盟网络形成缓慢。如一些企业担忧在标准化合作过程中关键技术知识会泄露，从而拒绝与外部企业展开合作；而某些行业骨干企业认为没必要与其他组织展开合作，其市场优势足以使其技术体系发展成为事实标准。而在企业自组织构建标准联盟后，由于联盟无法像传统阶层组织对个体进行直接监督和控制，机会主义行为、利益冲突等问题难以防范与协调，容易导致联盟解散[333]。

混合模式则发挥了两种模式的优势，弥补了各自的劣势，政府政策支持体系辅助与引导市场企业主体的利润追逐与竞争行为，有利于构建高效、具有生命力的标准联盟网络。如当前我国工信部、国务院发展研究中心基于智能网联汽车产业的市场需求，面对各大汽车制造商、AI自动驾驶技术提供商、无线移动通信企业等在开发智能网络汽车中面临的技术法规、标准体系缺失困境，响应企业对合作构建技术标准的意愿，积极完善跨领域合作和信息共享平台建设，引导和推进相关法规、标准的制定工作。2017年，在国家政策指导与企业积极、自发的配合下，我国车联网产业标准体系建设的政策指南逐步完善，极大规范和推进了我国智能网联汽车产业的发展，进一步加速了产业标准联盟网络的形成与发展。

3.3 标准联盟网络的演化

3.3.1 标准联盟网络演化的过程

基于生命周期理论，企业间合作网络类似于生物学中的有机体，存在一个从出生到衰亡的演化过程[196]，其发展过程具有动态性与变化性。许多学者利用生命周期阶段来描述企业间创新网络的状态、特性、行为和功能等随着时间推移而由低级到高级再到低级的进化与退化过程[334-336]。Ahokangas等（1999）在充分考虑集聚经济稳定性的基础上构建了网络时间演化模型，他们认为网络演化可划分为起源和出现、增长和趋同、成熟和调整三个阶段[337]。刘友金和刘莉君（2008）基于波特的生命周期的诞生、发展和衰亡阶段，将创新网络时间演化划分为结网、成长、成熟、衰退与更新等递进阶段[338]。刘晓燕等（2014）也认为技术创新网络的发展过程呈现出从创生、扩张、稳定到衰退四个阶段的特征，并对不同阶段的演化动力进行了探讨[339]。标准联盟网络相比于企业科层组织，是围绕相对短暂、明确的目标而形成的临时组织，网络中的主体合作行为、资源要素禀赋、协同与共生等生存状态随着时间推移和内外部环境变化而改变。

结合生命周期理论和标准联盟网络特征，可将网络发展划分为创生阶段、成长阶段、规范阶段和蜕变阶段，如图3-2所示。

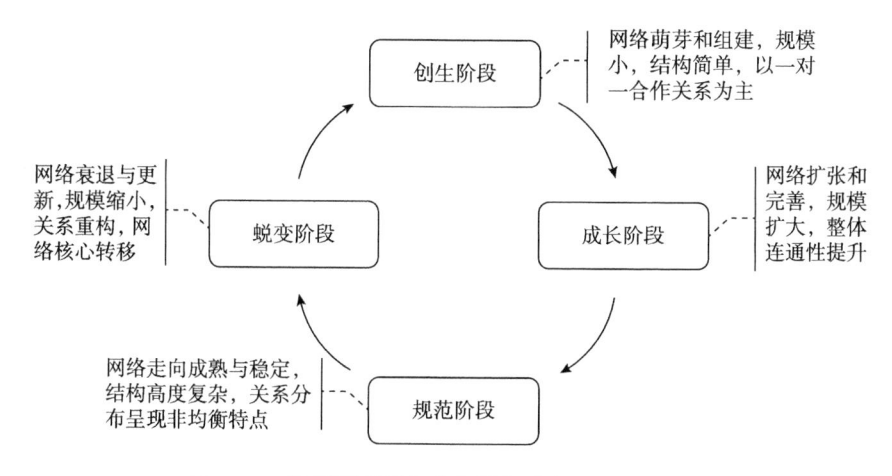

图3-2 标准联盟网络生命周期阶段及网络特征

各阶段特征：
- 创生阶段：网络萌芽和组建，规模小，结构简单，以一对一合作关系为主
- 成长阶段：网络扩张和完善，规模扩大，整体连通性提升
- 规范阶段：网络走向成熟与稳定，结构高度复杂，关系分布呈现非均衡特点
- 蜕变阶段：网络衰退与更新，规模缩小，关系重构，网络核心转移

1. 创生阶段

创生阶段是标准联盟网络的萌芽和组建阶段，类似于有机体实现从无到有的出生期。企业为促进以自身技术为核心的标准的确立与扩散，降低技术风险与市场风险，需要与环境进行交换，标准联盟网络应运而生。在创生阶段，少量企业、高等院校、科研机构等作为先行者，认识到协作开展技术标准化的重要性，在产业内搜寻和评估合适的协作伙伴参与正式标准制定。标准联盟网络形成的首要条件是技术机会识别，当企业发现所在技术领域的事实标准还处于空白状态，需要借助外部力量才能构建和推广符合自身战略需求的技术标准时，企业才有动力与外部组织形成标准化合作关系。标准联盟伙伴的选择是标准化合作开展的关键。由于专业化分工和模块化发展，高技术产业的标准设定往往需要多个合作者参与。很少有单个企业具备制定标准需要的所有知识和专利技术，这些互相关联的知识和专利技术往往被多家企业所拥有[333]。尤其当某企业自身市场优势不足以形成主导设计时，更迫切需要聚集其他组织市场力量来增强标准竞争优势。由于外部环境的不确定性，企业之间的信任水平不高，且标准设定和联盟发展的前景还不明确，伙伴之间通常在彼此沟通、试探与磨合中展开

信息搜寻和谈判工作[340]，协作关系的稳定性不高。此时的标准联盟网络整体结构简单、规模较小，少量一对一合作关系零散分布。

2. 成长阶段

成长阶段是标准联盟网络不断完善和扩张的过程。一方面，前期展开标准合作的主体逐步积累起合作和关系管理的经验，标准联盟的前景逐步明朗，企业开始展开必要的专利布局，积极寻求更多合作伙伴完善标准体系，提升联盟技术优势和市场优势，并努力争取标准制定机构和政府机关的支持与合作[341]。另一方面，后动者为避免被技术锁定，减少转换成本，选择加入先动者联盟展开谈判或集结利益相关者组建新联盟进行对抗。此外，高技术产业内某一领域的技术标准活动的推进，将带动关联领域的标准制定与修正。正式和非正式契约形式的联盟开始涌现，且企业基于自身发展的需要和战略布局，展开多联盟活动，形成标准联盟组合。受到以上几个方面的作用，标准联盟网络规模迅速扩张，网络节点开始向行业中市场占优和技术领先的企业集中，不同子网络间展开技术协作和知识交流，网络整体连通性有所提升。

3. 规范阶段

规范阶段是标准联盟网络走向成熟和稳定的过程。这一时期各联盟的标准主导企业和参与企业趋于明确，且成员间会形成较高的信任水平和较为一致的行事规范和价值观，为实现共同战略目标而努力。各标准联盟将持续吸纳新成员和新知识，完善与供应商、配套商和客户间互补互利关系以实现技术标准各模块同步升级，但整体网络规模比较稳定，网络主体间的标准化合作关系趋于稳定、持久。同时，政府机构基于行业整体发展需求，对市场中标准联盟的支持服务体系及相关联盟标准转化为正式标准的制度都日益完善，政策环境稳定支撑标准联盟网络有序发展。这一阶段嵌入网络中的主体类型多样化，产业链不同位置的企业组织，关联产业的企业组织，以及高等院校、科研机构和政府机构都被囊括在网络中。相对于成长阶段，标准联盟网络结构在规范阶段更加复杂化，关系分布呈现出明显的非均衡特点，少数行业领导企业和政府机构（如产业技术研究中心、标准委员会）成为网络核心，围绕其形成密集的子网络。一些企业组织占据丰富的结构洞，成为连接不同子网络的桥，促进不同标准联盟社群间沟通交流、技术融合。

4. 蜕变阶段

蜕变阶段是指标准联盟网络逐步衰退和更新的过程。标准联盟网络形成的主要原因在于弥补自身能力和资源的不足，共同制定和推广有利可图的技术标准。如果标准联盟达不到成员的预期目标，成员会提前终止协作关系，退出联盟网络。当标准联盟达到企业预期时，企业可选择终结（此时是完美终结，网络成员通过标准联盟达到技术推广与扩散、技术知识学习等目的，目标达成）或者继续维持联盟。继续维持联盟的成员可持续进行标准升级，完善和更新现有标准以挖掘剩余利润空间；或转换战略目标，共同构建新标准，实现标准联盟的蜕变。已退出现有标准联盟、终止现有关系的企业组织也可以形成新的合作关系，加入新标准联盟，继续嵌入标准联盟网络中。在此阶段，标准联盟网络的关系展现出重构特征，网络规模缩小，网络核心发生转移，原来占据网络中心地位的企业可能被新的企业组织替代。

3.3.2 标准联盟网络演化的动力机制

1. 内部驱动机制

内部驱动机制主要关注标准联盟网络内生因素与网络演化的关系，涉及网络主体特征驱动和网络联结特征驱动两大方面，如图 3-3 所示。从网络主体特征驱动来看，主要强调不同特征的网络主体（主体类型、主体规模、主体能力水平等）拥有不同的标准化合作动机，驱动其形成或终止与其他主体的标准化合作关系，影响标准联盟网络的演化。标准联盟网络的主体涉及产业链各环节的企业、高等院校、科研机构和政府机构等。在市场经济体中，企业通常被认为是追求利润最大化的经济实体。企业追求利润的行为影响其网络行为变化从而导致网络演化。企业加入或退出标准联盟的决策受到其对外部多样化知识信息获取、减少技术和市场风险、降低环境不确定性、提升标准制定话语权等动机能否达成的影响[16,186]。其中，提升标准制定影响力，借助外部组织团体力量完善技术方案，提升所倡导方案的市场优势，是网络主体参与标准联盟网络的根本目的，在其引导下，企业持续搜寻能带来更大利益的新协作关系，并淘汰缺乏知识技术红利的已有协作关系，从而实现网络更新与发展。Blind 和 Mangelsdorf（2013）的研究指出，中小企业通常面临资源劣势，它们更倾向于联合起来组建标准联盟以在标准竞争中对抗大企业[16]。高等院校、科研机构作为知识创新主体，与企业的竞争关系较弱，是企业选择标准合作的重要对象。且高等院校和科研机构基于组织影响力提升、研发经费获取和科技成果转化[342]，越来越注重加强与产业界的联系。政府部门基于公共利益角度对市场进行监管，强调行业整体利益和资源配置效率[332]。因此，政府机构不仅制定法律、法规、政策，创造良好环境，鼓励企业组织间展开协同合作制定标准，增强产业竞争力，而且以各种方式介入其他要素的交互作用中，推进标准联盟网络的演化。

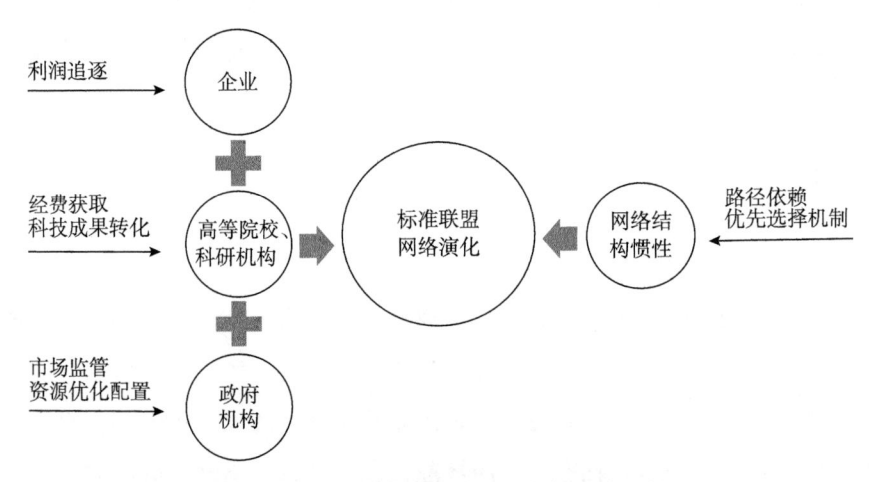

图 3-3　标准联盟网络演化的内部驱动机制

从网络联结特征驱动来看，主要强调标准联盟网络结构演化的路径依赖。早期形成的网络关系可带来组织间信任和一致性规范，有利于跨组织知识传递，减少合作不确定性和企业间冲突，提升协作效率[343]，这会产生网络惯性，导致网络个体更倾向于在原有合作的基础上强化联系。一般企业都倾向于与熟悉的企业建立强联结[344]。同时,有先发优势的企业具备丰富的标准化合作经验,容易累积较好的声誉,对外部潜在合作伙伴更具吸引力[345]。此外,占据网络中心位置的企业通常占有更高的权力地位,拥有丰富的外部资源获取渠道,在选择合作伙伴和被选为合作伙伴方面都具有优势[346]。Rosenkopf 和 Padula（2008）通过分析美国细胞产业发现新加入网络的组织一般都优先选择与占据较高网络地位的企业展开合作[347]。这种优先连接机制在一定程度上推动了标准联盟网络的演化[348]。

2. 外部驱动机制

外部驱动机制主要关注标准联盟之外的环境变量对网络演化的影响（见图3-4）。Koka 等（2006）认为环境变化将影响网络演化模式,网络扩张、变动、强化和萎缩都是外部环境和企业战略行为共同作用的结果[349]。从社会经济环境来看,不同行业具有差异化的技术经济特征,开展创新和标准化活动对知识技术的要求也不同,如高技术产业和非高技术产业的技术标准化活动就存在很大差异,知识技术密集型行业更易形成结构复杂的大规模技术合作网络[350]。张志彤等（2014）指出不同类型产业或技术有其独特性,如创新的来源和程度、知识基础的深度和广度等都不相同,应对其演化进行专门研究[351]。外部环境中的资源禀赋和不确定性将影响网络主体行为规则[352],从而影响标准联盟网络的演化与发展。此外,技术跃迁理论认为,技术跃迁影响产业技术机会的多少。技术发展轨迹的跃迁将产生新老技术竞争,带来丰富的机会进行合作探索和发展新技术,跨领域合作增多；随着新技术逐步成熟,进入利用式创新时期,众多企业倾向于基于已有基础联合同领域技术互补者开发和强化该技术[353]。创新网络也将随着技术跃迁而呈现出不同的演化特征。

图3-4　标准联盟网络演化的外部驱动机制

从政策制度环境来看，完善的制度法规和良好的政策扶持环境可以促进相关要素聚集，为标准化主体间的联系与活动提供便利条件[351]。政府的政策支持可使标准化协作关系形成和持续的成本更低，增强企业、高等院校和科研机构参与标准联盟网络的动力，同时政府在知识产权保护方面的制度完善，也有利于标准联盟网络发展的连续性和稳定性。例如，低碳汽车在技术创新和标准化方面历来面临投资动力不足和未来发展不确定性高等问题，政府在环境、能源和技术上的相关政策制定对标准联盟的组建和发展有重要影响[354]。美国在进行政策引导的同时，投入大量资金和科研人力来支持新能源汽车产业发展，如资助克莱斯勒、福特汽车以及通用汽车组建美国先进电池联盟，从而推动了美国新能源汽车产业发展。我国从"863"计划节能与新能源汽车重大项目，对新能源车船免征车船税，到《节能与新能源汽车产业发展规划（2012—2020年）》的发布，不断完善新能源汽车产业的政策制度环境，在全国范围内有一大批新能源汽车标准创新联盟兴起，新能源汽车产业链各方协作水平不断提升，关联技术和标准也不断得到完善。

3.4 标准联盟网络结构嵌入性特征分析

3.4.1 标准联盟网络所嵌入主体构成

标准联盟网络作为组织间围绕标准设定所形成的协作关系总和，所嵌入的主体不仅包括产业链各环节的企业组织，还涉及高等院校、科研机构、政府机构和中介机构等参与者。

1. 企业

企业作为产业经济活动的主体，也是技术标准制定和采用最重要的参与者。标准化合作需求一般由企业根据实际需求提出，合作关系建立的主导者通常也是企业。为了在产业标准竞争中占据优势地位、主导行业设计规则，企业通常会联合其供应商、客户、配套商等形成标准联盟，共同确立标准[333]。标准化合作的成果——技术标准，也是通过企业推广与采用来实现其价值的。因此，在标准联盟网络中，企业是标准化活动参与和受益的主体。

2. 高等院校和科研机构

高等院校和科研机构是进行基础研究、发展科技前沿知识的主力军，在标准化过程中推动和辅助技术标准制定，提升技术标准内容的先进性和完备性。高等院校和科研机构从事大量基础研究，开发具有较强共用性质的知识技术，为企业的技术创新提供知识支持[356]。高技术产业技术标准的复杂性及公共品属性使得汇聚高等院校、科研机构的基础性、互补性知识技术资源十分重要。此外，高等院校和科研机构基于组织影响力提升、研究开发经费获取和科技成果转化需求[342]，越来越注重加强与产业界的联系，参与行业标准化活动。因此，高等院校和科研机构作为新知识技术的重要提供者，决定了其也是标准化活动中的活跃群体。

3. 政府机构

政府机构是技术标准化法规和相关政策的制定者，组织、支持和监管正式标准制定[49]，对标准联盟网络的形成和良性运转有着重要影响。政府机构一方面可以通过创造良好的政策环境和提供资金支持鼓励企业在重点领域组织展开标准化协作；另一方面也可以通过各种方式介入其他要素的交互作用中，通过政府机构或附属事业单位直接组织业内优秀企业、研究机构共同制定技术标准，积极监管和推动产业标准体系的完善与发展。

4. 中介机构

一般而言，中介机构的主要作用是促进知识、技术、信息、人才和资本快速流动[356]。在标准联盟网络中，尤其竞争企业连接距离较短时（竞争企业参与同一个标准联盟），中介机构可有效缓和存在竞争关系的企业间的紧张对立氛围，增强同行从业者间的合作意愿和提高合作效率[207]。行业协会等中介服务机构是企业触及行业前沿动态、对接潜在合作伙伴的有效平台，也是政府、企业、科研机构等相互进行非正式对话的重要渠道[56]。因此，中介机构通常是企业标准化合作伙伴的重要备选，在标准联盟网络的发展中发挥重要的协调和信息传递作用。

3.4.2 标准联盟网络中心度与网络地位

标准联盟网络中的企业、高等院校、科研机构等并不会完全相互独立地开展标准化活动，而是通过与其他节点互相连接从而嵌入网络中。如果单个标准联盟中所有成员间都存在直接协作关系，该联盟将形成一个完全连通型规则网络。但现实中针对不同功能的局部标准联盟之间的沟通交流有限，不同的标准联盟间成员完全互联的可能性很低，有的企业比其他成员拥有更多的直接联结，有的企业则作为"桥"连接不同的标准化协作群体。因此在标准联盟网络中，不同企业将展现出差异化的结构特征。中心度、结构洞和个体网络密度作为描述企业与网络中其他节点连接的完备程度及企业伙伴之间连接的完备程度的核心指标，成为自我中心网络视角下网络结构嵌入性研究关注的重点[93,98,31]。其中，结构洞和个体网络密度属于此消彼长的关系：企业所拥有的结构洞越多，则密度越低；结构洞越少，则密度越高[193]。因此，主要从中心度和结构洞两个方面讨论企业在标准联盟网络中的结构特征。

标准联盟网络节点中心度可表征该节点在网络中的地位[93,188]。当企业在标准联盟网络中拥有较少的组织间直接联结，且其他组织不依赖该企业进行知识信息传播时，表示该节点在网络中的中心度较低。该类企业拥有较少的标准化合作伙伴，缺乏多样化的标准联盟组合。一方面，由于缺乏足够的直接联结，企业参与和影响正式标准制定的机会较少，且缺乏渠道接触产业内的标准制定趋势和技术前沿信息[357]；另一方面，因为未占据网络中重要的信息传输位置，对外部合作者也缺乏吸引力，其他组织更倾向于选择网络中心位置企业来进行标准化合作以促进技术扩散，提升标准竞争优势。当企业在标准联盟网络中拥有较多的组织间直接联结，其他组织在网络中进行知识信息传递与扩散对该企业的依赖程度较大，表示该节点在标准联盟网络中充当重要信息枢纽，占据网络中较靠近中心的位置。该类企业拥有较多的标准化合作伙伴，并通常把控着多样化的标准联盟组合。一方面，大量的直接联结意味着更多的信息资源获取机会，可以帮助企业了解行业创新与标准化资源分布，掌握标准化需求；另一方面，作为知识信息汇聚中心，可以吸引更多优秀合作伙伴，在选择合作对象、协调合作过程中拥有更宽广的决策空间和更大的话语权[345-346]。处于网络中心位置的这些优势能够提高企业在网络活动中的地位，使企业更有机会成为制定网络规则的主导者，拥有更大的影响力来集聚各方资源展开技术标准化活动。

3.4.3 标准联盟网络结构洞与网络控制

结构洞是网络中两个节点（人、组织或市场）间的非冗余关系[188]。结构洞越少，说明企业所处的自我中心网络联结越紧密，企业与所连接的伙伴之间彼此互联；网络节点间的知识信息流较为对等，对于企业通过网络所能获取的知识信息，其他伙伴拥有同样的获取机会。结构洞越多，则表明企业所拥有的网络联结冗余度越低，网络联结较为疏松，企业与较多的合作伙伴间彼此孤立，缺乏沟通与合作[194]。

连接互不相连的伙伴易于产生丰富的中介机会[192]，企业作为网络信息"桥"，可获得并掌控更有价值的机会，并且在选择追求机会的过程中占据更有利的条件[188]。大量研究成果显示，占据丰富结构洞的企业可通过缩小组织间距离来扩大网络触及范围，及时、独占地获取外部多样化知识信息，具有机会识别和信息获取优势[192,98]。这些信息优势又将为企业产生控制优势，给予中介节点在合作关系谈判中更多的筹码。Burt（1992）将通过占据结构洞而获得控制优势的企业称为"坐收渔利者"[188]。当互不相连的合作伙伴具有相同的需求时，占据结构洞的企业可衡量各方利弊，选择更有利的伙伴展开合作。如当拥有某项核心技术的企业被另外两家同类型企业邀请参与标准化合作时，该企业可选择更符合自身技术规划或能提供和转让更多利益的伙伴展开进一步合作。当互不相连的合作伙伴具有互相冲突的需求时，占据结构洞的企业可通过提升这些伙伴间的竞争水平和紧张程度来增强其谈判优势，控制整体局势。如当一家企业被另外两家互相竞争、技术体系互相冲突的企业邀请参与技术标准制定时，该企业可以分别向两家企业释放竞争信号，最大限度地提高自身的谈判筹码。在上述两种情况中，信息是关键，精确的、模糊的或者扭曲的信息需要通过占据结构洞位置的企业来实现成员间的传递[358]。因此，企业可通过占据结构洞位置进行信息操控以获得网络控制力。

3.5 汽车产业标准联盟网络构建及特征

3.5.1 数据来源与收集

汽车产业作为我国国民经济的支柱产业，是在新一轮科技革命和产业变革加速背景下提升自主创新能力的重要研究领域。2018年，以汽车制造业为主的交通运输设备制造业对我国工业增长的贡献率已经超越电子信息通信业成为40个工业行业之首。汽车产业是我国制造业的代表，由于整车产品复杂性高及当前智能网联技术对整车研发制造的冲击，技术标准的更新需要及制定技术标准对产业协作的要求使得标准化和标准联盟活动十分丰富。基于此，选择汽车产业历年数据构建和绘制标准联盟网络，以分析标准联盟网络演化过程及结构特征。

构建标准联盟网络的技术标准数据采集自中国知网标准数据总库，该数据库所收录的标准文献信息来源于中国标准化研究院国家标准馆，数据源权威，内容全面完整。本研究从该数据库下载了1998—2022年标准文献分类号为"T（车辆）"的所有标准题录数据（共3289条），涉及汽车发动机、底盘与车身、车辆通用零部件、车用电子和电气设备、汽车和专用汽车等领域的标准信息。所有数据中有1489条收录了标准的起草单位，未收录起草单位信息的技术标准为我国直接采用的国际标准，如ISO、ANSI等制定的标准。所采集数据包含的字段有标准号、标准名称、发布日期、起草单位、中国标准分类号等。主要根据标准的起草单位识别标准制定者，根据联合起草单位识别标准化合作者。

图3-5展示了汽车产业1998—2022年所制定的技术标准的数量。整体上，历年发布的标准数量有所波动，这表示尽管国际汽车产业发展已进入成熟期，但我国汽车产业的标准体系建设仍处于完善过程中。其中，1999

年发布 150 项技术标准，属于历史峰值，且其中 116 项仍然是现行标准；2002 年出现大幅度下滑，国内标准制定陷入低谷。可能的原因在于，2001 年 12 月我国加入世界贸易组织，大量外资企业进入对我国汽车产业的技术标准化活动造成较大冲击。2002 年后标准制定活动恢复正常。

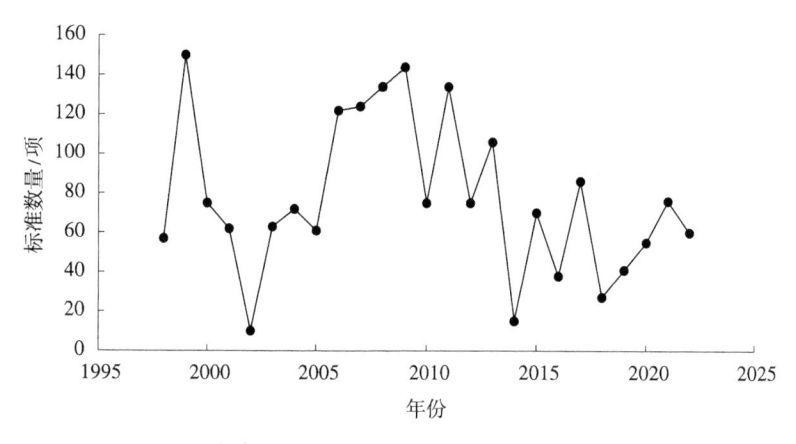

图 3-5　汽车产业 1998—2022 年制定的技术标准数量

汽车产业合作制定标准的情况如图 3-6（a）所示，整体随着总标准数量的波动而波动，但合作标准占总标准数量的比值［见图 3-6（b）］却呈现出明显的波动上升的趋势。1998—2004 年，汽车产业中企业组织合作制定标准数量偏少，2004 年之后迅速增长。原因可能在于，2004 年国家发布了"汽车产业发展政策"，确立了在 2010 年前使我国成为世界主要汽车生产国的发展目标。且我国汽车产业"十一五"发展要点在于大力提高汽车产业自主创新能力，强调共用技术研究平台建设和标准法规体系建设，保证汽车产业健康发展。在此背景下，大量企业合作开展技术创新和标准化活动，积极响应政府政策。如 2008 年，东风本田汽车有限公司与一汽丰田汽车有限公司共同参与起草国家标准《乘用车制动系统技术要求及试验方法》。2014 年后，合作标准数量有所下降，但合作标准占比却接近 100%。合作标准数量下降的原因在于汽车产业整体标准制定数量下降，传统燃油汽车领域的技术标准趋于饱和，新能源汽车领域的标准逐渐增多；合作标准占比接近 100%，说明近 10 年的正式标准几乎全部是合作起草的，从侧面反映出以联盟形式展开标准化活动在汽车产业的普及程度较高。

(a) 合作标准

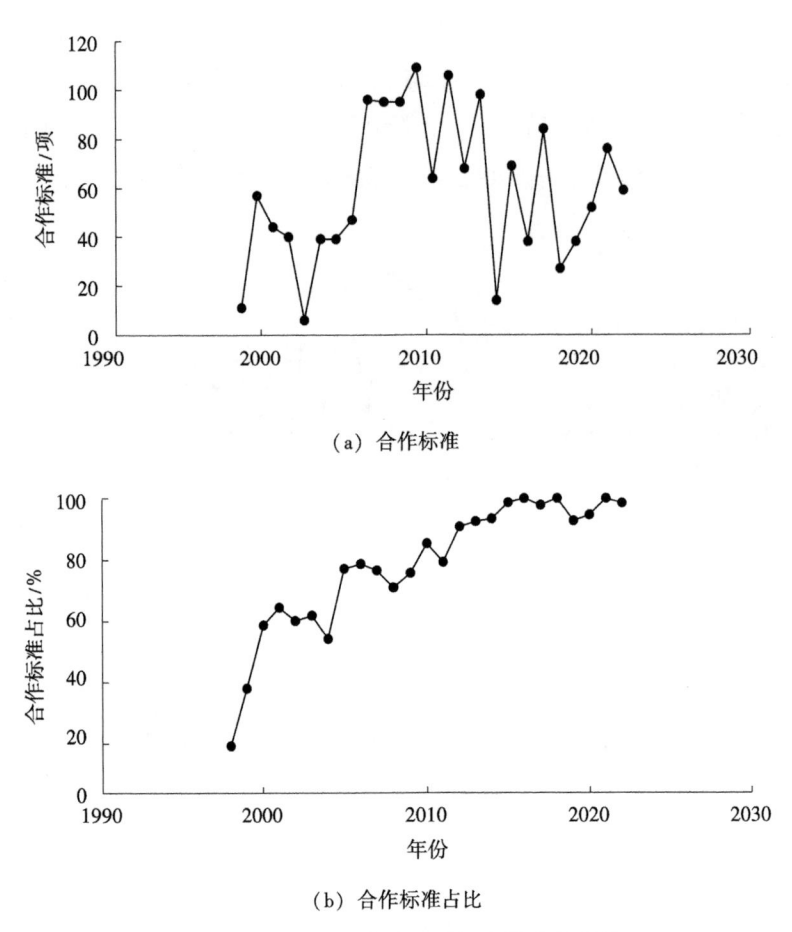

(b) 合作标准占比

图 3-6　汽车产业合作制定标准的变化趋势

3.5.2　汽车产业标准联盟网络构建与分析

联盟的本质是两个或两个以上的组织为实现某一目标而形成的组织间合作关系。如 Glaister 和 Buckley（1996）界定了战略联盟是在给定经济时空内为实现共同确定的目标而展开的企业间合作[359]。Frankort（2016）针对 R&D 联盟的知识获取展开研究，R&D 联盟是企业间关于共同研究与开发相关新技术、新产品或新流程的正式合作协议[148]。Clark 等（2000）将专利联盟界定为两个或多个专利持有人之间就专利交叉许可和对外许可事项达成的合作协议[360]。不同组织间通过构建联盟可实现产业内部甚至跨产业知识技术资源汇聚，挖掘创新机会。

正式标准文献是企业、高等院校、科研机构和政府机构等参与正式标准制定的直接产物，其中联合起草标准是企业组织间技术标准合作的可见结果。因此，利用联合起草标准信息构建标准联盟网络科学、合理，能够较好地反映技术标准合作的现实。利用联合起草标准衡量联盟网络主体间的合作关系，将共同起草同一项标准的多个组织视为一个标准联盟[208]，然后基于组织间一一对应的标准联盟合作关系形成0-1关系矩阵，应用UCINET 6.0构建标准联盟网络的拓扑结构图。但需要注意的是，基于联合起草标准构建的网络并不完全等同于标准联盟网络，标准联盟网络反映的是一段时期内企业组织间的技术标准合作关系。我们对几个有正式标准起草经历的企业以及中国标准化研究院进行深度访谈后得知，企业组织间基于正式标准制定的合作关系一般持续24~36个月。结合前人的研究成果，本书将三年作为伙伴合作关系的分析单位[98,208]，采用三年期的合作数据构建汽车产业历年标准联盟网络。

标准联盟合作关系矩阵具体形成过程如下：首先对标准文献数据进行筛选，提取出由两个或两个以上的组织起草的标准信息；然后形成合作关系，假设某企业A在t年起草某一标准的起草人信息为"A、B、C"，则认为这三家企业组织在$t-1$年便存在合作关系，且还将持续到$t+1$年，从而分别形成$t-1$年、t年、$t+1$年 AB、BA、AC、CA、BC、CB六个关系对，见表3-2。根据以上步骤，汇总每年汽车产业所有标准合作关系对数据，再将每年的关系对转化为对应年份的0-1关系矩阵。其中0代表彼此间不合作，1代表彼此间合作。

表3-2 标准起草人之间一一对应的合作关系

年份	合作者1	合作者2
$t-1$、t、$t+1$	A	B
$t-1$、t、$t+1$	B	A
$t-1$、t、$t+1$	A	C
$t-1$、t、$t+1$	C	A

续表

年份	合作者1	合作者2
$t-1$、t、$t+1$	B	C
$t-1$、t、$t+1$	C	B

3.5.3 汽车产业标准联盟网络演化与企业网络位置变迁

1. 汽车产业标准联盟网络演化特征

（1）汽车产业标准联盟网络演化结构统计。第3.5.2小节详细介绍了标准联盟网络的构建过程，在得到汽车产业每年的组织间标准制定合作关系 0-1 矩阵后，将其导入 UCINET 6.0 中，利用 NetDraw 功能绘制网络拓扑结构图，并用 UCINET 的计算功能得出网络基本特征指标。汽车产业标准联盟网络 1998—2021 年的整体网络结构特征指标见表3-3。随着我国汽车产业标准联盟活动的逐步开展，越来越多的企业组织参与到标准化合作活动中，从而使得标准联盟网络的规模逐年增长，表现为网络节点数由1998年的131上升到2021年的720。伴随着网络规模的增长，网络结构复杂化，网络密度和点度中心势呈波动上升趋势。

表3-3 汽车产业标准联盟网络结构的演化

年份	网络节点数	平均度	网络密度	点度中心势
1998	131	2.611	0.020	0.073
1999	139	2.273	0.016	0.101
2000	186	2.796	0.015	0.127
2001	129	2.822	0.022	0.089
2002	99	3.556	0.036	0.213
2003	94	3.149	0.034	0.207
2004	139	3.094	0.022	0.227
2005	247	3.976	0.016	0.168
2006	353	5.462	0.016	0.170
2007	445	6.072	0.014	0.176
2008	463	6.855	0.015	0.213

续表

年份	网络节点数	平均度	网络密度	点度中心势
2009	440	6.736	0.015	0.243
2010	514	10.802	0.021	0.429
2011	575	12.494	0.022	0.455
2012	593	13.288	0.022	0.433
2013	486	16.481	0.034	0.407
2014	402	20.179	0.050	0.438
2015	339	24.195	0.072	0.577
2016	498	21.526	0.043	0.502
2017	529	23.096	0.044	0.587
2018	582	25.526	0.044	0.574
2019	512	30.828	0.060	0.637
2020	690	32.464	0.047	0.619
2021	720	38.135	0.053	0.665

（2）点度中心度演化和网络多极核心形成。我国汽车产业标准联盟网络从网络结构比较稀松向高度复杂演化，呈现出向部分节点集聚的趋势，如图3-7所示，圆点代表参与标准联盟网络的组织，面积越大代表该组织中心度越高。1998年，网络主体拥有的网络联系普遍较少，不同节点间的点度中心度差异不大，在图3-7（a）中具体表现为网络节点的圆点面积大小较为均匀。2006年，部分节点的网络联系迅速增多，不同节点间的点度中心度差异拉大。2012年，集聚趋势快速提升，整个产业网络关系向少数节点汇聚，节点面积最大的中汽中心成为网络超级中心，同时部分优秀汽车企业也成长为网络主导，如北汽福田、宇通客车、一汽集团、奇瑞汽车等。2021年，集聚趋势进一步增强，开始呈现多极核心格局（2021年网络图中除最大节点——中汽中心外，还出现了多个面积较大的圆点）。整体网络依然由中汽中心主导，除一汽集团外，比亚迪、泛亚汽车技术中心、上汽集团、长城汽车等成为新核心。

(a) 1998年　　　　　　　　(b) 2006年

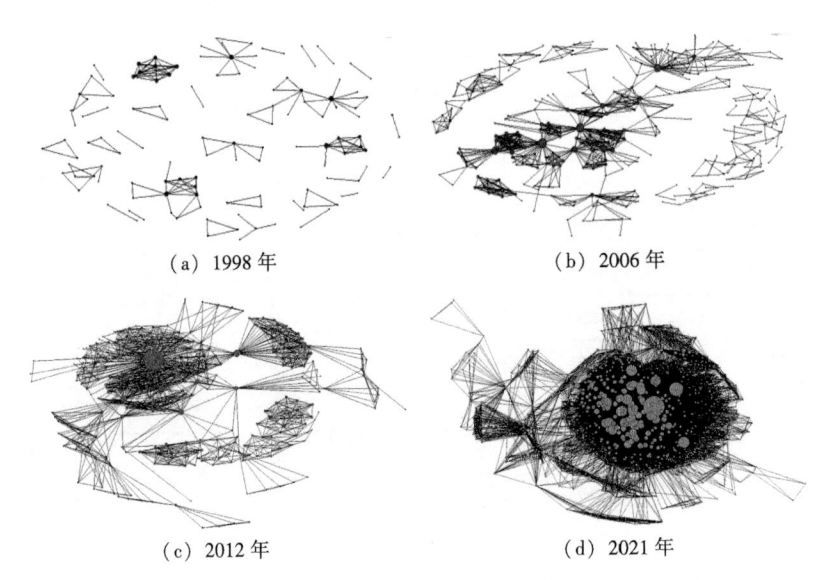

(c) 2012年　　　　　　　　(d) 2021年

图 3-7　汽车产业历年标准联盟网络拓扑结构图（中心度）

　　整体来看，伴随着标准联盟网络的演化，网络的中心势不断上升（见图 3-8），点度中心势[①]由 1998 年的 0.073 上升到 2021 年的 0.665，网络节点间网络地位的差异不断拉大。一些网络主体退出，更多的新企业组织加入，企业所处的标准联盟网络位置（中心度）也随之变迁。

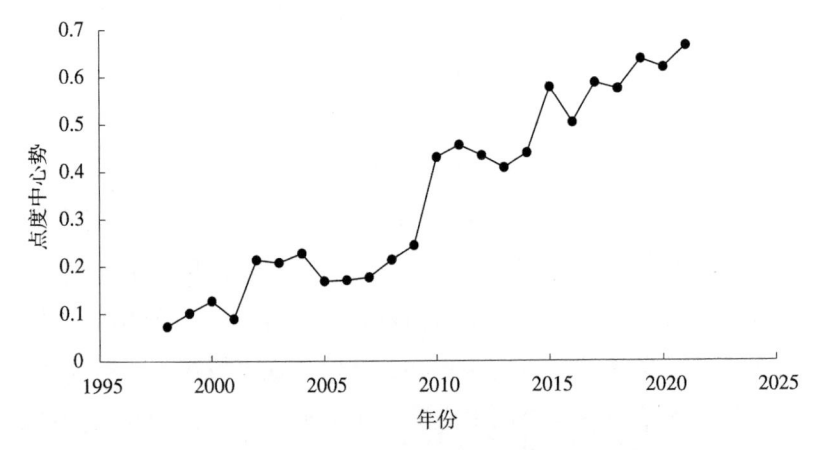

图 3-8　汽车产业历年标准联盟网络点度中心势演化趋势

---

　　① 点度中心势代表网络中点的集中趋势，可先找到图中的最大中心度值；然后计算该值与任意点的中心度差，得出多个差值；再计算这些差值的总和；最后用该差值总和除以各差值总和的最大可能值。

(3) 结构洞演化和信息枢纽形成。在过去十几年间，汽车产业标准联盟网络主体不断增加，合作团体之间不断融合，越来越多的组织在网络中发挥愈加重要的结构洞桥梁作用，连接不同网络子群的信息枢纽逐步形成。如图 3-9 所示，网络图中圆点代表参与标准联盟网络的组织，面积越大代表该组织所占据结构洞数量越多。1998 年，网络中还只有零星的组织占据结构洞位置，且占据的结构洞数量较少。进入 21 世纪后，占据结构洞位置的企业迅速增多，网络中原本相互隔离的网络子群间出现了直接或间接桥梁，知识信息通过"桥"位置节点在不同子群间流动。

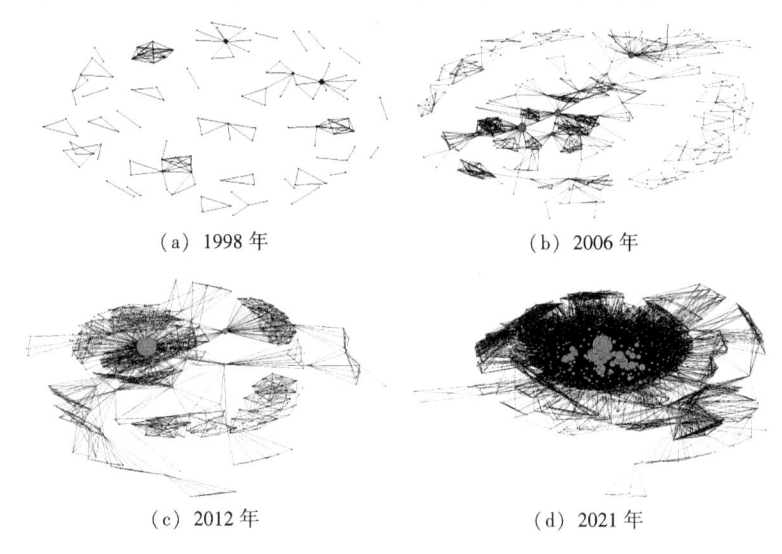

(a) 1998 年

(b) 2006 年

(c) 2012 年

(d) 2021 年

图 3-9 汽车产业历年标准联盟网络拓扑结构图（结构洞）

以上是对不同年份网络拓扑结构图的直接观察结果，我们再利用 UCI-NET 计算每个阶段标准联盟网络中网络成员所占据的结构洞数据，即成员所连接伙伴间缺乏直接联结的实际节点对数量，获得每期产业创新网络结构洞数量的平均水平和非均衡化水平（标准差），如图 3-10 所示。1998—2004 年，网络整体结构洞平均水平和非均衡化水平都较低，少数节点占据小型结构洞，网络中不同节点所占据结构洞的差异不大；2005—2009 年，网络中形成的结构洞平均水平有所上升，出现非均衡演化；2010 年后，结构洞平均水平快速上扬，网络中结构洞的形成强度出现显著非均衡化，大型结构洞与小型结构洞并存，少数节点占据超级结构洞，成为整个产业的关键信息传递枢纽。

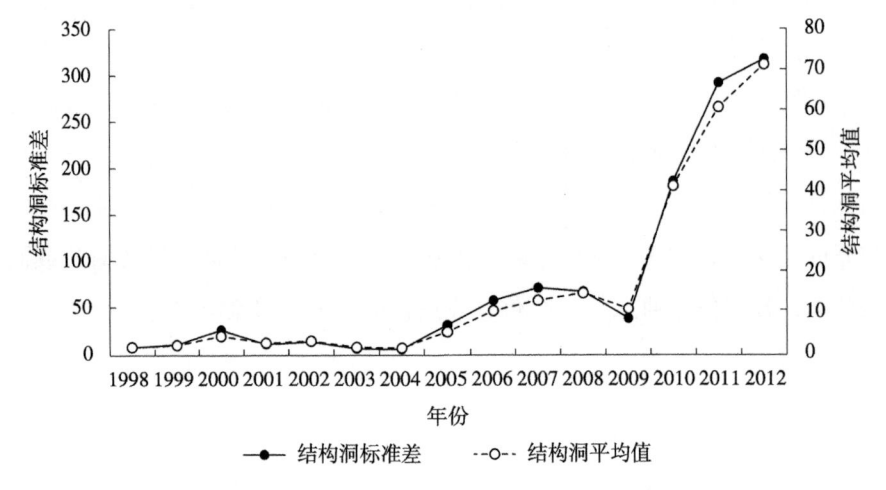

图 3-10　汽车产业历年标准联盟网络结构洞水平演化趋势

2. 奇瑞汽车与航天晨光标准联盟网络位置变迁

下面以奇瑞汽车与航天晨光为例展现企业在标准联盟网络中的位置变迁（中心位置、结构洞位置），从而分析两家企业所处标准联盟网络结构特征的差异和变化，以及由此引发的资源和能力变化。

（1）奇瑞汽车标准联盟网络位置变迁。奇瑞汽车股份有限公司（简称"奇瑞汽车"）成立于 1997 年，是一家从事汽车生产（涵盖乘用车、商用车、微型车等）的国有控股企业。

2004—2006 年，奇瑞汽车只维系了与中国汽车技术研究中心有限公司（简称"中汽中心"）、天津清源电动车辆有限责任公司（简称"天津清源"）的标准化合作关系。如表 3-4 所示，奇瑞汽车在 2005 年标准联盟网络中的点度中心度为 2，在汽车产业中排第 146 位；结构洞为 0（天津清源与中汽中心也存在标准合作关系），在汽车产业中排第 54 位。奇瑞汽车的两项网络结构指标均远低于北汽福田、一汽集团、江铃汽车、长丰汽车等整车生产企业，其中点度中心度也低于汽车产业标准联盟网络的平均水平（3.976）。由于奇瑞汽车的外部标准合作关系较少，处于产业标准联盟网络边缘，其在标准化过程中获取产业外部资源的渠道和机会也较少，2005年，奇瑞汽车只在混合动力汽车能量消耗实验这一个领域参与了一项正式标准的起草制定。奇瑞汽车自2001年开始便十分重视自主创新，投入大量资源开展技术研发，2005年主要在车辆制动系统、传动系统、发动机等技术领域申报了13项专利，在电动汽车领域申报了7项专利。虽然奇瑞汽车在电动汽车领域积极开展了专利布局，也构建了与电动汽车企业的联盟关系，但内部研发资源有限和外部互补性资源获取渠道缺乏使其依然不具备开发电动汽车所需的全面、系统的知识技术和相关制造经验。奇瑞汽车在合作过程中所接触到的来自天津清源的电动车辆相关知识技术，及源自中汽中心的行业信息和技术发展动态，还不足以支撑奇瑞汽车制造和生产混合动力汽车和纯电动汽车。2006年，奇瑞汽车向工信部申报了71项车辆产品，其中有36项是对过去车型的细微变动和调整，只有5项产品为多用途乘用客车和轻型客车，其他产品为传统轿车。

表3-4 奇瑞汽车2005年、2012年、2021年汽车产业标准联盟网络结构特征

企业名称	年份	点度中心度	产业点度中心度排名	结构洞	产业结构洞排名
奇瑞汽车	2005	2	146	0	54
	2012	74	7	4146	7
	2021	57	19	911	20

之后，奇瑞汽车开始在燃油汽车制造和电动汽车的电机、电池、电控领域与产业内众多伙伴展开标准化合作，部分旧的合作关系随着时间的推移逐渐终止，新的合作关系不断形成，奇瑞汽车在汽车产业标准联盟网络内的位置也随之变迁，呈现出新的网络结构特征。如表3-4所示，奇瑞汽车2012年标准联盟网络点度中心度增长至74，在汽车产业的排名上升至第7位，占据网络结构洞数量由2005年的0跃升至4146，在汽车产业中排第7位。奇瑞汽车占据了汽车产业标准联盟网络较为中心的位置，不仅与一汽集团、南车集团、东风汽车、北汽福田等传统大型汽车制造企业建立起标准化协作关系，同时也与万向电动汽车、比克电池、上海电驱、安徽力高新能源等新能源汽车领域企业展开标准化合作，并与一些高等院校、

政府机构保持密切沟通。这些标准化合作关系的形成不仅为奇瑞汽车获取行业技术发展趋势和正式标准内容等与产品开发密切关联的信息提供了有效平台，也为合作组织间的深入知识技术交流和进一步创新合作提供了坚实基础。如 2012 年 3 月，奇瑞汽车与中汽中心达成战略合作，计划在汽车可靠性、安全、NVH、电器等领域开展技术合作；4 月 9 日与比克电池正式开展合作；11 月 6 日，奇瑞汽车与广汽集团在北京正式签署战略合作协议，开创了国内自主企业新的合作模式。奇瑞汽车桥接了大量互不连接的伙伴，在网络中的重要性得到大幅提升，所触及的网络资源及对网络中知识信息流动的控制力增强。良好的网络位置为奇瑞汽车开展创新活动提供了丰富的互补知识技术和前沿的资讯信息。2012 年，奇瑞汽车申请了 573 项发明专利、274 项实用新型专利，涉及 152 个子技术领域，其中新能源汽车领域专利 138 项，涵盖电池、电机、电控核心部件的 39 个技术子类，在电池管理、电机控制、动力总成、安全监控、散热、智能测试、变速等新能源汽车关联技术领域取得了技术突破。2013 年，奇瑞汽车向工信部申报了 211 项车辆产品，其中 58 项为奇瑞汽车推出的新产品，153 项为在原有车辆基础上进行改进的产品。产品类型多样化程度与 2006 年相比得到很大提升，除传统燃油轿车、多用途乘用车外，奇瑞汽车还推出了纯电动轿车以及邮政车、囚车、救护车、检测车等专用车辆。

2020 年以来，全球电动汽车竞争已进入白热化。国内外头部车企和新能源汽车领域的众多新起之秀都纷纷入局，加强技术创新与产品开发，积极参与新能源汽车的相关正式标准制定。奇瑞汽车的标准化合作重点也集中在智能网联汽车自动驾驶、电动汽车的电池和电气系统安全、无线充电系统等，在传统燃油汽车领域的合作有所减少，且由于越来越多的标准化联盟入局者，奇瑞汽车的网络位置持续动态变化，呈现出新的结构特征。如表 3-4 所示，奇瑞汽车 2021 年的标准联盟网络点度中心度有所下降 (57)，在汽车产业的排名也有所下降，但仍排第 19 位，占据网络结构洞数量由 2012 年的 4146 下降至 911，在汽车产业中排第 20 位。尽管奇瑞汽车在汽车产业标准联盟网络的中心位置和结构洞数量排名有所下滑，但其在新能源汽车领域的技术标准化方面依然发挥着重要作用，跟随中汽中心、比亚迪、宁德时代等核心企业组织完善智能网联汽车标准体系，且与高等院校、科研机构保持紧密的技术合作，利用外部组织间网络资源积极展开专利技术研发与布局，完善整车产品开发。2021年，奇瑞汽车申请了390项发明专利、367项实用新型专利，成果聚焦新能源和智能化领域，涉及新能源汽车动力系统、热管理系统、辅助驾驶系统、云资源调度、人机交互、物联网设备等。在较完备的技术基础上，奇瑞汽车开发出了超能混动C-DM技术、火星架构-超级混动平台。2023年，奇瑞汽车销售量为188.1万辆，同比增长52.6%，在市场竞争中展现出强劲的增长势头。

2005—2021年，奇瑞汽车通过外部联盟关系布局逐步从标准联盟网络边缘位置转移至中心且占据丰富结构洞的网络"好"位置，虽然近些年其网络地位有些回落，但总体上奇瑞汽车利用联盟网络资源池高效获取外部多样化创新资源，结合高额的内部研发投入，将内外部知识相结合转化为企业在传统燃油车和新能源车辆制造领域的核心知识产权，带动产品创新，在汽车产业的激烈竞争中保持了优势地位。

（2）航天晨光标准联盟网络位置变迁。随着网络不断演化，网络主体位置非均衡发展成为必然。有些企业如奇瑞汽车一般通过标准联盟关系构建与管理使自身在网络中的位置日益中心化，必然也有一些企业在产业标准化进程中的网络位置逐步边缘化，如航天晨光。航天晨光股份有限公司简称"航天晨光"，成立于1999年9月30日，是一家从事专用汽车、柔性管件、压力容器等生产的大型综合机械制造企业。

2004—2006年，航天晨光在汽车产业内开展广泛的标准化合作，与中集车辆（集团）有限公司、郑州红宇专用汽车有限责任公司、北汽福田汽车股份有限公司、上海市化工物品汽车运输有限公司、镇江市宝华半挂车配件有限公司、交通运输部公路科学研究院等15家组织机构构建起标准联盟关系。如表3-5所示，2005年，航天晨光在标准联盟网络中的点度中心度为15，在汽车产业中排第6位；结构洞数量为96，在汽车产业中排第7位。网络结构的两项指标均远高于航天晨光在专用汽车领域的竞争对手——哈尔滨建成、湖北双龙、四川专用等，也高于其在特种车辆领域的竞争对手——北汽福田、镇江飞驰等。由于航天晨光处于标准联盟网络较为中心的位置，拥有丰富的标准化合作关系，其 2005 年在道路运输安全、车辆牵引、机械连接领域参与了三项正式标准的起草。值得注意的是，该阶段航天晨光的技术创新能力不足，专用汽车生产仍处于仿制阶段，关键部件和生产技术都依赖进口和中外合资[361]。2001—2005 年，航天晨光申请的专利仅 15 项，涉及金属软管、扫路车、厨余车，所有专利中只有一项为发明专利。结构洞位置让航天晨光在获取外部组织知识资源的过程中更具灵活性，但由于伙伴之间缺乏合作沟通，产业各领域知识技术依靠航天晨光自身整合能力无法成功实现融合与创新。航天晨光在 2005 年的专利产出只有 3 项，且皆为实用新型专利。然而，网络中心位置丰富且多样化的外部协作关系能为航天晨光提供有价值的外部创新资源，帮助其发掘更多的产品改进创新机会。2006 年，航天晨光向工信部申报了 241 项车辆产品，其中 147 项为航天晨光推出的新产品，94 项为在原有车辆基础上进行改动的产品。产品类型十分广泛，包括低温液体运输车、爆破器材运输车、车厢可卸式垃圾车、加油车、清洗车、洒水车、粉粒物料运输车等。

表 3-5　航天晨光 2005 年、2012 年、2021 年汽车产业标准联盟网络结构特征

企业名称	年份	点度中心度	产业点度中心度排名	结构洞	产业结构洞排名
航天晨光	2005	15	6	96	7
	2012	5	266	0	224
	2021	0	—	0	—

之后，航天晨光在汽车产业内的标准化合作逐步减少，所参与的正式标准制定依然仅限于车辆牵引装置和连接装置。随着汽车产业标准联盟网络不断有新的企业组织加入，也有旧的企业组织断续退出，航天晨光在产业标准联盟网络内的位置不断变化，呈现出新的网络结构特征。如表 3-5 所示，2012 年，航天晨光的点度中心度降至 5，在汽车产业中的排名下降至第 266 位；占据网络结构洞数量由 2005 年的 96 锐减至 0，在汽车产业排名由第 7 位下降至第 224 位。航天晨光由原来汽车产业标准联盟网络较为中心的位置迁移至边缘位置，仅与中国公路车辆机械有限公司、江苏省公路学会、交通运输部公路科学研究院、北京航空航天大学、常熟华东汽车

有限公司维持着标准联盟关系。企业合作伙伴依然限于传统汽车和零部件制造商，与高等院校和科研机构的合作领域也局限于传统车辆的机械装置和实验。航天晨光的结构洞数量为 0 意味着伙伴间存在紧密合作，而这些比较多样化的合作伙伴（涉及汽车零部件供应商、高等院校和科研机构、汽车生产商、行业协会）间彼此竞争程度较低，缺乏结构洞的密集网络可有效促进知识分享，可以在一定程度上强化航天晨光在已有领域的优势。但较单一的知识获取来源使航天晨光从外部合作获取的优势有限，无法提供业内丰富的新知识技术推进航天晨光的新技术与新产品开发。2012 年，航天晨光申请了 21 项专利，其中 7 项为发明专利。这些发明专利主要针对管件制造，只有 2 项聚焦专用汽车。航天晨光在汽车领域内部知识创新和外部新知识获取上的局限性，使其大多数车型都依赖于从日本、韩国等设立的合资公司引进。2013 年，航天晨光向工信部申报了 214 项产品，其中只有 26 项为新产品，其余 178 项都是在原有车辆基础上进行细微改动的产品（改动量不大于 10%），远低于航天晨光在 2006 年的新产品开发绩效。

从 2013 年开始，航天晨光在汽车产业的标准化合作进一步减少，10 年内只参与了 5 项汽车产业正式标准制定。到 2021 年，航天晨光已退出汽车产业标准联盟网络，如表 3-5 所示，其点度中心度、结构洞的值都降至 0。相应地，航天晨光 2021 年在整车领域申请发明专利 5 项，2022 年申请发明专利 1 项，在整车业务上的净利润也在持续下降。从整体来看，2005—2021 年，航天晨光逐步从标准联盟网络中心位置转移至边缘位置，且不再扮演网络知识信息传递"桥"角色，其从外部合作中获得的创新资源也迅速减少，随后的新产品开发产出也有所下降。

从奇瑞汽车和航天晨光两个案例分析可以得出，随着汽车产业标准联盟网络的不断演化，企业的网络位置不断变化，展现出差异化的结构特征。一些原本处于网络边缘的企业通过与外部组织展开广泛的标准化合作，可逐步成为网络的核心，而原本处于网络中心的企业则可能逐步退至网络边缘。伴随着网络中心位置和结构洞位置的变迁，企业所能从标准联盟网络中获取资源的优势也随之差异化。

3.6　本章小结

高技术产业技术系统复杂性和单个企业组织的资源有限性使得技术标准化活动超越企业边界，标准联盟网络在此背景下逐步形成。本章首先分析了企业参与标准化合作的动机，指出企业寻求外部合作伙伴的动机在于汇集外部优势资源，降低标准制定的技术风险和市场风险，并分摊开发与推广的成本；通过获取外部互补性知识资源提升技术标准方案的完备性、培育新的知识能力；借助外部组织力量提升技术方案的市场优势和利益相关者对标准的接受与认可程度。在此基础上构建博弈模型分析标准化合作关系形成的条件。其次，根据标准计划提出与推行的方式，分析了标准联盟网络形成的不同组织模式——自上而下政府推动的他组织模式、自下而上高技术企业自组织模式、政府机构与高技术企业协同推动的混合组织模式。然后，基于生命周期理论分析标准联盟网络从创生、成长、规范到蜕变的过程，以及不同阶段所展现的网络特征，并系统阐述了标准联盟网络演化的内外动力机制。再次，从网络参与主体的视角，分析了标准联盟网络所嵌入主体由企业、高等院校和科研机构、政府机构、中介机构等组织构成，并通过中心度、结构洞两个重要结构指标探讨不同的网络位置特征及所伴随资源的差异。最后，基于中国汽车产业正式标准联合起草人数据构建了汽车产业标准联盟网络，并具体介绍和分析了网络的演化过程及相应的网络结构特征变化，为后续研究的开展奠定了基础。

第4章

标准联盟网络结构对企业新产品开发绩效的直接影响研究

4.1 新产品开发绩效的构成要素

本章主要从非财务性指标来讨论企业新产品开发绩效的构成。根据第2.2.1小节对新产品开发绩效测度的文献综述,非财务性指标主要关注企业新产品开发的效果和效率[165]。效果维度主要体现新产品开发的产出结果,效率维度则强调开发过程在时间上追求的效率性。基于已有研究成果并结合本研究需要,本节从效果和效率两个维度进一步探讨新产品开发绩效的构成。

4.1.1 新产品开发效果与新产品数量

随着科学技术的飞速发展,产品复杂程度不断提升,客户需求迅速变化,企业新产品开发所面临的风险和不确定性也随之增大[5]。虽然各大企业通常会在新产品开发和创新研究上投入不菲的资金和大量的人力,但是创新的产出和投入比却不高,即使在市场发展成熟、创新能力较强的美国,产品创新的失败率也高达84%左右[362]。因此,新产品开发作为一项复杂的创新工程,其产出结果对企业的重要性不言而喻。

效果是指在给定的条件下由其动因或其他原因或多因子叠加等行为,对特定事物所产生的系统性或单一性结果。新产品开发效果主要关注由企业新产品开发投入和行为等所带来的直接结果,即成功开发出的新产品数量。企业进行新产品开发的主要动机在于成功推出新产品以获取可持续的竞争优势[171]。重要的创新可以让企业更新现有市场地位，进入新市场，以及考虑新的市场机会[363,158]，因为新产品可以帮助企业获取区别于竞争对手的核心优势[364]。Hua 和 Wemmerlöv（2006）指出，能够密集推出新产品的企业可以比较少推出新产品的竞争者更好地服务于多样化市场需求[365]。因此，在新产品开发效果维度，新产品开发绩效可视为企业在研究与开发新产品过程中的成果累积。

在知识经济时代，创新能力成为企业实现可持续发展的核心组织能力，持续推出新产品是企业维持市场竞争优势的关键[149]。创新的数量（新产品数量）则是新产品开发最为直观的产出，也是绩效最重要的构成。大量学者基于企业开发的新产品数量来研究和测度新产品开发绩效。Zhang 和 Li（2010）在研究技术集群中新创企业与服务中介机构的联结对产品创新的影响中指出，企业推出新产品的频率是产品创新绩效的重要构成维度[167]。Xu 等（2013）和 Sorescu 等（2003）认为新药品审批是医药企业的主要创新目标，因此用新药品审批通过数量来衡量产品创新产出是非常合理且符合实际的[366-367]。Artz 等（2010）、Frankort（2016）也认为企业每年的新产品申明数量能够很有效地代表企业的产品创新绩效[166,148]。用企业新产品申明数量代理企业新产品开发产出被广泛应用于新产品开发领域关于创新搜索、知识结合与交换和技术联盟的研究中[172,175,368,148]。因此，新产品开发数量是比较重要且科学合理的绩效构成。

4.1.2 新产品开发效率与新产品进入市场速度

新产品开发效率主要关注企业产品创新项目的时间表现，衡量企业能否在市场上获取先行者地位或时间优势。在消费者需求和市场、技术环境多变的条件下，比竞争者更快地推出新产品可以帮助企业提前抢夺和开发市场，建立并维持市场竞争优势[369-370]。郝生宾和王媛（2013）指出，企业实施基于时间的竞争战略的关键在于快速响应市场需求变化，比竞争对手更快推出新产品[371]。企业通过提高新产品开发效率，一方面可以帮助其获取时间优势、先发优势和快速跟随优势，有充分的准备时间应对市场需求，从而更好地服务顾客[369]；另一方面，企业结合时间优势和技术优

第 4 章　标准联盟网络结构对企业新产品开发绩效的直接影响研究

势可以更先参与行业标准设定，锁定市场渠道，形成行业壁垒[372]。因此，新产品开发效率是除新产品开发效果这一结果维度外衡量新产品开发绩效的重要构成部分。

新产品开发效率是基于时间的竞争战略的重要组成部分，强调企业能否比竞争者更快推出新产品，更早进入市场，从而获取先动者优势。而衡量企业向市场推出新产品快慢的新产品进入市场速度可有效体现企业新产品开发的时间优势[373]。Dröge 等（2000）指出，企业缩短新产品开发和商业化周期的能力所带来的时间优势是创新成功的关键，率先面市的产品通常可以设定更高的初始价格，然后获取更大的市场份额与更优的顾客忠诚度[374]。如施乐的"即时入市"策略就是通过提升新产品进入市场速度而获取竞争优势的典型案例，从 20 世纪 90 年代中期开始，施乐一直致力于加速新产品研制和开发，从而获取时间优势，不断满足市场及用户的需求，进而引导市场及技术发展。Cankurtaran 等（2013）认为提升新产品进入市场速度可以帮助企业掌握产品进入市场的时机[375]。企业的先动优势取决于更短的新产品开发周期，因为只有将产品成功地开发出来，企业才能决定何时进入市场。快速的新产品开发可以帮助企业获取战略灵活性，从而做出更佳的进入市场的决策。大量学者基于企业开发的新产品数量来研究和测度新产品开发绩效。越来越多的学者重视新产品进入速度对企业的作用，将其作为衡量新产品开发绩效的重要构成指标。Zhang 和 Li（2010）在关于新创企业在集群中的创新搜索研究中，将"相比主要竞争者，第一个在市场中推出新产品"和"相比主要竞争者，更快向市场推出新产品"作为测度企业新产品开发绩效的重要题项[167]。于晓宇和陶向明（2015）在探讨创业失败经验与新产品开发绩效的关系时，让创业者评估企业率先引入新产品、迅速发布新产品等五个题项来度量新产品开发绩效[144]。因此，企业的新产品进入市场速度可以有效衡量企业在新产品开发效率维度的绩效。

4.2　标准联盟网络结构作用的一般模式

标准联盟网络是网络参与主体获取潜在网络资源的重要机制，然而并非网络中的所有节点都拥有同等的资源获取机会,企业的结构嵌入性特征(网络位置)决定了其拥有机会的多少以及能否有效把握住这些机会[31]。企业加入标准联盟的动机在于通过联盟最终设定的标准受益(标准利益),或通过合作设定标准的过程受益(过程利益)。过程利益主要是指给企业带来的独立于最终所设定标准的好处,换句话说,即使最终技术标准设定或者推广不成功,参与者依然可以从参与过程中获益[203]。过程利益主要包括企业与联盟网络中其他企业组织在工作过程中的学习价值以及在联盟网络中的多边互动所构建的社会资本,这些都是企业获取网络创新资源的关键。因此,标准联盟网络至少可以通过两种方式作用于企业:跨组织学习[376]、社会资本构建[19,377]。

4.2.1 跨组织学习

日益复杂的新产品开发活动需要融合多学科领域知识,而单个企业很难拥有新产品开发所需的全部知识,从外部组织获取知识成为提高新产品开发成功率的关键[11]。新产品开发的复杂性和创新资源的有限性促使企业以合作的方式开展创新活动,组织间合作网络逐步成为企业获取外部知识的主要来源[10],跨组织学习则是企业获取、理解和应用网络伙伴的知识技术资源的重要方式。Dyer 和 Nobeoka(2000)将跨组织学习定义为企业在特定组织间网络环境中的知识发现和获取行为[378]。一方面,标准联盟网络打破了组织边界,扩展了知识信息流动和创新的空间,为企业开展跨组织学习提供了基础条件。网络内的组织间合作交流使得企业获取伙伴知识信息,开展跨组织学习成为可能。企业与外部组织标准化合作关系的建立为企业接触合作伙伴核心知识和关键技术主张提供了可能,可在与成员讨论、发展和评价技术方案的过程中获取有价值的学习机会[186,203]。另一方面,跨组织学习是组织间开展合作的重要前提。Banker 和 Kauffman(2004)通过文献分析得出跨组织学习是促使信息技术在组织间创新网络中流动与扩散的主要原因[379]。不同网络主体间的跨组织学习很好地体现了知识信息传递路径,标准联盟网络就是众多组织在标准化过程中展开跨组织学习的轨迹[380]。因此,标准联盟网络是企业开展跨组织学习的重要基础,企业在

第4章 标准联盟网络结构对企业新产品开发绩效的直接影响研究

标准联盟网络中的知识资源获取可通过跨组织学习实现。

标准联盟网络可通过提供其他节点自有信息和推动知识信息快速流动，来推动不同标准化主体间跨组织学习的开展[380]。企业在网络中的结构特征将影响其可触及的节点知识信息特征以及知识信息转移效率[103]，从而影响其与其他网络主体进行互动学习的行为和效果。从网络提供的节点知识信息获取来看，企业在标准联盟网络中的中心度高低意味着其所拥有知识学习渠道的多少，处于网络边缘的企业，知识获取和学习途径较少，不能及时吸纳和利用外部资源用于自身创新[357]；而中心度高的企业在集聚外部组织多样化知识技术资源方面更有优势，从而拥有更多的向外部组织学习的机会，以提升创新可能性[101,346]。Kraatz（1998）指出组织的社会联系宽度和多样性决定着其可接触的知识信息类型，并且影响企业跨组织学习开展及对环境威胁的反应能力[344]。企业拥有结构洞的多少可表示其网络知识信息传输渠道的非冗余度，通过少量组织间连接接触更宽范围的知识领域，在与伙伴的互动中获取和学习更多、更新的非重复知识信息[188]。

从知识信息转移与扩散来看，处于中心位置的企业是网络信息汇聚点，网络中的知识信息资源通过直接或间接渠道向中心快速聚集，同时中心企业的知识技术也能够迅速地向全网络扩散，加速企业与网络节点间的学习进程。从学习效率角度而言，最高效的网络位置是占据非冗余的沟通与学习渠道，与网络内所有节点维持合作关系是没有必要且低效的，打通与异质知识源连接的关键通道可有效提高伙伴间的互动沟通效率，提高跨组织学习绩效[103]。标准联盟网络中的结构洞属于传递知识信息的桥，可以帮助企业接触更多的来自桥两端节点及其所连接其他群体的知识信息。但当知识信息在桥两端群体间的转移效率不高时，减少结构洞将产生大量的企业间联络，增强网络传输能力，加速跨组织知识交换与整合[98]。刘爱文等（2008）认为跨组织学习是一种信息能力在知识时空的流动与转化，并证明网络主体间直接开展跨组织学习比通过其他中介节点间接开展跨组织学习更为有效[380]。总之，企业在标准联盟中的结构特征影响其在网络中的跨组织学习效果，而跨组织学习直接关系着企业对网络知识资源的获取、吸收与转化。

4.2.2　社会资本累积

嵌入并源于社会关系网络、被个体占有的社会资本可代表个体从所处社会关系网络或社会结构中获取外部资源的机会与能力[19]。社会资本的价值源自网络联结互动中形成的信任、规范和团结一致的优势[381]。社会资本依附于行动者之间的关系网络，不仅包括网络主体（个人或组织）所拥有的社会关系，还包括与社会关系密切关联的信任、规范与价值取向[382-383]。基于以往关于社会资本的研究，Nahapiet 和 Ghoshal（1998）将社会资本划分为结构资本、关系资本和认知资本[19]。结构资本强调社会交互关系，描述节点在社会交互网络中的位置所带来的优势，节点可利用该优势获取具体资源；关系资本是指根植于这些关系中的资产，如信任和信誉；认知资本则指能够促进共同理解的集体目标和社会系统中适当行动方式形成的共享代码或模式。社会资本是企业展开标准化与创新活动的珍贵资源，与个体或组织间的知识分享和合作意愿、知识整合能力密切关联，丰富的社会资本能帮助企业高效地获取外部网络资源以实现企业目标[20]。

社会资本嵌入标准联盟网络中，产生于企业与现有合作关系的互动过程中，企业在标准联盟中的网络位置（网络结构）是社会资本的有机构成和形式载体[19]。现有关于社会资本的研究都聚焦于社会关系的结构如何影响行动者实现其目标的能力，并识别出两条实现路径[384]。首先，社会网络可以加速信息、资源和机会的获取[80,382,188,358]。企业在标准联盟网络中的结构特征决定了其可潜在获取的网络资源的特征[103]。其次，网络有助于行动者协调相互依赖的关键任务，克服合作和集体行动中的困难[385-386]。

从本质上看，企业所嵌入的标准联盟网络位置决定了其所拥有的结构资本，同时在企业与其他网络节点的合作互动中，结构资本、关系资本和认知资本将互动契合，影响网络成员间的知识交换与整合。如处于标准联盟网络中心位置的企业连接更多领域内优质伙伴，在制定标准或开展创新活动过程中拥有更丰富的知识信息提供源，并更易汇聚不同企业的互补性技能[387]；占据丰富结构洞的企业通过非冗余合作关系，可接触更宽泛和差异化的知识信息领域。伴随企业所处网络位置的结构资本将决定企业潜在可获取资源的丰富度和多样性,同时结构资本还将影响关系互动,刺激信任和感知可信度的产生,形成关系资本[20]。Coleman（1988）[382]、Gnyawali 和 Madhavan（2001）[93] 指出,缺乏结构洞的密集网络成员间知识流动频繁、信息扩散迅速,彼此间关系的透明度较高,更易培育企业间的信任。信任的形成和增强有助于缄默性、嵌入性知识的转移和同化[388]。占据中心位置的企业拥有更多的直接联系,在与网络节点频繁交互和进行信息分享的过程中,更易于被其他网络成员视为值得信赖的伙伴[20]。同样,认知资本的形成依赖于企业与其他网络节点的社会互动。Krackhardt（1990）指出组织间的社会互动显著影响共同愿景的形成[389]。只有通过组织间交流互动,才能互相学习对方的语言、代码和价值观,基于共同利益和相互理解形成互相认同的行为规范和价值观。如高中心度企业通过与众多网络成员互动,更易于理解和协调网络成员间的价值取向,从而成为行业代表和网络规则的定义者[197]。最后,共同价值观和愿景同样有利于信任关系的培育。组织间一致的目标和价值取向可有效避免机会主义行为产生,提升相互信任水平[31]。

总之,标准联盟网络是企业获取和积累社会资本的重要途径[203],企业在标准联盟网络中的结构特征意味着企业与外部合作伙伴、外部合作伙伴与其他网络节点的社会互动分布,依附于网络的结构资本随着企业所处网络位置的变化而变化,影响企业对网络资源的触及度。网络结构还将影响企业及伙伴在合作中的互动方式,网络位置的差异将产生不同水平的关系资本和认知资本,影响网络节点的行为和资源获取效率。

4.3 标准联盟网络结构对新产品开发绩效的影响机理

4.3.1 中心度对新产品数量的影响

企业在标准联盟网络中的位置显示其对外部网络信息知识的接近性和在网络中的地位。现有研究都将网络关系视为信息和知识流动的渠道[303],

网络中心度则表示焦点企业与网络中其他利益相关节点的联结完备程度[390]。标准联盟网络可为企业新产品开发聚集各类技术、知识和经验，为焦点企业提供形成熊彼特新组合创新（Novel Combination）的潜力。企业在标准联盟网络中的中心度显示其在产业正式标准制定过程中通过卷入大量的重要合作关系而占据战略位置的程度[93]，其对企业新产品开发绩效之新产品数量维度的促进作用主要体现在以下几个方面。

（1）中心度与新产品开发所需的多样化、新颖和高质的知识密切关联。中心企业是网络知识资源的汇聚点，集结各标准制定主体（企业、高等院校、科研机构、政府机构、中介机构等）的知识信息和标准主张。高网络中心度暗示着丰富的知识获取渠道，所嵌入的焦点企业能更清晰地了解网络知识、技术的分布，以及研究和市场的最新进展和趋势[77]。基于丰富的知识信息流入，焦点企业不仅可以通过多种渠道比较信息，避免受扭曲和不完全信息的误导，其在合作制定技术标准的过程中还可以迅速识别拥有互补性知识技术的潜在关键合作伙伴，并敏锐地获取热点问题的最新研究进展，从而有能力挖掘更多潜在知识组合和新的解决方案。比亚迪总裁在访谈①时表示，比亚迪非常重视与供应商和同行企业的合作，丰富的联盟合作关系所提供的外部知识对于开展创新活动至关重要，且能帮助监控竞争对手或其他成员企业技术和市场的最新发展。宇通客车的研发经理也指出，与宁德时代、玉柴等众多企业间的标准化合作为宇通提供了宝贵的互补性技术和具有竞争力的零部件，使宇通能够引领新能源客车的发展。而处于标准联盟网络边缘的企业，其标准合作关系较少，未掌握网络知识流通的关键渠道，缺乏接触外部知识技术的机会，无法有效获取创新资源[357]。因此，占据标准联盟网络的中心位置可提升企业识别更多创新性组合机会的可能性。

（2）标准联盟网络的中心位置暗示着中心节点更高的地位和权威性[93]。拥有大量网络联结的中心企业通常具有更高的知名度和声望[95]，更易于被网络中的其他节点视为值得信赖的伙伴，也能够吸引更多的优秀

---

① 2014年11月20日（深圳）与比亚迪总裁、宇通客车研发经理的半结构化访谈。

企业与其合作，因而在获取和整合不同合作伙伴的关键、新颖知识资源时也更具谈判力和优势。华为的技术经理在访谈①中提及，目前的状况是联盟需要巨头，如果一个标准联盟没有关键的巨头企业，那么所制定的标准意义就不大。如华为这种行业巨头企业（通常也是联盟网络的中心企业）在伙伴选择上具有更大的灵活性，对于合作过程中资源的整合也更高效。同时，作为网络代表的中心企业通过与其他节点互动也有利于其主导共同行为规范和价值取向的形成[197]。新产品开发需要协调多种技术和部件之间的关系，对互补性资产的依赖程度较大，中心企业的权威性以及网络规则制定优势可以帮助企业动员和协调网络支持、资源来追求重要创新机遇[110]，集合各方资源促进复杂新产品开发活动开展。与此相反，处于网络边缘的企业由于自身资源限制，对外部合作者缺乏吸引力，在伙伴选择上缺乏主动权，也缺乏整合网络优质互补资源来探索创新性产品开发的能力。这类企业通常对网络资源动向和技术发展不太知情，更依赖于网络中介节点来获取网络资源[391]。因此，处于标准联盟网络中心位置的企业更能汇聚丰富的网络知识资源，形成多样化的产品组合，提升新产品开发绩效。基于此，提出假设：

H1a：企业在标准联盟网络中的中心度正向影响新产品数量。

4.3.2 中心度对新产品进入市场速度的影响

尽管处于中心位置的企业有开发更多新产品的优势，但从网络传输的大量知识信息中识别最优的知识组织机会来进行新产品开发是耗时的。首先，单个企业自身的知识资源有限，很难具备所有领域知识技术的吸收能力，需花费更多时间来与部件制造商、配套商、高等院校、科研机构等伙伴沟通和分享信息[168]，尤其企业在参与正式标准制定中，为体现标准普适性，倾向于与多样化的组织机构展开合作（如高等院校、科研机构、行业协会等）来增强标准竞争优势，这导致整合来自不同背景组织的知

---

① 2014年11月27日（深圳）与华为技术经理的半结构化访谈。

识任务推进更为缓慢。其次，企业获取外部知识的目的在于把握市场和技术发展动态，提前识别客户偏好和潜在产品缺陷，提高产品的市场适应性和竞争力，协调产业链活动以避免产品不兼容和不必要的重复修正，提升产品创新性等，因此企业很关注来自伙伴的与新产品开发实践更为接近的产品功能、结构和工艺知识获取[11]。但此类知识通常是隐性和黏滞的，转移难度大。中心企业的联结众多，需要投入大量的时间和精力进行关系管理来进一步获取新产品开发所需的知识。此外，丰富新产品开发过程通常涉及许多不间断调整，需要及时反映来自顾客日益更新的市场变化，以及来自供应商和同行企业迅速更新的技术信息。维持大量的标准化合作关系不可避免地将产生关系依赖与束缚，企业对网络内现有知识的依赖程度越高，越难以打破与现有众多标准联盟伙伴的合作状态，无法根据环境变化灵活调整合作伙伴，从而不利于提升新产品开发效率。而网络位置边缘化虽然意味着更少的外部联结，但一方面，企业可以通过维持少量高质合作伙伴，提高知识分享和转移效率，以更高效的方式整合伙伴知识进行新产品开发；另一方面，企业有更多的机会与其他网络外部组织联结[392]，灵活选择适配的伙伴，及时调整和修正新产品误差，从而获取时间优势。

此外，占据中心位置的企业可通过直接联结和间接联结获取丰富多样的知识信息，但整合多样化的外部知识展开创新将增加新产品项目的复杂度，负向影响企业新产品进入市场速度[369]。一方面，整合外部新知识技术是新产品开发不确定性的主要来源[157]，而高不确定性将导致过多的产品修正甚至产品重新设计工作。融合多方外部组织知识进行新产品开发虽能有效提高产品新颖度，但项目本身的难度和复杂度也将大大增加。Harter等（2000）指出项目复杂程度将带来更多的开发错误，制约新产品开发团队快速完成新产品开发的能力[156]。另一方面，中心企业作为网络知识信息的汇聚点，差异化的外部知识不仅会增加跨领域学习成本，同时对新产品开发方向和重点的理解存在差异的伙伴间也容易产生冲突，彼此很难快速理解对方的想法和意图，阻碍对新产品项目达成一致认识[370]。中心位置企业作为网络主导者和规则制定者，在合作开发新产品的过程中产生冲突时，负有与不同伙伴协商和协调的责任，而协调冲突的过程通常烦琐且耗时，尤其当冲突伴随无法调和的利益关系时，容易导致合作项目搁置。而处于网络边缘的企业尽管比中心企业有较少的新产品组合机会，但这些企业在信息选择和冲突协调上的压力较小，这使它们可以专注于提升新产品进入市场速度。它们可将时间转化为利益来弥补在产品新颖度上的劣势，满足那些为更早获取产品和服务而愿意支付溢价的"不耐烦的消费者"（Impatient Consumers）的需求。

综上所述，可知多样化知识吸收压力、合作关系管理投入、产品复杂度提升和合作者之间的调和问题将延缓网络中心企业新产品进入市场速度。基于此，提出假设：

H1b：企业在标准联盟网络中的中心度负向影响新产品进入市场速度。

4.3.3　结构洞对新产品数量的影响

现有研究普遍认为组织间网络中的结构洞（与互不相连的节点发生直接联系）可为企业提供信息优势和控制优势[192]。但在标准联盟网络中，焦点企业伙伴间连接间断将加剧信息不对称和机会主义风险，限制企业创新机会识别和多样化新产品开发。标准联盟网络区别于一般组织间合作网络的特征之一在于伙伴间技术关联度高，节点间的知识在标准设定过程中更易于在成员间溢出[65]。嵌入标准联盟网络中的企业出于防范无意识知识泄露和机会主义行为的考虑，与网络中其他节点企业分享关键知识技术的意愿较低。这是因为联盟参与正式标准制定的企业通常来自技术关联较为紧密的领域，彼此间的知识技术距离较近，知识技术更容易被转移，它们本身存在竞争关系或将来成为竞争者的可能性较高。因此，企业在合作制定标准中将面临更大的机会主义风险，它们倾向于采取严格的措施来保护知识产权或释放烟幕弹来掩饰它们在标准制定中的真实意图。

在上述情境中，连接较为完备、缺乏结构洞的网络可缓解信息不对称和机会主义风险，促进跨组织学习，聚集网络节点资源共同探索新知识与技术。密集网络提升了成员间关系的透明度,更易于形成共享准则、增强彼此信任,并发展较为一致的行为模式[382]。联结完备的网络允许企业通过众多第三方来综合了解当前和潜在的合作伙伴,减少信息不对称,提升网络伙伴彼此间的信任[393]。没有结构洞的密集网络也有利于克服机会主义行为,一个网络节点的机会主义行为信息将通过关联伙伴迅速扩散,更容易对其他违反行为准则的企业进行监督、制裁[197]。伙伴间信任水平提升和共同行为模式形成都有利于网络节点在标准制定过程中高质、关键信息的分享,促进焦点企业对网络缄默性知识的获取、转移和同化[388],从而识别更多创新机会和问题解决方案,提升创新产出量。宇通客车的研发经理表示①,标准化合作提供了获取外部知识的途径,并为新产品开发方面的进一步合作提供了机会,但合作伙伴之间的密切沟通和互动是超越标准制定进行深入知识交流的关键。因此,宇通客车倾向于组织专门团队定期召开研讨会和进行互访,以促进沟通。一汽的总经理也指出,标准化合作伙伴最有价值的知识往往是隐性和黏性的,很难转移,一汽倾向于与合作伙伴保持稳定和频繁的沟通。例如,一汽正专注于电动汽车的开发,需要更多关于电机、电池和电子控制系统的先进技术,因此需要通过合作伙伴深入了解如何完美地集成这些系统,这是影响汽车整体性能的主要因素。宇通客车和一汽的做法本质上都是提升标准联盟网络密度、减少结构洞以促进网络知识分享与转移。

然而对于占据桥位置的焦点企业,无法与伙伴快速构建起对彼此的信任[97]。富有结构洞的网络位置,节点间的知识信息传输路径单一,一方面无法通过其他路径考察和辨别网络信息知识的完全性和扭曲度,另一方面缺乏有效的非正式治理机制来监督、制裁伙伴的机会主义行为。源于密集网络的优势消失,信息扭曲和机会主义风险无法有效避免。这些交易风险容易让合作伙伴产生不安全感,降低标准联盟网络中企业合作和知识分享的意愿,不利于复杂缄默性知识转移,降低跨组织学习效果,使得来自结构洞的信息优势失效,阻碍企业通过异质化外部知识获取来增加多样化知

---

① 2014 年 11 月 28 日(深圳)与宇通客车研发经理、一汽总经理的半结构化访谈。

识组合产出的创新努力[31]。因此，富有结构洞的网络位置比联系紧密完备的网络位置更易于加剧信息不对称和机会主义风险，不利于转移和集中复杂缄默性知识，限制焦点企业整合利用伙伴多样化知识技术来开发更多新产品。基于此，提出假设：

H2a：企业在标准联盟网络中占据的结构洞负向影响新产品数量。

4.3.4 结构洞对新产品进入市场速度的影响

对于追求产品进入及时性的企业而言，结构洞将是网络中的好位置，为企业提供及时、独占性的信息优势和控制优势[188]，从而提升新产品开发绩效。首先，缺乏结构洞的网络位置存在大量冗余连接，企业从不同网络伙伴获取的信息重叠度高，需要企业付出更多的时间来识别与管理信息。而富有结构洞的位置提供更多非冗余的异质联系，企业通过接触彼此不相连的合作伙伴，触及差异化信息领域，可更高效地获得丰富的非重复信息。其次，信息重叠度高从另一个角度意味着，在一个连接比较完备的网络中更可能搜索到的是众所周知的信息或他人已知的信息[95]，使得外部多样化知识的吸引力大大降低。其原因在于，一方面，企业搜索外部知识进行产品创新时，需要衡量和降低同质创新风险，知识信息在闭合网络中流动将提高不同节点提出相同新产品开发方案的概率；另一方面，对于实施基于时间的竞争战略的企业而言，它们重视比竞争者更早、更快地识别出创新机会，从而更早地向市场推出新产品。因此，及时、独占性的知识信息获取渠道对于企业降低同质创新和滞后创新的风险十分重要。而来自结构洞的信息优势在处理这一问题时非常有效[137]，占据桥位置的企业通过维持非冗余标准化合作关系，可更及时地获取差异化和非重复的知识信息，在创新机会识别和新产品开发时获得更大的时间优势。

此外，结构洞位置为企业提供控制优势，使其在管理新产品开发进程中拥有更大的自由与灵活性[96,394-395]。对于追求时间优势的企业而言，通过桥连接互不相连的合作伙伴更有利于在如何形成一个最佳合作性安排上达成一致性认同。作为网络桥，由于不同伙伴间缺乏必要的互动与沟通，焦点企业与合作伙伴进行协商与谈判时往往拥有更大的灵活性和自主性[188]。如果桥两端连接的是互不相连的网络子群，伴随该位置的控制优势将进一步扩大[87]。而处于密集网络中的企业更容易被监管，企业的行为和决策将面临更多约束。一方面，密集网络提供的规范环境使焦点企业被迫维持失去优势的联系，无法根据新产品开发所面临的内外部环境变化而灵活变更联系，降低了市场反应速度[103]；另一方面，焦点企业的行为和信息将通过关联伙伴快速扩散，其对不同合作伙伴的非平衡对待将被限制，这不仅会加大协调问题的难度导致费时的合同重新谈判，还会使企业在新产品开发过程中的伙伴选择与更换、合作内容协商与谈判上缺乏灵活与自主决策优势，延长新产品开发的相关决策过程。因此，占据结构洞是获取时间优势、先动者或快速跟随者优势的关键，占据富有结构洞的网络位置比置于密集网络中更有利于企业快速识别创新机会，灵活调整新产品开发策略，加快新产品进入市场速度。基于此，提出假设：

H2b：企业在标准联盟网络中占据的结构洞正向影响新产品进入市场速度。

基于本节的分析，标准联盟网络结构对企业新产品开发绩效直接影响的概念模型如图 4-1 所示。

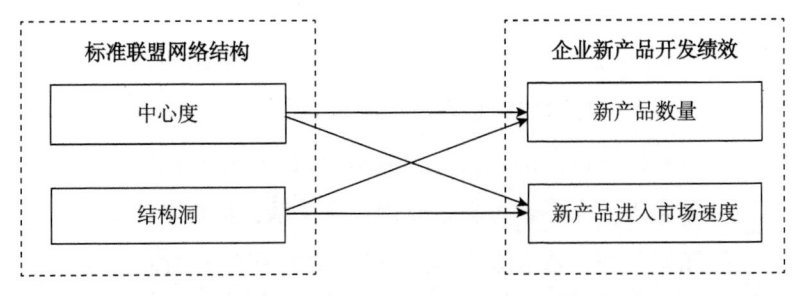

图 4-1 标准联盟网络结构对企业新产品开发绩效直接影响的概念模型

4.4 标准联盟网络结构对新产品开发绩效的影响实证

4.4.1 研究设计

1. 数据来源与采集

本研究共涉及四大块数据，即技术标准数据、新产品数据、专利数据以及企业特征数据，见表4-1。技术标准数据用来构建标准联盟网络和测度企业技术标准化能力，新产品数据用来测度企业新产品开发绩效，专利数据则用于测度企业技术多元化能力及企业技术基础相关特征变量。为使研究更有意义，选择标准联盟活动和创新活动丰富的汽车产业作为研究对象，并将有标准联盟参与经历的整车生产企业作为研究的焦点企业。

表4-1 主要数据类别与来源

数据类别	数据主要来源
技术标准数据	中国知网标准数据总库
新产品数据	工信息部《道路机动车辆生产企业及产品公告》
专利数据	湖南省专利信息公共服务平台
企业特征数据	企业官网、国家市场监督管理总局官网、色诺芬经济金融数据库

注：湖南省专利信息公共服务平台现为湖南省知识产权信息服务系统。

（1）技术标准数据。本章实证分析所采用的技术标准数据与第3章用来构建中国汽车产业标准联盟网络的技术标准数据一致，都是源于中国知网的标准数据总库。根据中国标准文献分类号，收集了"T（车辆）"主类1998—2013年[1]的所有标准文献信息。原始数据收集完成后，首先对数据进行清理，删除重复数据，核对缺失数据并进行补充。其次提取所有起草单位信息，对起草单位名称进行确认，修正错误名称，统一简称和扩展名称。如将"有限公司"和"有限责任公司"统一改为"有限公司"，将

---

[1] 本书后续实证研究的原始数据均为整车生产商1999—2012年的数据，不过不同实证用到的原始数据区间会有所不同。构建1999—2012年的标准联盟网络，需要1998—2013年的标准数据。

"安徽安凯汽车股份有限公司"和"安凯汽车股份有限公司"统一改为"安徽安凯汽车股份有限公司",将"东莞水强汽车制造有限公司"更正为"东莞永强汽车制造有限公司"。完成起草单位名称核准后,提取联合起草标准(845条)的起草单位信息形成组织间合作关系0-1矩阵,将矩阵导入UCINET 6.0计算起草单位在标准联盟网络中的结构位置指标;整体标准数据(1489条)用来形成起草单位年份列表名单,并匹配每个单位所参与的正式标准制定的历史信息,计算标准参与起草单位的技术标准化能力指标及其他标准参与情况指标。

(2)新产品数据。本研究的焦点企业为汽车产业整车生产商,因为新产品为焦点企业每年发布的整车新产品。该部分数据源自工信部历年发布的《道路机动车辆生产企业及产品公告》(以下简称《公告》)。我国所有道路机动车辆生产企业及所生产的产品在进入市场前须得到许可,工信部以《公告》形式公布准入的企业和车辆产品。《公告》中的车型、用于试验的车辆样品、实际生产的车辆产品、产品的合格证信息都必须一致,产品技术参数公差值须在允许范围内。因此,《公告》的数据覆盖我国所有的道路机动车辆生产企业以及所有的机动车辆产品信息,是权威的、完备的新产品数据来源。

我们收集了从第1批到第267批《公告》,涵盖2001—2014年[①]所有道路机动车辆生产企业每年获得审批的所有新产品信息。字段包括产品编号、车辆品牌、车辆制造企业、公告发布日期、产品类别、车辆型号、燃料种类、采用排放标准、停止生产日期等。原始数据收集完成后,对所有数据条目进行清洗,首先根据车辆新产品唯一代码"产品编号"对数据进行去重;然后提取车辆制造企业名称,依据标准制定起草单位处理规则对名称进行修正与统一。清理过后的数据一共包括651231条产品数据,涉及2243家企业。2001—2014年新产品数量呈现波动上升趋势,车辆生产企业数量较为稳定,如图4-2所示。最后将嵌入汽车产业标准联盟网络的企业与新产品数据中的车辆制造企业进行匹配,以此识别出汽车产业中所有具

---

① 标准联盟网络对企业新产品开发的影响有滞后性,所以新产品的数据会顺延两年。

第 4 章　标准联盟网络结构对企业新产品开发绩效的直接影响研究

备真实标准联盟参与经历的整车生产企业名单，并计算标准联盟网络中的车辆制造企业每年的新产品开发指标。

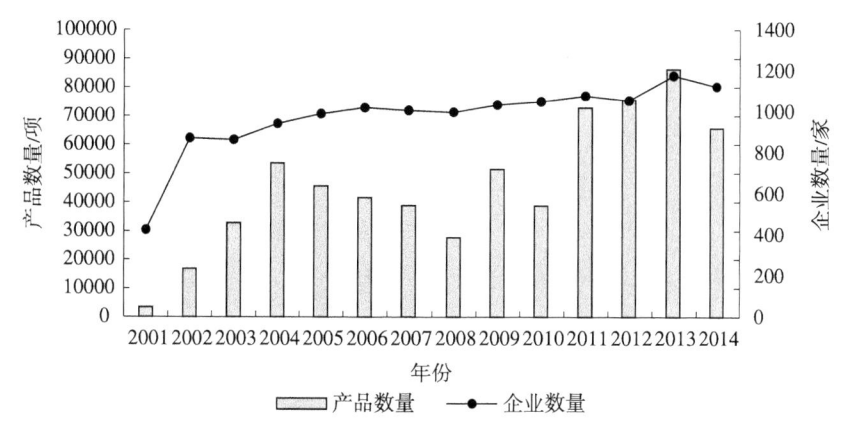

图 4-2　2001—2014 年道路机动车辆新产品数量和企业数量

（3）专利数据。本研究所采用专利数据是从湖南省专利信息公共服务平台下载所得，该平台对接国家知识产权局向企业和社会公众提供世界专利信息查询和下载通道。该平台涵盖中国发明专利、实用新型专利、外观设计专利、WO 专利、EP 专利以及美国、日本、德国、英国、法国和瑞士的专利。专利数据主要用于测度企业技术多元化能力，因此我们根据标准数据与整车生产企业的匹配结果，首先筛选出参与标准联盟网络的整车生产企业名单，然后匹配出企业名称的修改记录，再根据企业统一后名称及原始数据中不同名称表达，在湖南省专利信息公共服务平台进行专利数据搜索，确保所下载专利数据的完备性。如对于整车生产企业"资阳南骏汽车有限公司"，根据名称修正记录，采用"资阳南骏汽车有限公司""资阳南骏汽车有限责任公司""资阳市南骏汽车有限公司"共同去搜索；对于"湖南南车时代电动汽车股份有限公司"，根据名称修正记录，采用"湖南南车时代电动汽车股份有限公司""湖南株洲南车时代电动汽车股份有限公司"进行专利搜索。所采集专利字段包括专利申请号、公开日、申请人、专利名称、申请年、摘要、IPC 分类号及国省代码。专利数据采集完成后，再次进行申请人名称统一处理，并识别、清理和更正错误数据；根据专利唯一性代码——专利申请号进行重复数据项操作，并提取 IPC 分类

109

号前四位所代表的技术类别；构建每家企业的专利IPC申请历史库，以便识别新的技术类别和旧的技术类别；计算每家焦点样本企业的专利数据指标，对于联合申请专利（两个及两个以上的申请人共同申请的专利），对每个申请人记一个专利。

（4）企业特征数据。本研究采用的其他重要数据主要为企业成立时间和企业性质数据（国有控股、中外合资两个虚拟控制变量）。对该部分数据的获取采用多渠道来源。第一，访问企业官网确认企业成立时间以及企业性质（国有控股还是中外合资，由于我国大量企业经历了改制，需要确认企业性质变更节点）。第二，访问国家市场监督管理总局和各地方市场监督管理局的企业信用信息公示系统（以下简称"系统"）。由于很多企业官网并未提及成立时间，也未呈现企业性质信息，且还有大量企业未设立官网，因此需要访问权威信息查询系统，确认企业成立时间及企业性质。该系统记录了企业的名称、统一社会信用代码、企业类型、注册资本、法定代表人、成立日期。第三，对于部分吊销退出市场的企业无法在系统中查询到相关信息，可利用色诺芬经济金融数据库进行补充，该数据库提供1985—2012年中国工业企业统计数据，包括企业成立时间、规模以及企业性质等指标。以上三种渠道互相补充，且数据查询后通过人工逐条审核，以确保研究样本的数据真实、准确、完整。

2. 变量选取与测度

（1）被解释变量。

1）新产品数量（*NNP*）。新产品数量主要以企业在研究与开发新产品过程中的成果累积来衡量新产品开发绩效，可通过焦点企业在观察年发布的新产品个数来测度。该测度是衡量新产品开发产出的稳健性指标[173,396]，被广泛应用于创新研究领域，如创新搜索[172]、知识组合与交换[173]、生物技术联盟[366-367]、兼并与收购[148,368]。通过对多家具备整车生产资质的企业（比亚迪、江淮汽车、一汽、宇通客车、长丰汽车等）及中汽中心进行深度访谈得知，在汽车产业，任何企业的整车新产品在进入市场前必须向工信部提交新产品申请，审核通过后方可进入市场，因而工信部新产品公

第4章 标准联盟网络结构对企业新产品开发绩效的直接影响研究

告数据能较为全面地反映企业实际新产品开发数量。因此，采用汽车整车生产企业每年在工信部审核发布的新车辆数来计算企业年度新产品数量。

2）新产品进入市场速度（STM）。新产品进入市场速度主要以企业研究与开发新产品的效率高低来衡量新产品开发绩效，可通过焦点企业在观察年发布新产品的时间长短来衡量。现有关于新产品进入市场速度的测度主要采用量表形式，如冯宗宪等（2012）围绕企业能否使新产品更准确、快速地进入目标市场来获得市场先机，设计题项测度新产品进入市场速度[140]；游博和龙勇（2016）[161]、谢恩和陈昕（2015）[154]开发的量表则聚焦企业新产品上市是否领先或落后目标时间。因此，新产品进入市场速度本质上强调焦点企业能否比竞争者更快地推出新产品，率先进入市场[167,144]，从而获取先动者优势。开发量表收集数据的缺陷在于没有办法对不同受访者采用一致性标准，且对于企业的受访者职位的要求使得产业大样本数据收集困难。基于新产品进入速度的内涵并与新产品开发研究领域权威学者①进行讨论，将企业每年向工信部提交的新产品申请通过的时间视为每项新产品的发布时间，因为这一时间决定了企业能否比竞争者更快、更早地将新产品推入市场。对于每家企业，用观察年新产品进入市场的平均时长（以天为单位，保留整数）来测度企业新产品进入市场速度，该测度值越大，意味着企业新产品进入市场速度越慢，可进入市场的时间越晚；该测度值越小，表示企业越早完成新产品开发与申报，可更快、更及时地将新产品推入市场。

（2）解释变量。

1）中心度（DC）。中心度的主流测度方式有三种——点度中心度、中间中心度、接近中心度。这三种指标存在一定程度的相关性，可根据所聚焦的研究问题进行选择。本研究主要侧重探讨由标准联盟关系所构成的网络位置对两种不同类别新产品开发绩效的影响，产业标准联盟网络存在大量孤立的网络子群，接近中心度指标的意义不大，因而选用点度中心度

---

① 指导专家为美国伊利诺伊大学厄巴纳-香槟分校 William J. Qualls 教授和 Joe A. Bradley 博士、华盛顿大学 Rob Palmatier 教授。

（与焦点企业拥有直接合作关系的伙伴数量）来反映焦点企业在标准联盟网络中的地位高低，且点度中心度也是企业联盟领域应用最为广泛的中心度指标[97,345,397]。如图 4-3 所示，重庆重型汽车研究所在 2000 年标准联盟网络中与其他三家企业直接相连，因此点度中心度为 3。

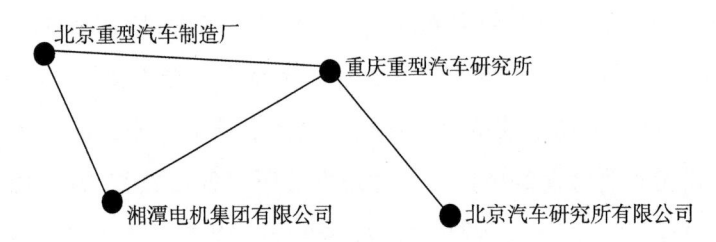

图 4-3 重庆重型汽车研究所 2000 年所处标准联盟自我中心网络示意图

2）结构洞（SH）。采用 Gould 和 Fernandez 归一化的经纪人测度（Brokerage Measure）来计算每家焦点企业所占据的结构洞数量。该测度强调焦点企业的间接联结，即考虑与企业直接连接的合作伙伴之间的合作关系[398]。本研究主要考察源于焦点企业连接而互不相连的合作伙伴的优势和劣势，占据结构洞位置的焦点企业类似于经纪人。几乎没有新的知识信息通过冗余的联结流动，焦点企业成为互不相连的合作伙伴间的知识信息传播媒介[96,399]。因此，Gould 和 Fernandez 的经纪人测度通过计算焦点企业自我中心网络中缺乏直接联结的实际节点对数量与最大可能的节点对数量的商值[398,400]，很好地体现了结构洞理论概念和本研究的需求。

（3）控制变量。本研究分别考虑了网络层面和企业层面影响企业新产品产出的变量。为减少企业与伙伴合作强度的影响，我们控制网络层面的联结强度；为消除源于企业在新产品开发和标准制定经验上的差异，控制企业专利存量、标准存量、标准活动年期、整车车型存量、技术基础多样性、技术基础互补性和技术基础替代性；为弱化被解释变量源于某些组织特征差异，也控制了企业年龄和所有权特征变量。

1）联结强度（TS）。联结强度是指网络主体间关系联结的紧密程度[401]。学术界对联结强度与创新绩效关系的研究存在争议，但普遍认可强联结可增强组织间信任，强化关键知识的分享意愿，弱联结则有利于多

第 4 章　标准联盟网络结构对企业新产品开发绩效的直接影响研究

样化信息获取[80,388]。这些特征与新产品开发所涉及的知识信息整合密切相关[402]，影响新产品开发绩效。因此，基于 Gonzalez-Brambila 等（2013）的研究，采用企业在观察年与其他组织合作的总次数除以合作伙伴数量来测度联结强度[403]。

2）网络资源影响力（NRI）。社会网络理论认为行动主体在网络中的影响力可通过其中心度来体现[303]。本研究关注网络构成主体在网络活动中的影响力，选用焦点企业自我中心网络的节点平均点度中心度来测度。

3）产品存量（VS）。产品存量是指企业过去所开发新产品的数量，是影响企业后续新产品开发的重要因素之一。通过与汽车企业（如长丰汽车、一汽、江淮汽车等）的访谈得知，拥有更多产品存量的企业在新产品开发上更有经验和效率。同时，一家企业的产品存量与企业的规模密切相关，而企业规模的大小也将对企业的创新活动产生影响[404]。因此，我们用企业在观察年之前所发布的车型数量来控制产品存量的影响。

4）标准存量（SS）。通过参与技术标准设定活动，企业将逐步积累标准设定权利[204]。根据我们对中国标准化研究院的深度访谈①得知，在过去正式标准设定中做出贡献的企业更有可能被挑选和推荐为未来正式标准制定的起草单位。在商讨和设定技术规范的过程中，关于技术标准制定的专业知识和流程信息得到逐步积累，企业可更高效地推进相关工作，在草案形成中也更具发言权。本研究通过计算企业在观察年之前所参与制定的所有正式标准的数量来测度标准存量。

5）专利存量（PS）。专利通常用来识别企业研发活动产出，但专利也是企业技术知识和能力的重要表征[405]。企业在给定技术领域申请专利表示该企业接近这一技术领域的知识前沿，或拥有该领域内先进的知识技术。企业专利存量越多，意味着其拥有越多的专业知识技术可应用于新产品开发。此外，一家企业的专利存量也是其所积累的研发和知识吸收能力的重要体现[406]。因此，本研究统计企业在观察年前五年所申请的所有专利。在汽车产业，技术更新换代正在加速，尤其是在智能汽车和新能源汽

---

① 2014 年 5 月 28 日（北京）对中国标准化研究院副书记的深度访谈。

车领域，技术会逐渐贬值和过时。五年是一个较为合理的时间窗口来衡量以往发明的技术影响[110,407]。

6) 企业年龄（FA）。已有研究发现企业年龄与企业新产品产出负相关[408]，企业成立时间越早，其越倾向于开发利用现有产品，而非专注探索新产品。因此，本研究用从企业成立时间到观察年的年数来控制企业年龄的影响。

7) 企业性质（NC/FC）。引入两个关于股权特征的虚拟控制变量：①是否为国有控股；②是否为外资控股，1代表"是"，0代表"否"。这两个变量能够较好地控制企业在财务和技术资源方面的差异。在我国，国有控股企业的产权归属政府，在资源分配上具备获取政府扶持和财政补贴的天然优势；而外资企业则可有效获取源于国外母公司的先进知识技术，从而具备比其他企业更丰富的创新资源。

3. 模型说明与估计

计量经济学是对经济现实进行数据分析的有效工具[56]。计量经济学经济应用模型的类型选择依赖于反映研究对象状态的数据类型[409]，因此需要根据数据特征选择最适配的模型展开对研究问题的分析。

(1) 数据特征。本研究的因变量是离散的非负整数。如新产品数量（NNP）以车辆生产企业每年所申报新车型数量测度，只能取非负整数。如表4-2所示，1999—2012年，车辆生产企业最小的新产品数量为0，如东风本田在2010年没有任何新车型通过工信部审查进入市场；最大的新产品数量为1191，北汽福田在2009年一共有1191种新车型可以推入市场。新产品进入市场速度（STM）以企业在观察年新产品进入市场的平均天数来测度，为统一模型以有效对比和解释结果，并结合汽车产业整车新产品推出时间在一天以内的变动意义，也以非负整数形式呈现。在经典计量模型中，如OLS，被解释变量通常被假定为连续变量。而离散的被解释变量由于数据截断问题，原模型变换为包含非线性项模型。如果采用OLS直接估计将忽略随机误差项实际上的异方差性，造成参数估计量的偏差。因此，当被解释变量非连续时，需要根据数据特征选择其他适用的计量模型。

表 4-2　被解释变量的描述性统计（1999—2012 年）

变量	均值	标准差	方差	最小值	最大值
NNP	70.172	144.678	20931.724	0	1191
STM	190.323	62.870	3952.637	19	362

除数据本身离散、连续性特征外，模型选择还应考虑数据分布。本研究的被解释变量 NNP、STM 为计数数据，不具备误差服从正态分布和同方差特征；另外，NNP、STM 的数值分布过度离散，其均值显著小于方差。

本研究实证数据为非平衡面板数据，时间跨度为 1999—2012 年，个体样本为汽车产业参与标准联盟网络的车辆生产企业。对于面板数据，计量模型还需考虑组间差异比较和组内差异比较，根据研究问题和数据特征，对固定效应模型、随机效应模型和混合效应模型做出选择。

（2）计量模型的选择与估计。由于被解释变量为非连续的离散变量，不宜用要求误差服从正态分布的 OLS 进行回归，计数模型比传统线性回归更有效。在计数模型中，泊松回归模型与负二项回归模型被广泛应用于联盟网络和创新研究领域[390,410-411]。泊松回归模型的优势在于对数据分布的假设依赖较弱，在期望值符合规定的情况下（期望与方差相等）能提供稳健性估计[424]。而本研究所采用的被解释变量存在过度离散特征，即均值显著小于方差，负二项回归模型针对离散数据相比于泊松回归模型能更有效地控制由一些不可观测因素引起的差异。因此，本研究基于数据特征采用负二项回归模型开展定量分析。

处理面板数据还需考虑固定效应和随机效应，即关注核心自变量以外的因素引起的差异是来源于个体异质性还是系统层面特征。固定效应模型依赖于组内差异，在控制不随时间变化、未观测到的差异上具有优势。与此相反，随机效应模型强调组间异质性，允许将不随时间变化而变化的自变量加入模型中，假设个体误差与所预测的不相关[411]。固定效应模型和随机效应模型各有优势，都可用来控制未观测到的异质性，如企业新产品开发、制定标准的动机，企业创新能力等[31]。在实际应用中，最基本的、通常的做法就是进行豪斯曼（Hausman）检验。根据 Hausman 检验的结果

($p<0.05$),拒绝关于系数差异源于非系统性因素的原假设,固定效应模型更有效。因此,本研究采用固定效应负二项回归模型展开实证分析。

另外,在采用二手数据进行回归分析时,需要考虑由于反向因果、遗漏变量和选择偏差引起的内生性问题。首先,我们将被解释变量滞后一年,以此减少反向因果关系引起的内生性;其次,我们采用固定效应回归模型,转换消除所有不随时间变化、无法观测的因素,从而消除由于这些遗漏变量引起的内生性;最后,虽然标准联盟的形成与分解反映了企业的选择,但网络结构对企业新产品开发绩效而言在一定程度上是外生的。因为大部分企业形成和参与标准联盟的直接目的不在于新产品开发,也不容易为特定目标快速改变联盟组合来优化网络,联盟网络结构并不是企业为了最大化新产品开发绩效而做出的选择,且标准联盟网络结构不受网络中任何一个企业的单独控制和影响[31],因此网络结构并不是企业直接的选择变量,至少在一定程度上其内生性较弱。基于以上考虑,本研究所采用的实证分析方法比较可信。

4.4.2 数据分析

1. 描述性统计与 *VIF* 值分析

实证分析基于我国嵌入标准联盟网络中的整车生产企业1999—2012年的非平衡面板数据展开,表4-3所列为被解释变量(因变量)、解释变量(自变量)和控制变量的均值、标准差以及皮尔森相关系数。从表4-3中的数据值可知,各解释变量和控制变量间不存在显著的相关关系,可纳入回归方程进行分析。

表4-3 直接效应模型的变量描述性统计

变量	NNP	STM	DC	SH	TS	NRI	VS	PS	SS	FA	NC	FC
NNP	1.000											
STM	-0.028	1.000										
DC	0.368	-0.044	1.000									
SH	0.264	-0.039	0.587	1.000								

续表

变量	NNP	STM	DC	SH	TS	NRI	VS	PS	SS	FA	NC	FC
TS	0.004	-0.036	0.180	0.281	1.000							
NRI	-0.018	-0.039	0.112	0.013	0.057	1.000						
VS	0.596	-0.037	0.449	0.269	0.057	0.111	1.000					
PS	0.153	-0.020	0.359	0.313	0.059	0.050	0.220	1.000				
SS	0.237	-0.033	0.494	0.471	0.399	0.075	0.314	0.142	1.000			
FA	0.070	0.014	0.162	0.106	-0.038	0.070	0.097	0.143	0.169	1.000		
NC	0.123	0.096	0.019	-0.032	-0.059	-0.081	0.101	0.095	0.015	0.077	1.000	
FC	-0.065	0.026	0.025	-0.078	-0.063	-0.045	-0.064	-0.040	-0.022	-0.005	0.012	1.000
均值	70.172	190.323	12.452	0.224	1.485	19.497	372.763	139.076	2.151	2.387	0.660	0.025
标准差	144.678	62.870	14.581	0.268	1.875	13.489	781.846	435.967	3.916	0.702	0.474	0.157

本研究计算了直接效应模型所涉及变量的方差膨胀因子（VIF）值以进一步检测共线性问题，结果见表4-4。VIF1和VIF2分别代表新产品数量（NNP）和新产品进入市场速度（STM）两个模型的值，结果显示，两个模型中所有变量的VIF值分布在1.03~2.02，VIF均值为1.34，显著低于判断标准5或10[425]。综合来看，各变量之间的相关系数和VIF值都处于合理水平，纳入模型分析不会产生严重的共线性问题。

表4-4 直接效应模型的相关 VIF 值及变量含义

变量	VIF1	VIF2	变量含义
DC	2.02	2.02	中心度
SH	1.75	1.74	结构洞
TS	1.25	1.24	联结强度
NRI	1.04	1.04	网络资源影响力
VS	1.31	1.31	产品存量
SS	1.66	1.66	标准存量
PS	1.21	1.21	专利存量
FA	1.07	1.07	企业年龄

续表

变量	VIF1	VIF2	变量含义
NC	1.04	1.04	国有控股
FC	1.03	1.03	外资控股
NNP	—	—	新产品数量
STM	—	—	新产品进入市场速度
VIF 均值	1.34	1.34	VIF 均值

2. 实证模型回归结果

（1）标准联盟网络结构与企业新产品数量。表4-5是标准联盟网络结构对企业新产品数量影响的固定效应负二项回归模型分析结果。模型1a是基础估计模型，考虑了所有的控制变量。模型2a在模型1a的基础上加入中心度（DC），考察企业在标准联盟网络中的中心位置对企业新产品开发绩效（NNP）的影响。根据模型2a的回归结果可知，DC 与 NNP 间存在显著的正相关关系（$\beta = 0.008$, $p < 0.01$），这说明企业在标准联盟网络中的合作伙伴越多，中心度越高，该企业从网络中获得的知识信息也越丰富，所开发的新产品数量就越多，支持了研究假设H1a。在模型2a的基础上，模型3a加入结构洞（SH），考察企业在标准联盟网络中所占据的结构洞数量对新产品数量的影响。根据模型3a的回归结果，DC 依然显著正向影响 NNP（$\beta = 0.013$, $p < 0.01$），而 SH 显著负向影响 NNP（$\beta = -0.391$, $p < 0.05$），这意味着企业在标准联盟网络中拥有的结构洞数量越多，越不利于转移和集中网络知识技术资源，限制焦点企业整合与利用标准化合作伙伴的多样化知识技术来开发更多新产品，研究假设H2a得到支持。因此，企业要想增加新产品产出数量，应努力提升其在标准联盟网络中的中心位置，并鼓励标准化合作伙伴之间的互动合作交流，以减少所占据的网络结构洞数量。

第4章 标准联盟网络结构对企业新产品开发绩效的直接影响研究

表 4-5　标准联盟网络结构与企业新产品数量的回归结果

变量	NNP 模型 1a	NNP 模型 2a	NNP 模型 3a
解释变量			
DC		0.008***	0.013***
		(0.003)	(0.004)
SH			-0.391**
			(0.198)
控制变量			
TS	-0.002	-0.006	-0.041
	(0.027)	(0.028)	(0.072)
NRI	0.005*	0.004	0.005*
	(0.003)	(0.003)	(0.003)
VS	0.0002	-0.002	-0.003
	(0.005)	(0.005)	(0.005)
SS	-0.001	-0.006	-0.010
	(0.008)	(0.008)	(0.009)
PS	0.006	-0.006	-0.006
	(0.009)	(0.011)	(0.011)
FA	0.260**	0.237**	0.315***
	(0.106)	(0.107)	(0.117)
NC	-0.326**	-0.326**	-0.347**
	(0.161)	(0.161)	(0.169)
FC	-0.383	-0.452*	-0.481*
	(0.266)	(0.266)	(0.272)
Constant	0.364	0.389	0.285
	(0.287)	(0.286)	(0.323)
Wald χ^2	18.72	27.34	37.81
Log likelihood	-1897.556	-1894.165	-1723.667

注：模型中的估计结果源自固定效应负二项回归；括号中的数值为标准误差；* 表示 $p<0.1$，** 表示 $p<0.05$，*** 表示 $p<0.01$。

（2）标准联盟网络结构与企业新产品进入市场速度。表4-6是标准联盟网络结构对企业新产品进入市场速度（STM）影响的实证结果。由于新产品进入市场速度的测度为新产品进入市场的时长（天），该变量取值越大，企业新产品进入市场速度越慢，因此模型中变量回归系数的正负方向与所代表实际影响方向相反。模型1b是基础估计模型，考虑了所有控制变量。

表4-6　标准联盟网络结构与企业新产品进入市场速度的回归结果

变量	STM 模型1b	STM 模型2b	STM 模型3b
解释变量			
DC		0.003*	0.005**
		(0.002)	(0.002)
SH			-0.258**
			(0.116)
控制变量			
TS	0.019	0.021	-0.020
	(0.014)	(0.015)	(0.044)
NRI	-0.002	-0.003*	-0.002
	(0.002)	(0.002)	(0.002)
VS	0.001	0.003	0.0001
	(0.003)	(0.005)	(0.003)
SS	0.001	-0.003	0.0001
	(0.006)	(0.006)	(0.007)
PS	0.001	-0.009	-0.001
	(0.008)	(0.010)	(0.008)
FA	-0.170**	-0.175**	-0.170**
	(0.072)	(0.075)	(0.077)
NC	-0.046	-0.028	-0.136
	(0.131)	(0.133)	(0.137)
FC	-0.059	-0.041	-0.127
	(0.240)	(0.240)	(0.247)

续表

变量	STM 模型1b	STM 模型2b	STM 模型3b
Constant	2.517***	2.457***	2.642***
	(0.201)	(0.205)	(0.215)
Waldχ^2	11.26	13.53	14.95
Log likelihood	-2376.025	-2384.808	-2151.001

注：模型中的估计结果源自固定效应负二项回归；括号中的数值为标准误差；* 表示 $p<0.1$，** 表示 $p<0.05$，*** 表示 $p<0.01$。

模型2b加入中心度（DC），考察企业在标准联盟网络中的中心位置对企业新产品开发绩效（STM）的影响。模型2b的回归结果显示，DC与STM存在显著负相关关系（$\beta=0.003$，$p<0.1$）。DC的相关系数为正，表示中心度越高，企业新产品进入市场速度越慢，负向影响企业新产品进入市场速度，结果支持研究假设H1b。模型3b在模型2b的基础上加入结构洞（SH），考察企业在标准联盟网络中所占据结构洞数量对新产品进入市场速度的影响。根据模型3b的回归结果，DC依然负向影响STM（$\beta=0.005$，$p<0.05$），而SH显著正向影响STM（$\beta=-0.258$，$p<0.05$），这意味着结构洞越多，越有利于获取时间优势，比竞争者更快地向市场推出新产品，支持了研究假设H2b。因此，企业要想加快新产品进入市场速度，不应沉迷于提升网络中心地位，而应关注结构洞，发挥网络中间人优势。

4.5 本章小结

本章根据已有研究成果，基于非财务性指标从效果和效率两个方面讨论新产品数量、新产品进入市场速度是新产品开发绩效的重要构成要素。基于过程利益分析了标准联盟网络结构作用的一般模式，即给企业带来的独立于最终所设定标准的好处。指出即使企业参与标准联盟的结果——最终技术标准设定或推广不成功，参与者依然可以通过跨组织学习、社会资本积累受益。在新产品开发绩效构成和标准联盟网络结构作用模式分析的基础上，进一步阐述了标准联盟网络结构的两个重要特征指标——中心度、结构洞对不同维度新产品开发绩效的直接影响机理,并提出四个二级研究假设。为验证研究假设,我们收集了汽车产业 1998—2013 年的车辆标准数据和整车新产品数据,采用固定效应负二项回归模型进行实证分析。结果显示标准联盟网络结构(中心度、结构洞)对企业新产品开发绩效(新产品数量、新产品进入市场速度)的影响存在差异。中心度与企业新产品数量显著正相关,与新产品进入市场速度显著负相关;结构洞与企业新产品数量显著负相关,与新产品进入市场速度显著正相关。

第5章 标准联盟网络资源禀赋的调节作用研究

5.1 标准联盟网络资源禀赋特征

5.1.1 网络成员地位构成与网络资源影响力

标准联盟网络资源影响力关注网络构成主体在网络活动中的重要性[36]，体现网络节点影响焦点企业及其他行为主体的能力[412]。社会网络理论认为，行为主体在网络中的影响力与网络地位密切关联。网络主体地位非均衡是组织在网络中发展和演化的必然结果，不同网络主体从标准联盟网络等级序列中获得的地位不同，对其他行为主体的影响也存在差异，具体体现在：一是网络主体资源吸引力。网络地位较高的主体具有较高声望[413]，对其他节点具有较大的吸引力并掌握接触大量网络资源的机会[414]。Bonacich（1987）指出节点从网络中可获得的知识信息量与其所连接伙伴可获得的知识信息量紧密关联[299]。网络伙伴丰富的知识信息流入，一方面将为焦点企业带来间接资源优势，影响焦点企业可接近的网络资源量；另一方面可降低网络伙伴对焦点企业的资源依赖。二是网络主体地位传递。企业的地位类似于声誉，具有可传递性[415]。高地位伙伴通常是行业内的领导者，焦点企业与其合作可通过信号传递提升自身网络地位，释放积极信号从而影响其他经济主体对焦点企业的行为策略。因此，企业所连接网络主体地位越高，表示其所处网络的资源影响力越强，关系着企业从网络所能接触的资源量及协调网络资源的能力，将影响企业从特定网络位置获取资源的效率和整合资源的难度。

5.1.2 网络成员多样化构成与网络资源异质性

标准联盟网络资源异质性关注网络构成主体在某一属性特征上的分布差异[295]，如组织类型、规模、年龄、地理位置等[34,293]。本章聚焦企业所处标准联盟网络的伙伴类型多样性，不同类型的伙伴在知识、能力和背景上存在差异，为焦点企业提供差异化的知识资源和能力池。技术标准的公共品属性和日趋复杂性使其所涵盖的利益相关者类型十分广泛，企业、高等院校、科研机构、政府机构等各自基于自身诉求纷纷以联盟形式参与产业标准制定过程，这为嵌入标准联盟网络中的企业接触和获取不同类型组织的资源从而推进新产品开发提供了可能。其中，企业作为创新和标准化活动的主体，是行业内应用型知识技术的主要供应者，源于行业内制造企业、供应商、客户等组织的知识技术通常与产品设计制造直接关联，是技术标准形成的基础，也是产品创新知识的关键来源；高等院校和科研机构是进行基础研究、发展科技前沿知识的主力军，可辅助技术标准制定，推动基础研究领域的知识创新，从而带动技术创新和产品创新[342]；政府机构是技术标准化法规和相关政策的制定者，一般从产业利益出发介入技术标准制定，引导产业创新活动，通过政策引导、资金补贴、资金配套、提供公共服务体系等多种形式支持关键领域的创新和标准化活动。

因此，网络成员类型多样化程度越高，表示网络资源异质性也越高，网络中联盟活动所涉及的伙伴背景、经验、知识和技术基础的重叠程度越低。一方面，网络资源异质性影响企业通过所在网络位置搜索和学习的范围，关系着企业利用源于特定网络位置的资源所能挖掘创新机会的多少[245]；另一方面，网络资源异质性影响企业从特定网络位置吸收和转化外部知识技术的难度和成本。好的网络位置是企业获取外部资源、影响其他节点行为的有效渠道，从该位置获取的资源及利用这些资源获取的新产品开发优势还取决于企业所连接网络伙伴的多样化程度。

5.2 网络资源影响力调节下结构对新产品开发绩效的影响机理

5.2.1 网络资源影响力调节下中心度对新产品开发绩效的影响

高网络资源影响力暗示焦点企业所连接伙伴具有较高的网络地位和较大的话语权,并拥有丰富的资源获取渠道,此时中心度提升对企业新产品数量的正向作用及对企业新产品进入市场速度的负向作用都将变弱。对具备高中心度的焦点企业而言,高影响力伙伴本身掌握接触大量网络资源的机会[414],丰富的知识信息流入将降低伙伴对网络中心企业的知识依赖,使知识分享意愿较低,不利于中心企业获取和利用网络知识资源识别创新性知识组合机会。相反,低影响力伙伴由于自身资源限制,对外部合作者缺乏吸引力,对网络资源动向和技术发展不太知情,更依赖于中心企业获取网络资源,更有动力与网络中心节点构建联系、分享知识,加速创新机会识别[391,416]。高影响力伙伴在其他网络主体眼中通常被视为行业领导者,网络伙伴影响力提升意味着焦点企业地位相对降低,网络中心位置赋予焦点企业的影响力和话语权随之减弱,企业获取和整合网络资源来促进新产品开发的难度加大。而低影响力网络伙伴更倾向于服从中心权威企业,跟随和支持中心企业的建议和决策来展开产品创新活动,帮助焦点企业高效整合内外部资源以识别出更多产品创新机会,增加企业开发新产品数量。

尽管网络资源影响力提升不利于企业利用网络中心位置优势开发更多新产品,却能在一定程度上推动中心企业新产品开发进程,削弱中心度对新产品进入市场速度的负效应。当企业所处网络资源影响力较低时,企业所连接的伙伴网络地位较低,拥有较少的知识信息获取渠道,对外部网络信息不太知情,且缺乏合作经验。这将加大中心位置焦点企业知识吸收和整合的压力,使其需要投入更多精力和时间与众多伙伴沟通协调、挖掘创新机会、处理不同技术间互动兼容规则,从而会降低新产品开发效率。当企业所处网络资源影响力较高时,网络伙伴地位较高,伙伴丰富的知识信息流入及合作经验,一方面使联盟伙伴拥有更广范围的知识技术背景,这将提升在合作过程中处于中心位置的焦点企业与伙伴的沟通效率，减少彼此间的理解障碍；另一方面也能让中心位置焦点企业从繁重的知识资源整合任务中解放出来，从而弱化高中心度给焦点企业新产品开发带来的知识吸收、资源协调难题，加快企业新产品进入市场速度。基于此，提出假设：

H3a：标准联盟网络资源影响力越高，中心度对新产品开发数量的正向影响越弱。

H3b：标准联盟网络资源影响力越高，中心度对新产品进入市场速度的负向影响越弱。

5.2.2 网络资源影响力调节下结构洞对新产品开发绩效的影响

对于占据丰富结构洞位置的焦点企业而言，尽管网络伙伴的高影响力作为一种社会资源具有可传导性[417]，但也使得焦点企业知识资源对伙伴缺乏吸引力，进一步降低伙伴的知识分享意愿，不利于占据结构洞位置企业获取与整合网络互补知识资源以开发更多新产品。标准联盟网络成员间的知识分享意愿不能被视为理所当然[433]，当伙伴间存在竞合关系时，组织间知识流动将非常缓慢甚至完全没有[434]。当网络资源影响力较高时，伙伴组织在网络中拥有较高地位，由网络高地位所带来的丰富知识信息流入使得焦点企业的知识技术资源对伙伴组织的吸引力降低，即伙伴组织对焦点企业的知识依赖性较小。这导致焦点企业难以通过结构洞位置展开高质量知识分享与转移，不利于其获取伙伴多样化信息以挖掘潜在知识组合和新技术解决方案。此外，由于结构洞位置缺乏共同第三方进行非正式监督，焦点企业在与高影响力伙伴展开合作时也将面临较大的机会主义风险，如焦点企业自身知识技术容易通过其广泛的知识流通渠道扩散，产生意料外的知识溢出风险。这都将加剧标准联盟网络结构洞位置对企业新产品开发数量的负面影响。

然而，当结构洞位置企业聚焦提升新产品进入市场速度时，网络资源影响力却能发挥催化剂作用。网络资源影响力的提升可进一步提高结构洞位置的信息获取效率，高影响力节点一般可视为优质可靠的合作伙伴，企业通过与少量高影响力节点构建非冗余关系可高效触及网络优质资源，借助对方资源优势把握市场先机，快速、有针对性地展开合作，加速新产品开发进程。同时，网络资源影响力的提升还将增强结构洞位置的信息控制优势，提高企业决策灵活性。控制优势的关键在于精确的、模糊的或者扭曲的信息需要通过结构洞位置企业来实现成员间传递[188]，高影响力伙伴将增加结构洞所产生的行动主体中介机会的价值，焦点企业可通过控制桥两端高影响力伙伴间的信息传递以实现自身利益最大化，根据新产品开发过程中面临的环境变化灵活地做出决策，快速调节新产品开发策略，加快新产品进入市场速度。基于此，提出假设：

H4a：标准联盟网络资源影响力越高，结构洞对新产品开发数量的负向影响越强。

H4b：标准联盟网络资源影响力越高，结构洞对新产品进入市场速度的正向影响越强。

5.3 网络资源异质性调节下结构对新产品开发绩效的影响机理

5.3.1 网络资源异质性调节下中心度对新产品开发绩效的影响

不同类型伙伴能为焦点企业提供的资源、知识、专业技术等各有区别[295]，网络资源异质性不同，焦点企业从网络位置获取与整合网络资源来提升新产品开发绩效的效果将存在差异。对处于标准联盟网络中心位置的焦点企业而言，网络资源异质性较低意味着标准合作所涉及伙伴的组织类型重叠度较高。一方面，伙伴类型单一使得焦点企业从网络中获取异质化知识技术资源的机会减少，伙伴间知识的趋同不利于焦点企业通过网络中心位置展开广泛搜索和跨组织学习来发现更多的知识整合与创新机会[418]。另一方面，伙伴间组织背景邻近也暗示彼此存在竞争关系的概率较高，较短的知识距离使得在共同制定行业标准的过程中各自的知识更容易被转移，因此向网络成员分享关键知识技术的意愿降低[433]。此时，源于网络中心位置的丰富知识资源获取与整合优势将被削弱，广泛构建标准联盟合作关系提升中心度并不能帮助焦点企业获取多样化外部资源以开发更多新产品。随着网络资源异质性的提升，焦点企业所连接伙伴类型迅速增加，不同类型伙伴在资源、能力和背景上存在差异，可为焦点企业提供更丰富的知识技术资源和更广阔的学习空间[295]。处于网络中心位置的企业所连接伙伴的多样性越高，越有利于预防核心僵化，拓展企业知识宽度、增加知识组合机会[126]，进而提升企业所能开发的新产品数量。

值得注意的是，网络资源异质性提升虽然能有效增强中心度对焦点企业新产品数量的正向影响，但同时也将加剧中心度对新产品进入市场速度的负向影响。多样化组织趋向于拥有不同的目标、决策过程和系统，这将引起沟通与协调困难、知识吸收和关系管理难度增加[294]，使得中心位置企业整合来自不同背景组织的知识任务更为缓慢，降低新产品开发效率。此外，不同类型伙伴间知识技术距离较大，差异化知识在带来丰富的创新机会的同时，将加大合作开发新产品过程中的不确定性。中心企业作为网络知识信息汇聚点，在利用高度差异化的外部知识进行新产品开发时，将面临更多的试错任务、更长的知识融合过程，从而延缓新产品进入市场速度。基于此，提出假设：

H5a：标准联盟网络资源异质性越高，中心度对新产品数量的正向影响越强。

H5b：标准联盟网络资源异质性越高，中心度对新产品进入市场速度的负向影响越强。

5.3.2 网络资源异质性调节下结构洞对新产品开发绩效的影响

企业在标准联盟网络中所构建的技术标准合作关系及伙伴之间的技术标准合作关系决定其结构洞位置，结构洞位置本身是高效获取外部多样化资源、通过桥两端信息不对称影响其他节点行为的渠道[188]，而最终从桥两端所能获取的资源及利用信息不对称获取的战略利益还取决于企业所连接网络伙伴的多样化构成特征，即网络多样性将影响企业网络资源获取效率和整合难度，增强或减弱结构洞对新产品开发绩效的影响。当焦点企业所处标准联盟网络资源异质性较低时，企业致力于搭建和保持与网络伙伴的非冗余关系并不能帮助焦点企业获取多样化外部知识技术资源，且同类型伙伴间竞争程度更高，结构洞位置的信息不对称和机会主义风险也将进一步加剧，网络成员的知识分享意愿较低，焦点企业的网络知识流入迅速减少，不利于企业识别创新机会以开发更多新产品。随着网络资源异质性的提升，焦点企业所连接伙伴间竞争程度减弱，知识分享和深度合作意愿较强，这在一定程度上缓解了结构洞位置由于缺乏共同第三方监督而引起的低水平信任风险；且异质网络资源具有更高的互补可能性和组合价值，更易产生协同效应，帮助焦点企业发挥结构洞位置及时、独占资源的获取优势，挖掘和把握更多的资源整合机会[3]，多视角搜索解决方案，从而形成更多具有竞争力的新产品与服务。因此，网络资源异质性的提升将弱化结构洞对企业新产品开发数量的阻碍作用。

然而，对于追求产品进入及时性的企业而言，网络资源异质性的提升却将弱化结构洞位置的时间优势。与类型高度多样化的伙伴保持非冗余连接虽有助于焦点企业高效获取网络异质知识信息，但利用该异质资源获取优势以加快新产品开发的前提在于焦点企业对这些资源的高效吸收与转化。网络资源异质性的提升将产生信息超载和规模不经济[111]，且结构洞位置所连接伙伴间缺乏互动交流，将进一步加大焦点企业的知识吸收和整合压力，阻碍焦点企业聚焦核心优势领域，快速、有针对性地进行市场反应。另外，网络主体高度多样化还将削弱源于结构洞的决策灵活性和自治优势对焦点企业新产品进入市场速度的影响。不同类型组织彼此间直接的利益冲突相对较少[302]，焦点企业在新产品开发过程中进行决策，如伙伴选择与更换、合作内容协商与谈判时，刻意保持不同类型组织彼此隔离以获取灵活性的回报降低。只有在同质性伙伴较多时，焦点企业通过结构洞进行信息控制才更有意义，根据内外环境变化灵活调整新产品开发策略，加快市场反应速度。因此，网络资源异质性的提升在一定程度上将削弱结构洞对新产品进入市场速度的促进作用。基于此，提出假设：

H6a：标准联盟网络资源异质性越高，结构洞对新产品数量的负向影响越弱。

H6b：标准联盟网络资源异质性越高，结构洞对新产品进入市场速度的正向影响越弱。

基于第5.2节和第5.3节的分析，标准联盟网络资源禀赋在网络结构对企业新产品开发绩效影响中的调节作用概念模型如图5-1所示。

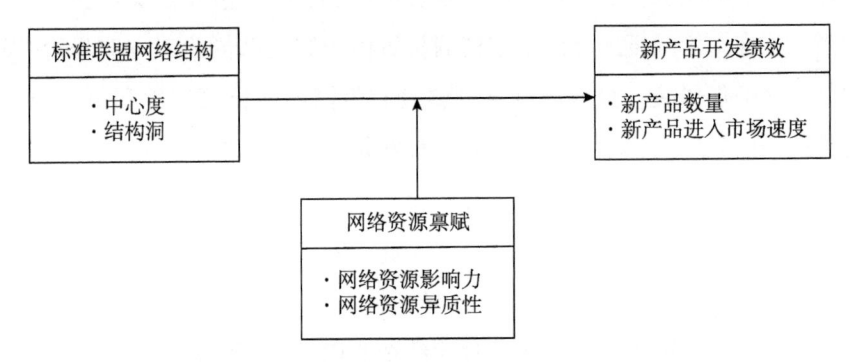

图5-1 标准联盟网络资源禀赋调节作用概念模型

5.4 标准联盟网络资源禀赋的调节作用实证

5.4.1 研究设计

1. 变量选择及测度

本小节主要介绍调节变量及部分控制变量的选择和测度。表5-1对模型中各变量进行了解释说明，展示了被解释变量、解释变量、调节变量、控制变量的名称及测度方法。

表5-1 变量名称及测度方法

变量	名称	测度方法
NNP	新产品数量	企业在观察年发布的新产品个数
STM	新产品进入市场速度	企业在观察年新产品进入市场历经的平均时长（天数）

第 5 章　标准联盟网络资源禀赋的调节作用研究

续表

变量	名称	测度方法
DC	中心度	网络中与企业直接相连的节点个数
SH	结构洞	企业自我中心网络中缺乏直接联结的实际节点对数量与最大可能的节点对数量的商值
NRI	网络资源影响力	焦点企业自我中心网络的节点平均点度中心度
NRH	网络资源异质性	采用赫芬达尔指数的倒数来衡量焦点企业所处自我中心网络的资源异质性
TS	联结强度	企业在观察年与其他组织合作的总次数除以合作伙伴数量
TBD	技术基础多样性	采用熵指数测量方法来计算企业技术基础多样性
TBC	技术基础互补性	基于 Teece 等（1994）的关联性测度[423] 和专利 IPC 分类号前四位识别技术类别，利用两种不同技术与其他技术同时共现次数计算技术基础互补性
TBS	技术基础替代性	基于 Dibiaggio 等（2014）的方法[422]，计算企业每个技术类别与其他技术类别的替代性程度后，再根据每个类别所申请专利数加权
VS	产品存量	企业在观察年之前所发布的新产品数量
PS	专利存量	企业在观察年前五年所申请的所有专利数量
ST	标准活动期	观察年份减去企业第一项标准发布的年份
FA	企业年龄	从企业成立时间到观察年的年数
NC	是否为国有控股	国有控股企业计为 1，其他计为 0
FC	是否为外资控股	外资控股企业计为 1，其他计为 0

（1）网络资源影响力（NRI）。社会网络理论认为行动主体在网络中的影响力可通过其中心度来体现[299]。本研究关注网络构成主体在网络活动中的影响力，选用焦点企业自我中心网络的节点平均点度中心度来测度，计算公式为

$$NRI = \frac{\sum_{i=1}^{N} D_i}{N}$$

其中，N 为焦点企业自我中心网络节点的总数量；i 表示焦点企业自我中心网络的第 i 个节点；D_i 表示网络节点 i 的点度中心度。

(2) 网络资源异质性（NRH）。网络资源异质性是指焦点企业所处自我中心网络由不同类型组织构成的程度，以及这些组织的频率分布，反映网络伙伴的异质程度[31]。本研究根据 De Leeuw 等（2014）[295]、殷俊杰和邵云飞（2017）[296] 的研究，将标准联盟网络中的组织类型划分为供应商、竞争者、客户、高等院校和科研机构、政府机构、其他六种。此外，本研究采用赫芬达尔指数的倒数来衡量焦点企业所处自我中心网络的资源异质性，其计算公式为

$$NRH = 1/\sum (N_i/N)^2$$

其中，i 表示组织类型，取值为 0~6；N_i 为焦点企业自我中心网络中第 i 种类型组织的数量；N 为焦点企业自我中心网络节点的总数量。

(3) 标准活动期（ST）。企业的标准活动期越长，意味着企业越早参与标准制定活动，对标准制定相关流程、规则和标准化协作的有效方式更为熟悉，影响企业与其他合作主体之间的知识沟通和信息共享，从而影响企业标准化与产品创新活动开展。本研究采用观察年份减去企业第一项标准发布的年份来测度企业的标准活动期。

(4) 技术基础多样性（TBD）。技术基础多样性表示企业所积累的技术基础在不同领域分布的广泛程度，与企业知识技术组合和重组密切关联。本研究采用熵指数测量方法来计算企业技术基础多样性，具体计算公式为

$$TBD = \sum_{i=1}^{N} P_i \ln(1/P_i)$$

其中，N 为所有技术类别的总数量（技术类别根据专利的 IPC 分类号前四位来区分）[229]；P_i 表示焦点企业过去五年内在第 i 个技术类别所申请专利数除以所申请的全部专利数。

(5) 技术基础互补性（TBC）。技术基础互补性是指企业所拥有的两类不同技术同时使用会增加其价值的情形。互补的不同技术具备更高的协同价值，可增加创新可能性。基于 Teece 等（1994）发展而来的关联性测度[423]，利用两种不同技术与其他技术同时共现的次数来测度技术基础互补性。

(6) 技术基础替代性（*TBS*）。技术基础替代性是指企业所拥有的两类不同技术可以相互替代使用的情形。企业技术基础的功能冗余暗示企业针对特定问题提供不同解决方案的能力，有助于企业更深入地理解同一技术的宽泛应用领域。借鉴 Dibiaggio 等（2014）的方法[422]，基于企业观察年前五年的专利申请数据 IPC 分类号前四位，计算企业技术基础替代性，如果两类不同技术 j 和 k 分别与另一类技术出现在同一个专利中，认为 j 和 k 是可替代的，计算出每个技术类别与其他技术类别的替代性程度后，再根据每个类别所申请专利数加权。

2. 模型选择与估计

在统计分析上，由于被解释变量为非连续的计数数据，计数数据模型比传统的 OLS 回归更为有效；再考虑到被解释变量呈现出过度离散特征，在计数数据模型中，负二项回归比泊松回归更为有效（泊松回归的局限性在于要求被解释变量均等分散），因此，选择符合数据特征的负二项回归模型开展定量分析。处理面板数据还需要考虑固定效应模型和随机效应模型，即关注由核心自变量外的因素引起的差异是来源于个体异质性还是系统层面特征。在实际研究应用中，最基本的做法是进行 Hausman 检验。根据 Hausman 检验结果（$p=0.000$），强烈拒绝关于系数差异源于非系统性因素的原假设，固定效应模型比随机效应模型更有效。因此，本研究采用固定效应负二项回归模型对面板数据进行分析。

另外，出于对二手数据实证分析的内生性考虑，我们将被解释变量滞后一年，以此减少反向因果关系引起的内生性；采用固定效应回归模型，转换消除所有不随时间变化、无法观测因素引起的内生性；另外，标准联盟网络结构并不是企业为了最大化新产品开发绩效而做出的选择，且标准联盟网络结构不受网络中任何一个企业的单独控制和影响[31]，因此网络结构对于短时期（一年后）的新产品开发绩效而言其内生性较弱，本研究的模型参数估计将不存在严重的企业自选择偏差。

5.4.2 数据分析

1. 描述性统计与 VIF 值分析

表5-2所列为调节效应模型中各变量相关系数、均值、标准差与方差膨胀因子 VIF 值。各变量间相关系数小于 0.6，且 VIF 值分布在 1.05～1.90，均值为 1.30。本小节主要探讨网络资源禀赋在网络结构对企业新产品开发绩效影响中的调节作用。

2. 实证模型回归结果

（1）网络资源禀赋在网络结构与企业新产品数量关系中的调节作用。

表5-3展示了因变量为新产品数量（NNP）的固定效应负二项回归模型分析结果。模型 4a 展示了中心度（DC）和结构洞（SH）对新产品数量（NNP）的直接效应，其中，DC 在 1% 的水平上显著，SH 在 5% 的水平上显著，证实焦点企业在标准联盟网络中的中心度与新产品数量显著正相关，所拥有结构洞数量与新产品数量显著负相关。模型 5a 中加入了调节变量网络资源影响力（NRI）、网络资源异质性（NRH）。模型 6a 中加入 DC 分别与 NRI、NRH 的交互项，结果显示，DC 与 NRI 的交互项显著负向影响 NNP（$\beta=-0.085$，$p<0.05$），DC 与 NRH 的交互项显著正向影响 NNP（$\beta=0.107$，$p<0.05$），表明提升网络资源影响力将削弱标准联盟网络中心度对企业新产品数量的正向影响，而提升网络资源异质性将增强标准联盟网络中心度对企业新产品数量的正向影响。研究假设 H3a 和 H5a 得到支持。模型 7a 中加入了 SH 分别与 NRI、NRH 的交互项，结果显示，SH 与 NRI 的交互项显著负向影响 NNP（$\beta=-0.070$，$p<0.05$），SH 与 NRH 的交互项显著正向影响 NNP（$\beta=0.088$，$p<0.05$），表明提升网络资源影响力将增强标准联盟网络结构洞对企业新产品数量的负向影响，而提升网络资源异质性将削弱标准联盟网络结构洞对新产品数量的负向影响。研究假设 H4a 和 H6a 得到支持。

第5章 标准联盟网络资源禀赋的调节作用研究

表5-2 调节效应模型的变量描述性统计

变量	NNP	STM	DC	SH	NRH	NRI	TS	TBD	TBC	TBS	VS	PS	ST	FA	NC	FC
NNP	1.00															
STM	−0.02	1.00														
DC	0.35	−0.03	1.00													
SH	0.23	−0.03	0.57	1.00												
NRH	−0.05	0.01	0.18	0.24	1.00											
NRI	−0.02	−0.03	0.11	−0.01	0.05	1.00										
TS	−0.02	−0.04	0.15	0.23	0.17	0.04	1.00									
TBD	0.28	0.00	0.34	0.32	0.07	0.04	0.13	1.00								
TBC	−0.10	0.05	−0.13	−0.15	−0.07	0.03	−0.09	−0.27	1.00							
TBS	−0.04	−0.07	0.03	−0.01	0.00	0.13	0.01	0.03	0.03	1.00						
VS	0.58	−0.03	0.41	0.26	−0.07	0.11	0.03	0.24	−0.08	−0.02	1.00					
PS	0.13	−0.02	0.34	0.29	0.05	0.03	0.05	0.39	−0.19	0.03	0.20	1.00				
ST	0.24	−0.03	0.47	0.46	0.09	0.02	0.22	0.34	−0.12	0.00	0.29	0.09	1.00			
FA	0.06	−0.04	0.16	0.09	0.10	0.06	−0.03	0.21	−0.07	0.05	0.12	0.14	0.28	1.00		
NC	0.12	0.08	0.02	−0.03	−0.09	−0.09	−0.01	0.20	−0.15	−0.11	0.10	0.09	0.06	0.10	1.00	
FC	−0.07	0.04	0.00	−0.08	−0.12	−0.02	−0.06	−0.08	0.15	0.15	−0.08	−0.04	−0.06	−0.03	−0.03	1.00
均值	70.17	190.32	12.45	0.22	2.30	19.90	1.49	2.45	0.15	0.03	350.00	139.08	2.02	2.39	0.66	0.03
标准差	144.68	62.87	14.58	0.27	0.77	17.04	1.88	0.95	0.30	0.09	609.33	435.97	2.75	0.70	0.47	0.16
VIF1	—	—	1.90	1.77	1.14	1.06	1.12	1.45	1.11	1.05	1.29	1.33	1.62	1.16	1.11	1.06
VIF2	—	—	1.90	1.76	1.15	1.06	1.11	1.46	1.12	1.06	1.29	1.33	1.61	1.16	1.11	1.08

表5-3　网络资源禀赋的调节作用回归结果（NNP）

变量	NNP 模型4a	NNP 模型5a	NNP 模型6a	NNP 模型7a
DC	0.119***	0.112**	0.054	0.091*
	(0.046)	(0.048)	(0.059)	(0.048)
SH	−0.108**	−0.106**	−0.094*	−0.129**
	(0.051)	(0.052)	(0.052)	(0.055)
NRI		0.101*	0.090***	0.105**
		(0.053)	(0.034)	(0.052)
NRH		−0.011	−0.019	−0.022
		(0.049)	(0.048)	(0.048)
DC×NRI			−0.085**	
			(0.040)	
DC×NRH			0.107**	
			(0.046)	
SH×NRI				−0.070**
				(0.035)
SH×NRH				0.088**
				(0.044)
TS	−0.027	−0.026	−0.043	−0.038
	(0.072)	(0.072)	(0.071)	(0.072)
ST	0.050**	0.047*	0.055**	0.057**
	(0.024)	(0.025)	(0.025)	(0.025)
VS	−0.009	−0.010*	−0.003	−0.016
	(0.006)	(0.006)	(0.006)	(0.011)
PS	−0.009	−0.008	−0.011	−0.009
	(0.012)	(0.012)	(0.011)	(0.012)
TBD	0.216***	0.205***	0.218***	0.210***
	(0.063)	(0.064)	(0.065)	(0.063)
TBC	0.168	0.187	0.177	0.197*
	(0.119)	(0.119)	(0.118)	(0.119)

第5章 标准联盟网络资源禀赋的调节作用研究

续表

变量	NNP 模型4a	NNP 模型5a	NNP 模型6a	NNP 模型7a
TBS	-0.417	-0.583	-0.733	-0.623
	(0.531)	(0.531)	(0.565)	(0.515)
FA	-0.025	-0.031	-0.09	-0.073
	(0.170)	(0.179)	(0.177)	(0.181)
NC	-0.579***	-0.574***	-0.583***	-0.508***
	(0.178)	(0.185)	(0.184)	(0.188)
FC	0.270	0.319	0.136	0.324
	(0.633)	(0.638)	(0.693)	(0.640)
Constant	0.783*	0.847*	0.970**	0.907**
	(0.416)	(0.439)	(0.432)	(0.437)

注：括号中的数值为标准误差；* 表示 $p<0.1$，** 表示 $p<0.05$，*** 表示 $p<0.01$。

（2）网络资源禀赋在网络结构与企业新产品进入市场速度关系中的调节作用。表5-4展示了因变量为新产品进入市场速度（STM）的固定效应负二项回归模型分析结果。模型4b展示了DC和SH对STM的直接效应。模型5b在模型4b的基础上加入了调节变量NRI、NRH。模型6b加入了DC分别与NRI、NRH的交互项，结果显示，DC与NRI的交互项显著正向影响STM（$\beta=-0.034$，$p<0.1$）[1]，但DC与NRH的交互项对STM的正向影响不显著（$\beta=-0.0001$，$p>0.1$），表明提升网络资源影响力将削弱中心度对新产品进入市场速度的负向影响，但未能证实提升网络资源异质性将增强中心度对新产品进入市场速度的负向影响。研究假设H3b得到支持，研究假设H5b未得到支持。模型7b中加入了SH分别与NRI、NRH的交互项，结果显示，SH与NRI的交互项显著负向影响STM（$\beta=-0.041$，$p<0.05$），SH与NRH的交互项对STM的影响不显著（$\beta=0.005$，$p>0.1$），表明提升网络资源影响力将增强结构洞对新产品进入市场速度的

---

[1] 由于STM测度量纲方向的原因，关于STM的所有回归模型，回归系数的正负方向与所代表的实际影响方向相反。因此，DC×NRI的回归系数为负，表示DC×NRI与企业新产品进入市场速度正相关。STM越大，新产品进入市场速度越慢。

正向影响,但未能证实提升网络资源异质性将削弱结构洞对新产品进入市场速度的正向影响。研究假设 H4b 得到支持,研究假设 H6b 未得到支持。

表 5-4　网络资源禀赋的调节作用回归结果（STM）

变量	STM 模型 4b	STM 模型 5b	STM 模型 6b	STM 模型 7b
DC	0.046*	0.047*	0.059*	0.057**
	(0.027)	(0.028)	(0.036)	(0.029)
SH	-0.065**	-0.075***	-0.076***	-0.083***
	(0.026)	(0.027)	(0.027)	(0.028)
NRI		-0.014	-0.008	-0.029
		(0.020)	(0.020)	(0.020)
NRH		0.028	0.029	0.028
		(0.026)	(0.026)	(0.027)
DC×NRI			-0.034*	
			(0.021)	
DC×NRH			-0.0001	
			(0.028)	
SH×NRI				-0.041**
				(0.020)
SH×NRH				0.005
				(0.024)
TS	-0.027	-0.027	-0.028	-0.029
	(0.038)	(0.038)	(0.038)	(0.038)
ST	-0.014	-0.010	-0.012	-0.012
	(0.014)	(0.014)	(0.014)	(0.014)
VS	0.001	0.002	0.002	0.002
	(0.003)	(0.003)	(0.004)	(0.003)
PS	0.003	0.001	0.002	0.002
	(0.007)	(0.007)	(0.007)	(0.007)

续表

变量	STM 模型4b	STM 模型5b	STM 模型6b	STM 模型7b
TBD	0.004	−0.003	−0.002	0.003
	(0.034)	(0.035)	(0.035)	(0.035)
TBC	0.001	0.010	0.007	0.008
	(0.060)	(0.060)	(0.060)	(0.060)
TBS	−0.486	−0.449	−0.461	−0.470
	(0.309)	(0.310)	(0.304)	(0.307)
FA	−0.043	−0.080	−0.074	−0.057
	(0.102)	(0.106)	(0.106)	(0.106)
NC	−0.274**	−0.245*	−0.242*	−0.260*
	(0.138)	(0.141)	(0.141)	(0.142)
FC	−0.491	−0.437	−0.460	−0.451
	(0.555)	(0.563)	(0.563)	(0.565)
Constant	2.831***	2.898***	2.896***	2.857***
	(0.263)	(0.270)	(0.271)	(0.270)

注：括号中的数值为标准误差；*表示$p<0.1$，**表示$p<0.05$，***表示$p<0.01$。

5.5 本章小结

本章基于资源依赖理论和资源基础观，从网络资源影响力和网络资源异质性两个方面考察焦点企业所嵌入标准联盟网络的资源禀赋特征。网络资源影响力可通过焦点企业自我中心网络成员的网络地位构成来反映，网络资源异质性则可表现为焦点企业自我中心网络由不同类型组织构成的程度。网络结构反映网络节点间关系联结模式，网络资源禀赋则关注嵌入在网络关系中节点的特征[290]。好的网络位置是企业获取外部资源、影响其他节点行为的有效渠道，而焦点企业从特定网络位置最终能接触和获得的资源特征及整合这些资源的难度还取决于网络节点的构成特征，解释了调节变量选取的原因。然后分别分析了标准联盟网络资源禀赋特征——网络资源影响力、网络资源异质性在网络结构对新产品开发绩效影响中的调节作用机理，提出相应研究假设。研究结果表明，标准联盟网络资源影响力负向调节中心度对企业新产品开发绩效的影响，正向调节结构洞对企业新产品开发绩效的影响；网络资源异质性正向调节中心度对企业新产品数量的影响，但负向调节结构洞对企业新产品数量的影响，对企业新产品进入市场速度的调节效应不显著。

第6章 企业知识整合能力的中介作用研究

6.1 影响新产品开发绩效的知识整合能力构成

知识整合能力作为组织运用知识创造价值的能力,是企业创新和新产品开发活动开展的关键影响因素[30,221]。技术密集型产业的新产品开发是一项复杂的创新工程,企业需要搜索和获取外部丰富的知识技术,并实现知识技术整合能力的快速累积[139]。知识整合作为将不同来源、结构、层次和内容的知识进行集成与重构的过程[26],其目的既包含将不同领域专业知识融合产生新领域知识[27-28],也包含将零散知识整合为有序知识体系[29-30]。因此,基于知识整合目的视角,企业知识整合能力可划分为技术多元化能力(对多样化知识进行融合与重组以实现知识创新,将技术知识延伸到新技术领域的能力)与技术标准化能力(对多样化知识进行综合与协调,减少多样性选择以形成系统知识构架的能力)。对这两种能力的区分是必要的,因为形成组分知识的能力和形成构架知识的能力解决的是不同种类的创新问题[222],从而对企业新产品开发的作用机制也将存在差异。

从知识基础观来看,一项产品可视为由一系列知识元素组成的复杂知识系统。新产品开发其实就是知识元素更新与重组的过程[75-77]。从新产品开发的结果来看,新产品数量与知识元素组合多样化密切关联,企业通过技术多元化进行知识基础扩张,一方面可实现对现有产品系统知识元素的更新与替换,另一方面可提升将不同知识元素组合成不同知识系统(产品)的可能性。从新产品开发过程来看,知识元素间的兼容对接决定新产品开发效率,企业通过技术标准化,一方面可加速产品系统性能优化,另一方面可增强利益相关者对系统知识的一致性认同，提升新产品开发速度。因此，企业的技术多元化能力与技术标准化能力是影响新产品开发绩效的重要知识整合能力构成。

6.1.1 知识元素组合多样化与技术多元化能力

在创新研究中，学者们强调创新源于知识元素的组合与重组[75,77]。产品创新主要通过新知识元素引入和现有知识元素重组实现[211]。一方面，企业可以通过自身专业领域知识创新来推进新产品开发，识别更多的知识组合机会，如中兴通讯不断革新其在无线充电领域的知识技术，2014年研发出10000VA级别的应用于电动汽车的无线充电产品，从而在全球竞争中占据领先地位；另一方面，企业可以通过引入外部新知识技术来推进知识元素重组，如比亚迪在2014年与瑞士自动化技术集团ABB在储能领域展开战略合作，基于比亚迪在电动汽车领域的产品优势，引入ABB在充电、储能领域的先进技术，合作开发了当时全球最大的电动汽车快速充电网络，并共同开发了更先进的储能技术方案。

由此可知，企业通过知识整合实现知识创新与技术领域拓展是推进新产品开发的重要手段，本质上是利用更新升级的知识技术或引入新知识技术实现产品知识系统重构，企业通过技术多元化实现自身知识基础的扩张是推进知识元素组合多样化的关键。因为从外部获取的知识只有经过内部整合与消化，才能有效应用于新产品开发过程[427]。陈力（2006）也指出，只有将外部知识内化补充企业自身知识体系，才能有效提高新产品开发绩效[165]。增强技术多元化能力可以帮助企业将知识技术基础延伸至核心能力领域外的新领域。一方面，这可以为企业提供新知识技术选择，增加对不同领域知识进行多重组合的机会，获得范围经济效应和协同效应。郭玉玉和宋燕（2016）指出技术多元化程度较高的企业往往拥有更多的新产品项目，并容易形成交叉创新[245]。另一方面，技术多元化也有助于企业识别和利用外部新知识技术，在外部合作中获得更多的知识溢出，抓住更多非核心领域的市场机会。

总之，企业的知识技术范围影响企业所能拥有的产品和市场机会[228]，尤其在复杂产品创新领域，如汽车产业，产品零部件涉及多样性知识和技术，作为系统集成者的整车生产企业需要掌握大量互补性的非核心技术知识，才能更有效地处理与伙伴组织间的关系，并通过对多种技术进行非线性组合来实现产品创新。企业的技术多元化能力与企业新产品开发紧密相关，是对企业新产品开发绩效产生影响的重要知识整合能力构成。

6.1.2 知识元素组合效率与技术标准化能力

新产品开发是一项涉及多领域知识技术的复杂创新活动，尤其在高技术产业，新产品开发通常需要多个企业协调合作才能完成[11]。其原因在于，产品本身作为由一系列知识元素组成的复杂知识系统，其集成方式通常不能以简单的知识元素间嵌套与线性组合来实现。Simon 认为复杂系统由大量的非简单交互的部件组成，在给定部件属性和交互规则的条件下推断整体系统属性仍然比较复杂。该复杂性主要源于系统不同部分之间未知的互动性质和量级，以及随之而来的对系统性能的影响。不同产品部件或知识元素间的相关关系可能是正向的、负向的或无关的，且相互之间的作用还可能在正向的、负向的或无关的不同交互强度状态下交替，从而使得整体系统性能在一个或多个部件状态发生改变的情形下展现出高度非线性和非单调行为[79]。在复杂产品设计过程中，设计者通常会发现由于某一部件或知识元素的升级或更替将产生预期之外的系统性能变化。因此，企业进行新产品开发时，不仅需要注重专业领域的知识创新和相关领域新知识技术的引入，还要重点关注由于产品系统部件或知识元素特征的变化而引起的不同部件或知识元素间互动规则的改变，因为这些规则的改变本质上决定了企业进行知识元素组合的效率和新产品开发的成功率。Aoki Anto 将复杂产品知识划分为系统知识（界面规则和技术标准）和模块知识（专业知识）。系统知识即对产品不同模块知识间兼容、对接和互动的指导与规定，界面规则和技术标准的发展与完善是将源于不同模块或产业链位置的知识技术整合为高效产品生态系统的关键[48]。

由此看来，企业与利益相关者在技术标准（产品系统知识）上的一致性认同是提升知识元素组合效率的关键。Ethiraj 和 Levinthal（2004）也指出复杂产品不同部件（专业知识子系统）间的互动规则复杂多样，成功整合外部伙伴专业知识来开发新产品还取决于伙伴对关于互动和技术规则的系统知识（标准）的一致性认同[79]。技术标准本质上是对产品和服务特性在一定范围内的统一规范，是多个经济主体的集体协商选择[55]。技术多元化能力是企业通过整合内外部知识将自身知识技术活动延伸到新领域的能力[227]，强调企业知识技术存量多样化，构建区别于其他企业的特殊知识技术优势。与此相对应，技术标准化能力是制定和影响产品系统知识能力，通过规范和统一不同知识模块的互动规则和对接方式，指导利益相关者的生产和创新活动，强调通过减少多样性选择聚焦于特定技术或解决方案[273]，从而构建具有普适性的技术主导优势。企业技术多元化与知识元素组合机会多样化紧密相关，而技术标准化能力意味着企业在行业中的话语权在很大程度上影响行业所采用技术标准与企业自身商业模式和技术体系相匹配程度[186]，影响企业在进行知识元素组合和重组时的效率，也是与企业新产品开发绩效紧密关联的重要能力构成。

6.2 知识整合能力之技术多元化能力的中介作用机理

6.2.1 标准联盟网络结构对技术多元化能力的影响

企业技术多元化能力表征组织实现整体技术基础多样性增长的能力[428]，企业将技术知识扩展到更广阔的技术领域范围[429]。要实现技术多元化，企业首先需要对新领域的技术知识进行搜寻和获取，然后将获取的知识吸收、整合为自身能力再进行开发利用。这意味着企业技术多元化能力作为重要的知识整合能力构成，其提升是外部知识搜索能力和内部知识吸收转化能力共同作用的结果。标准联盟网络提供了组织在联合制定标准过程中搜索外部知识的路径和扩散知识的平台，促进企业开展跨组织学习，占有和内化其他伙伴企业的资源。不同网络位置所提供的知识信息获取机会存在差异，且其附属的社会资本还将影响企业获取外部知识信息的效果以及整合吸收外部知识的效率，从而影响企业向核心领域以外拓展技

第6章 企业知识整合能力的中介作用研究

术的能力。具体而言，社会资本理论认为企业在网络中的位置主要通过两种途径影响知识转移和知识整合：第一，特定网络位置依附的结构资本通过影响网络资源的接触水平和可接近性，从而与知识信息交换的灵活性与容易度紧密关联[18,188,388]；第二，网络位置影响关系资本（信任、规范和义务）和认知资本（共享的代码、语言和叙述方式）的形成与累积，通过作用于知识和机会可达性、知识整合能力、伙伴参与知识交换的动机，从而影响知识转移与整合[110,431]。

标准联盟网络聚集了众多企业、科研机构的多种知识，帮助参与企业获得重要的信息优势[204]，但并非联盟网络中所有的组织都可获得同等的信息优势，企业所处的网络位置不同使得其外部知识搜索、吸收和转化能力也存在差异。网络中心度反映网络节点间的联结水平和属性，高中心度所代表的结构资本能为企业提供大量的知识信息获取渠道及了解网络知识技术分布、研究与市场最新动态上的优势[77]。基于丰富的知识信息流，焦点企业可迅速定位其所需的外部专业知识以及捕获热门问题的最新进展，因而有能力识别更多的知识组合和解决方案，偏离企业现有的核心技术领域进行技术扩张与创新。此外，高中心度赋予企业在网络活动中更高的地位与更大的权力，在与网络节点频繁交互和分享信息的过程中，更易于被其他网络成员视为值得信赖的伙伴[20]，也更容易理解和协调网络成员间的价值取向，从而成为行业代表和网络规则的定义者[197]。因此，网络中心位置还将为企业带来关系资本和认知资本，提升合作和知识共享水平，并促进企业对外部多元化知识的吸收和转化，对企业技术多元化能力的培育和发展产生积极影响。与此相反，处于网络边缘的企业拥有较少的信息获取渠道，在外部合作伙伴选择上缺乏主动权，同时也缺乏能力来整合协调网络资源进行新技术知识探索[391]。因此，中心度较高的企业在外部网络知识搜索和获取上更具优势和灵活性，这可以帮助中心企业在标准联盟网络中有效获取和应用所需的知识资源来实现技术知识范围的拓展。基于此，提出假设：

H7a：企业在标准联盟网络的中心度正向影响技术多元化能力。

联盟中的知识转移要求一方公开知识,然后伙伴企业吸收知识[432]。联盟成员可受益于知识溢出效应,获取伙伴多样性知识来支撑企业内部创新活动[202]。尤其对于自身缺乏研发资源的小企业来说,参与联盟对其具有较强的吸引力[205]。Leiponen（2008）认为,标准联盟可以加速成员间的知识交换,企业可以互相学习对方的研发项目和市场战略,协调各自资源来发现新的技术解决方案[186]。Nambisan（2013）也指出,参与标准联盟可促进企业获取多样化产业知识信息,从而帮助企业更好地识别创新机会、制订创新计划[15]。在技术标准合作过程中,企业成员有机会获取相关新技术发展动态以及技术标准内容的显性知识和隐性知识（如标准草案、评估信息、其他成员技术目标和所支持的具体技术方案等）,将自身的研发活动对他人技术发展进行补充,获取无意识知识溢出效应[15,65]。然而当企业专注于技术多元化活动时,在标准联盟网络中占据结构洞位置却将带来低绩效。

占据结构洞位置将引发知识组合困难,不利于企业整合外部知识推进企业知识基础向新领域扩展。首先,处于结构洞位置的企业与伙伴间缺乏共享的第三方来减少信息不对称和监控机会主义行为,易使合作伙伴产生不安全感,降低标准联盟网络中企业合作和知识分享的意愿。网络成员间的知识分享意愿不能视为理所当然[433],当伙伴间存在竞合关系时,组织间知识流动将非常缓慢甚至完全没有知识流动[434]。因为这些企业在未来更容易成为竞争者,较近的技术距离使得各自的知识技术更容易被转移,因而不愿向其他网络成员分享关键知识技术以防知识泄露和机会主义行为发生。标准联盟成员通常来自同一产业中密切关联的领域,甚至都属于同一知识技术领域,网络主体间技术距离较近[208]。展开标准化合作的企业组织需要共同探讨和设计技术规范,尽可能使设定的技术方案与自身的技术体系相匹配[16],因此在标准制定过程中,很多关键知识信息容易被溢出,标准联盟网络中的企业通常将采取严格的措施来保护知识产权,进行深度知识分享的意愿较低,组织间的信任成为企业实施进一步知识分享的关键。然而占据桥位置的焦点企业与伙伴无法快速构建起对彼此的信任[382]，无法实现对网络隐性、高质知识的有效获取，阻碍了企业对新领域技术知识的探索。

其次，结构洞所提供的高度异质化的外部知识资源将给企业带来知识吸收压力[435]。尽管企业在技术标准合作过程中能够接触到大量的网络知识与信息，但当这些异质化信息在伙伴间缺乏充分的分享与交流时，其并不能被轻易吸收与整合。标准联盟网络中所嵌入的企业组织，某种程度上在一个复杂技术系统内互相关联。焦点企业在利用网络知识进行整合与创新的过程中，要求具备较高的吸收能力来了解不同知识技术元素间的相互依赖性，从而确保系统中所有关联知识的兼容与同步。然而，占据结构洞位置将加剧企业的吸收能力问题，因为该类企业的合作伙伴间互不相连，企业需要依靠自身力量实现外部多样化信息和专业知识的吸收与整合，大大增加了企业的知识吸收成本，同时还将因为伙伴彼此之间缺乏互动而错失潜在的知识组合机会[193]。与此相反，闭合网络有利于促进社会交互和联合解决问题，提高标准化合作主体间的信任水平和彼此间分享知识的意愿，增进伙伴成员间对彼此知识的理解，缓解焦点企业的知识吸收压力，从而在合作过程中帮助焦点企业实现对新领域知识的探索与开发[436]。因此，联结较为完备的网络可增强企业外部知识搜索能力和内部知识吸收能力，占据结构洞位置则不利于企业技术多元化能力的提升。基于此，提出假设：

H7b：企业在标准联盟网络中占据的结构洞负向影响技术多元化能力。

6.2.2 技术多元化能力对新产品开发绩效的影响

基于知识基础观，一项新产品可视为由不同知识部件组成的复杂知识系统[211]，开发一项新产品需要掌握不同部件的专业知识以及不同部件间联结关系的知识。企业技术多元化主要是指企业通过内部研发或外部获取，在多个技术领域拥有多样性技术知识的能力[443]，其结果可能是给企业带来可应用于产品或服务的新部件专业知识，部件间联结、方法、过程或技术的知识[444]。企业技术多元化能力越强，一方面，它们越能更有效地吸收和转化外部异质化知识，在合作中获得更多知识溢出，抓住更多非核心领域的市场机会，增加知识创新产出；另一方面，它们越有能力更新或替换当前的产品组件或结构知识，形成新的知识组合，增加新产品开发产出[211]。现有关于创新的研究支持企业技术多元化和新产品数量之间的关系。例如，Suzuki 和 Kodama（2004）通过对日本大型企业的案例研究指出，技术知识多元化与企业产品多元化和销量增长密不可分[229]。Dougherty 等（2002）指出产品创新依赖于创造性的解决方案和企业新知识的积累[445]。Smith 等（2005）认为新产品与服务的推出率是企业知识结合与交换能力的函数[173]。郭玉玉和宋燕（2016）指出企业拥有较高程度的技术多元化往往会拥有更多的新产品项目，并容易形成交叉创新[245]。因此，企业通过技术多元化，吸收与整合所获得的外部知识，实现企业在多样化新技术领域的知识累积，有助于企业开发更多的新产品，提高新产品开发绩效。

尽管企业的技术多元化能力对新产品开发过程十分重要，但应用与整合新的、多样化领域的知识技术，与新产品进入市场速度提升的直接关联较弱。有时候，新领域知识技术的应用还将增强新产品开发的不确定性[446]，增加意料之外的失败和问题，导致耗时的实验过程和返工开发[447]。尤其跨领域的产品开发不可避免地会产生产品方向、特征、目标市场、制造责任等一系列内部协调问题[448]。在 R&D 的早期阶段，具备高技术多元化能力的企业可以实现对不同技术领域知识的协调，但进入商业化后期，不同领域的消费者需求信息可能分布于不同企业，实现信息整合与产品优化将产生更多更耗时的协调成本。但从另一个角度来看，企业更宽泛的知识吸收能力也有助于加速知识整合，且先进和优化的方法、流程和技术也能简化和加速产品开发，如机器人焊接和自动装配系统。本质上，决定新产品进入市场时间是新技术和产品本身的特征（这并非本书的研究焦点），如复杂度、功能和不确定性[373,447,374]，而非技术多元化，因此，技术多元化能力占优的企业可提供丰富的知识组合机会来开发更多新产品，在提升新产品开发速度上却没有体现出明显的优势或劣势。基于此，提出假设：

H8：技术多元化能力越强，越有利于提升新产品数量而非新产品进入市场速度。

6.2.3 技术多元化能力在网络结构对新产品开发绩效影响中的中介作用

基于第4章的分析，企业在标准联盟网络中的中心度是新产品开发绩效的重要影响因素，中心度与企业外部信息获取渠道和网络地位密切关联，在标准联盟网络中占据中心位置的企业更能在标准化过程中汇聚产业内大量与标准、产品密切关联的知识技术资源，形成多样化的产品组合，增加企业开发的新产品数量，但伴随而来的知识吸收压力、合作关系管理和协调问题也将延缓新产品进入市场速度。网络中心位置对企业新产品开发绩效的影响有直接的一面，但在很大程度上，中心度促进企业新产品开发绩效的提高，必须有效地将外部知识吸收和转化为自身知识，拓展自身技术知识范围，从而实现外部知识信息与新产品开发项目高效融合。在这个过程中，一方面，源于中心位置丰富的外部知识信息流是企业识别和汇聚网络互补性知识资源，形成多样化的产品组合的基础。如果企业处于标准联盟网络边缘，其接触外部网络知识的机会很少，那么该企业与处于网络中心的企业相比，将无法快速获取外部互补性知识以推进产品创新，甚至不能有效识别和把握外部创新机会，展开新产品开发活动。另一方面，仅有丰富的外部知识信息来源还不够，如果企业无法通过对外部知识的吸收与整合实现技术能力向新领域扩展，那么即使处于最佳的网络位置也很难发挥出很好的效果，特别是不能在标准化合作过程中获得更多知识溢出，识别更多非核心领域的市场机会，也缺乏升级和重组产品知识组合的能力[211]，限制企业新产品开发活动的产出。

因此，可以发现企业技术多元化能力在标准联盟网络中心度对企业新产品数量的影响中发挥着很重要的桥梁作用。对于企业新产品进入市场速度而言，中心度所带来的负面影响主要源于多样化信息吸收整合带来的产品复杂性、大量合作关系管理投入和合作者之间的矛盾冲突调和，企业技术多元化能力提升虽然能在一定程度上缓解对外部多样化知识的吸收问题，但并不能解决外部知识多样性带来的项目复杂度问题，也不能减少企业关系管理和协调的时间投入。即企业无法通过提升技术多元化能力而有效削弱高中心度对新产品进入市场速度的消极作用。且在第 6.2.2 小节中分析得出，技术多元化能力与新产品数量更为相关，而与新产品进入市场速度的相关关系不明显。因此，企业技术多元化能力主要在标准联盟网络中心度对企业新产品数量的影响中存在中介效应，即中心度对企业新产品数量的正面影响可以通过提高企业技术多元化能力来实现。提升中心度可为企业提供更为丰富的知识信息流，为企业搜索和识别外部知识提供知识基础，其附属的社会资本还有助于增强企业获取外部信息的效果和提高整合吸收外部知识的效率，从而帮助企业拓展现有技术基础，实现技术多元化能力的提升。而企业技术多元化能力的提升可增强企业对外部技术信息的敏感性，通过对企业知识基础的拓展，实现企业在新技术领域的知识累积，帮助企业形成多样化知识组合，从而增加企业开发的新产品数量。基于此，提出假设：

H9a：技术多元化能力在标准联盟网络结构（中心度）与新产品数量的关系中存在中介效应。

在标准联盟网络中，不仅企业与其他节点的连接状态影响企业的新产品开发绩效，企业合作伙伴间的连接状态也与企业新产品开发活动密切相关。在富有结构洞的网络位置，由于伙伴间彼此隔离，单一的信息传输路径将加剧信息不对称和机会主义风险，不利于复杂缄默性知识的分享与转移，限制焦点企业整合利用多样化知识技术来开发更多新产品；但对于追求产品进入及时性的企业而言，结构洞将是网络中的好位置，可为企业提供及时、独占的信息优势和控制优势[188]，从而提升新产品开发绩效。因此，结构洞位置对新产品开发绩效的作用可以通过其所伴随的较低的隐性、关键知识转移意愿，以及及时、独占的异质信息获取优势和控制优势来反映。

企业开展技术多元化活动首先需要对新领域的技术知识进行搜寻和获

取，然后将获取的知识吸收整合为自身能力再进行开发利用。尽管结构洞能够帮助企业及时获取异质信息，并让企业在创新活动中具备决策灵活性，但同时也增加了企业的知识吸收压力[435]，且伴随的信息不对称和机会主义风险将降低伙伴对隐性、关键知识的转移意愿[31]，阻碍企业对新领域技术知识的探索。企业进行知识基础扩张并非盲目的，需要更深入和完备的信息辅助其扩张决策，且新技术知识领域的创新活动的成功开展也需要企业与伙伴间、伙伴与伙伴间更深入互动来加速跨领域知识融合，缓解单个企业的知识吸收压力。因此，企业技术多元化能力受到企业结构洞位置的负面影响，而企业技术多元化能力的高低又进一步影响了新产品数量的多少。技术多元化可帮助企业在核心技术领域外选择新技术，增加探索与识别新技术机会的可能性[239]，通过不同类别知识技术的组合与重构，从而产生新的技术、新的功能和提升产品开发或工艺创新绩效。因此，企业技术多元化能力在标准联盟网络结构洞对企业新产品数量的影响中存在中介效应，即结构洞对企业新产品数量的负面影响通过限制企业技术多元化能力的提升来实现。基于此，提出假设：

H9b：技术多元化能力在标准联盟网络结构（结构洞）与新产品数量的关系中存在中介效应。

6.3　知识整合能力之技术标准化能力的中介作用机理

6.3.1　标准联盟网络结构对技术标准化能力的影响

产业正式标准通过指导产业经济主体及协调潜在进入市场的主体间的互通性来提供社会福利，但经济主体在参与正式标准制定中也将涉及大量的私有利益。企业可在标准制定中纳入自身的知识产权或影响技术规范的特征来获取主导设计优势，提升产业标准与其自身技术系统的匹配度[186]。技术标准化本质上是一个协商和共识形成过程[59]，这意味着最终的标准内容将以合作性安排而非最优安排呈现。基于该特征及正式标准制定中技术和市场的高不确定性，技术选择过程将产生政治游戏影响的空间。获得其他企业和组织的支持将增强企业对标准制定产出的影响力。Gao（2007）认为我国 WAPI 没能成功对抗 WLAN 标准的原因在于未联合业内优秀利益相关者构建起具备一定市场和技术优势的防御网络[437]。

标准联盟网络作为获取外部权力和影响力的重要机制，在正式标准制定活动中扮演着日益重要的角色。企业在标准联盟网络中的位置显示其获取网络无形资源（如支持与影响力）的机会和可能性，处于网络中心位置的企业在技术标准制定中将获得更多优势，具备更强的技术标准化能力。作为与供应商、顾客、竞争者、研究机构、政府机构等合作关系的交汇处，中心企业更可能在标准化协商中获得更多支持。相比于边缘企业，中心企业有更多的机会与合作伙伴交流和宣传企业专业知识和技术[438]，或者基于互惠利益进行讨论和达成共识，从而争取更多的产业经济主体支持它们的技术选择和具体规范。李冬梅和宋志红（2017）指出占据网络中心位置的技术标准发起者可利用信息优势和合作吸引力来提高决策质量、拥有更多的技术标准支持者[209]。

此外，网络中心位置也使得焦点企业在制定正式标准规范时更有效率，因为中心位置丰富的知识信息流有利于企业提升所制定标准对相关支持技术的兼容性，从而增强同行企业和客户等对标准内容的接受度[186]。由于中心企业可利用网络嵌入的知识信息更好地集成利益相关者的优势资源，协调不同主体间的利益，也使得网络利益相关者更容易接受与支持中心企业所提出的新想法与新提案。高中心度暗示着更高的权力和地位[93]，可赋予中心企业非正式权力来影响其他网络成员在标准内容偏好和技术选择上的决策。这种源于网络中心位置的结构权力类似于正式构建的权威，层级结构中更高的位置代表更大的决策权[439]。处于网络中心位置的企业通常是网络规则的制定者，也更可能成为新标准联盟的领导者[93]。在权威的压力下，网络成员更倾向于在产业正式标准制定中选择跟随和支持中心企业的建议和决策，从而增强中心企业主导技术标准制定的能力。因此综合来看，更宽泛的支持来源、更高的系统决策权和完备的标准制定优势，将使企业具备更高的技术标准制定能力和技术标准推广能力，帮助企业在标准制定竞争中处于优势地位。基于此，提出假设：

H10a：企业在标准联盟网络中的中心度正向影响技术标准化能力。

企业在标准联盟网络中的位置不同，其搜寻和获取信息的效率都将存在差异[17,186]，如桥接更多或更少结构洞的位置。结构洞作为企业层面社会资本形成的重要来源，可为企业提供操纵优势和多样化、及时的信息获取优势，从而展现出增强企业技术标准制定与推广能力的潜力。

作为网络"中间人"，企业在技术标准化过程中享有更大的谈判灵活性和自治权[188]，有助于企业基于自身技术偏好来影响产业正式标准制定。正式标准的技术方案须具备兼容性和先进性。从标准供给侧来看，企业制定产业正式标准需要与其他互补企业、同行企业等展开合作与谈判以获取支持，从而在如何形成一个最佳合作性安排上达成一致性认同。在它们提交标准草案后，还需与产业技术标准委员会以及产业内其他相关企业进行谈判与辩论，从而在标准内容上达成最终共识。在技术标准化过程中，结构洞十分有益于企业在与网络伙伴谈判的第一阶段获取更大的优势。桥接互不相连的合作伙伴将为焦点企业带来控制优势[96]，由于不同伙伴间缺乏必要互动和信息沟通，使得企业在与不同伙伴达成最优合作协议时更具灵活性和自主性。而置于密集网络中的企业更易被监管，焦点企业对不同合作伙伴的非平衡对待将被限制。因为合作伙伴可通过共同的第三方来获取信息以减少信息不对称和机会主义行为[393]。同时，互相连接的伙伴可以团结起来与寻求支持的焦点企业进行集体谈判，保护它们的权益或争取更大的获利空间[441]。

结构洞还能为负责起草产业正式标准的企业带来信息优势，从互不相连的伙伴处获得及时的、独占性的信息知识资源。富有结构洞的网络位置可帮助企业收集更多与标准制定关联的重要知识。在高技术产业，产品的高复杂度决定技术标准制定将涉及大量多样化的知识信息。因此，占据结构洞将增加多样化知识累积，帮助焦点企业制定更全面的技术规范，从而比其他处于密集网络中的节点拥有更强的技术标准制定能力；同时，全面的、兼顾其他利益相关者的兼容性标准也更容易获得同行企业、配套商和客户的支持与采用，从而有助于提升焦点企业的技术标准推广能力。基于此，提出假设：

H10b：企业在标准联盟网络中占据的结构洞正向影响技术标准化能力。

6.3.2 技术标准化能力对新产品开发绩效的影响

标准联盟网络参与的吸引力在于它为企业，尤其是缺乏市场力量的中小企业提供参与标准制定的渠道，提升参与者的技术标准化能力，从而使其能够影响标准内容并形成快速反应能力[59,449]。基于知识基础观，知识是新价值创造的首要关键资源[23]，具备高合法性的正式产业标准是编码化的知识，为产品知识系统在统一工程、技术准则、方法、流程和实践方面提供解决方案[59]。这类知识的重要性在于它与产品兼容性、可接受的质量等市场信息高度关联，从而能够为市场进入者和消费者减少制造和购买风险。技术标准通过指导行业经济主体活动产生了广泛的社会福利，但也限制了技术选择的多样性，从而存在将市场锁定于特定技术方案的风险。因此，当焦点企业具备更高的技术标准化能力时，其在与其他企业组织合作过程中通常也拥有更大的话语权，享有更多的私有利益，如持续提供产品的达标性、研究和发展方向与标准系统技术路径的一致性，它们根据自身偏好的专业知识来影响标准内容，从而提升自身的市场竞争力[449]。这些好处十分有利于企业减少由于标准变动而引起的产品修改和调整时间，从而提升企业新产品进入市场速度。

通过影响技术规范的特征，企业可以使技术规范与它们当前的产品开发水平保持较高的一致性[450]，从而所制定和采用的标准将展现出与企业本身的技术产品体系较高的匹配性。企业较强的技术标准制定能力和推广能力赋予其引导技术标准内容来影响产品技术轨迹的能力，可大大降低企业由于R&D投资失败风险和预期之外的修正成本[59]。而那些在技术标准制定与推广上较为弱势的企业则会面临更大的风险，花费更多的时间和精力来修正产品以达到正式标准的要求。此外，技术标准化能力越强，企业在众多正式标准制定活动中的活跃度和主导力也越强，越能及早获知标准内容（技术标准草案）的相关信息，从而有更多的时间灵活应对新标准规范带来的改变[9]。因此，高技术标准化能力在参与和主导正式标准制定上更具优势，可以帮助企业获取先动者优势[451]。

然而，当企业目标在于开发更多新产品而非使产品率先面市时，技术标准化能力所带来的定义行业技术规范的优势并不能有效提升企业新产品开发绩效。首先，正式标准作为统一和编码化的知识，行业内所有组织都可以获取和使用[210]。而开发更多新产品要求获得复杂、多样化的隐性知识，从而实现新知识组合和重组机会的识别与掌握，这意味着显性公共知识对新产品开发的作用十分有限[452]。其次，技术标准化在一定程度上减少了技术方案的多样性，企业对正式标准内容的干预和影响力越大，其当前研发方向和技术标准要求越一致[186]，因而有较小动力去偏离已构建的竞争优势来探索更多新产品。且我国的正式标准主要强调整体产业的生态平衡发展，精确的、设计严格的技术发展路径较少被设定，从而技术标准化能力对企业新产品开发的限制作用也较少发生。因此，技术标准化能力将更多地与企业新产品进入市场速度而非新产品数量相关。基于此，提出假设：

H11：技术标准化能力越强，越有利于企业提升新产品进入市场速度而非新产品数量。

6.3.3 技术标准化能力在网络结构对新产品开发绩效影响中的中介作用

参与标准联盟可激励企业创新，为企业获取外部组织的互补性显性知识与隐性知识提供渠道，通过外部知识交换与整合从而影响企业创新绩效[65,210]。企业在标准联盟网络中的中心度显示其在产业正式标准制定过程中通过卷入大量重要合作关系占据重要战略位置的程度[93]，这不仅关系到企业对外部合作伙伴多样化、互补性的知识资源的获取与整合效率，也将产生合作关系管理和协调、知识吸收压力等问题，影响企业创新机会识别和新产品开发推进。在此影响过程中，能否将中心网络位置所汇聚的丰富多样的知识资源成功应用于企业新产品开发，还取决于企业对产品系统中相对独立又互相关联的不同知识之间互动关系的处理。当网络中心企业识别出融合网络中源于不同组织的互补性知识可产生有价值的创新机会时，如果不能构建系统规则实现不同知识模块的兼容和良性互动，那么创新过程无疑是缓慢甚至是失败的。即企业想要提升新产品开发效率，拥有从中心位置获取的丰富知识资源还不够，在缺乏技术标准化能力的情况下，焦点企业就算拥有较高的网络中心度也很难发挥出很好的效果，特别是不能在新产品开发过程中将源于不同组织的知识技术进行融合，实现"1+1>2"的合作效应。

因此，可以发现企业技术标准化能力在标准联盟网络中心度对新产品开发绩效（尤其是对与知识元素组合和重组效率密切相关的新产品进入市场速度）的影响过程中起到桥梁作用。成功将自身技术推广为技术标准通常需要技术发起者联合众多同行从业者、配套商、供应商等集成优质资源以推进技术标准化，努力扩大所倡导技术方案的用户安装基础和企业支持基础。而标准联盟网络作为获取外部有形或无形资源的重要机制，在企业标准制定活动中扮演着日益重要角色。网络中心位置所伴随的更宽泛的支持来源、更高的系统决策权和完备的标准制定优势，使企业具备更高的技术标准制定能力和技术标准推广能力，帮助其在标准竞争中处于优势地位。继而具备更高的技术标准化能力的企业拥有行业话语权，更有能力根据自身偏好影响标准内容，减少由正式标准变动引起的产品修改和调整时间，降低企业由于 R&D 投资失败风险和预期之外的修正成本[59]，并帮助其获取先动者优势，提升企业新产品进入市场速度。因此，技术标准化能力在标准联盟网络中心度对企业新产品进入市场速度的影响中存在中介效应，即网络中心度可通过提升企业技术标准化能力来帮助企业在新产品推出上获得时间优势。基于此，提出假设：

H12a：技术标准化能力在标准联盟网络结构（中心度）与新产品进入市场速度的关系中存在中介效应。

标准联盟网络聚集了众多企业、科研机构的多种知识，使单个企业能够在参与技术标准化活动的过程中通过合作网络来定位知识信息分布，获得彼此的知识和技能[206]。但在高技术产业，产品本身作为由一系列知识元素组成的复杂知识系统，其集成方式通常不能以简单的知识元素间的嵌套与线性组合来实现，成功整合外部伙伴专业知识来开发新产品还取决于伙伴对关于互动和技术规则的系统知识（标准）的一致性认同[79]。因此，企业标准联盟网络结构显示其在网络中的位置，代表企业对外部网络知识信息的接近性和在网络中的权力与地位，但在分析网络结构对新产品开发绩效的影响时，还应考虑企业技术标准化能力的作用。

企业技术标准化能力包含技术标准制定与技术标准推广能力[49]，在技术密集型产业，产品复杂性和技术集成性使标准化活动需要产业内多个利益相关主体协作开展，集成众多关联技术以形成协同体系，加快技术标准扩散。技术标准涉及多方利益主体，从技术选择、技术标准制定到技术标准推广都呈现出网络化特征[179]。从标准供给侧来看，企业在标准化合作过程中所积累的关系资本是影响其他利益相关者标准化和创新行为的重要基础，是技术标准化能力的重要前因。企业在标准联盟网络中占据的结构洞是企业层面社会资本形成的重要来源，可为企业提供控制优势，使其在技术标准化过程中享有更大的谈判灵活性和自治力[188]，这有助于企业基于自身技术偏好来影响产业正式标准制定；并提供多样化、及时的信息获取优势，帮助企业提升所制定标准内容的全面性，争取更多的支持者与标准采用者，有效增强技术标准化能力。而技术标准化能力意味着企业在行业中的话语权，在很大程度上决定着行业所采用的技术标准与企业自身的商业模式和技术体系的匹配程度[186]，影响企业进行知识元素组合和重组的效率，关系着企业开发的新产品进入市场的早晚。因此，技术标准化能力在标准联盟网络结构洞与企业新产品进入市场速度关系中发挥中介效应，即结构洞可通过对技术标准化能力的积极作用来帮助企业在新产品推出上获得时间优势。基于此，提出假设：

H12b：技术标准化能力在标准联盟网络结构（结构洞）与新产品进入市场速度的关系中存在中介效应。

基于第 6.2 节和第 6.3 节的分析，企业知识整合能力在标准联盟网络结构对企业新产品开发绩效影响中的中介作用概念模型如图 6-1 所示。

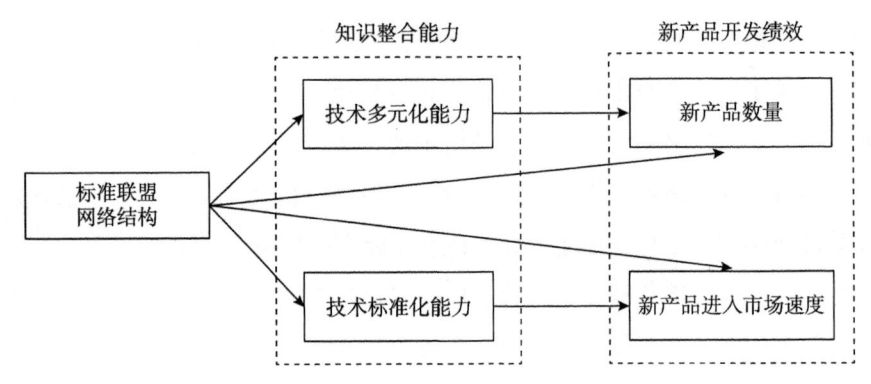

图 6-1 企业知识整合能力中介作用概念模型

6.4 知识整合能力的中介作用实证

6.4.1 研究设计

1. 变量选择及测度

（1）被解释变量。新产品数量（NNP）用焦点企业在观察年发布的新产品（向工信部申报的车辆新产品）个数来测度。新产品进入市场速度（STM）用观察年新产品进入市场的平均时长（以天为单位）来测度，该测度值越高，意味着企业新产品进入市场速度越慢；该测度值越低，则表示企业越早完成新产品开发与申报，可更快、更及时地将新产品推入市场。具体解释见第 4.4.1 小节。

（2）解释变量。

1）中心度（DC）。一个节点的中心度越大，意味着该节点在网络中越重要。借鉴已有研究，选取点度中心度（与焦点企业拥有直接合作关系的伙伴数量）来反映焦点企业在标准联盟网络中的地位高低[97,345,397]。

2）结构洞（SH）。本研究选取 Gould 和 Fernandez（1989）提出的归一化的经纪人测度方式来计算焦点企业所占据的结构洞数量[398]。具体通过计算焦点企业自我中心网络中缺乏直接联结的实际节点对数量与最大可能节点对数量的商值来测度。

(3) 中介变量。

1) 技术多元化能力（TDC）。现有研究通常基于研发投入（研发经费）和研发产出（专利）数据来衡量技术多元化能力[49,243]。其中，基于专利的技术多元化指数使用最为广泛，其原因在于专利数据的连续性和获取方式便利等。已有研究主要依据国际专利分类号（IPC），利用赫芬达尔指数和熵指数来分析和构建技术多元化指数。但现有测度主要强调企业在观察期所申请的专利在不同技术类别中的分布程度，忽略了企业技术多元化是将自身技术活动或技术知识存量延伸到新技术领域的这一本质[227]。在观察期所申请专利的多样化技术类别很有可能是企业在观察期之前就申请过了，并不能有效体现企业新领域能力形成情况。周雯琦（2007）[419]、何郁冰（2011）[420]都认为技术多元化是企业在核心技术领域以外扩张研发活动的行为，意味着企业知识基础范围的扩张[421]。因此借鉴 Wang 等（2014）[77]的研究，本研究采用企业在观察年所申请专利的 IPC 分类号前四位在新技术领域（焦点企业在过去五年未申请过）的覆盖广度来代表企业的技术多元化能力。

2) 技术标准化能力（TSC）。技术标准化能力体现企业在标准制定中的贡献和影响力，可用企业起草正式标准的次数来衡量[49]。基于我国国情，本研究主要基于法定正式标准数据来反映行业内的技术标准化活动。很多国外学者关于企业技术标准化能力的测度主要采用企业起草的技术标准项数或改变的项数[186]，但在我国该类信息很难获取。通过对全国汽车标准化技术委员会（以下简称"汽标委"）、中联重科、比亚迪等组织从事标准化活动的人员进行访谈得知，一方面，技术标准起草单位需根据自身技术成果并结合产业内现实提炼标准，以保证所起草标准在一定程度上的先进性和兼容性；另一方面，产业内所有组织都有机会在标准公示期遵循统一的标准和规范流程提出异议，起草单位需逐一处理并经国家标准化管理委员会审核。因此，成为标准起草单位意味着其对所负责的正式标准有较大的贡献与影响力。借鉴邹思明（2015）的研究，本研究采用焦点企业在观察期所起草正式标准数量来衡量其技术标准化能力[49]。

(4) 控制变量。控制变量采用了焦点企业所处标准联盟网络的联结强度（TS）、网络资源影响力（NRI）、产品存量（VS）、专利存量（PS）、标准存量（SS）、企业年龄（FA）、是否为国有控股（NC）、是否为外资控股（FC）。

2. 实证模型的构建

本研究采用非平衡面板数据进行计量分析，包含1999—2012年的标准联盟网络和企业数据。本部分主要考虑企业知识整合能力的两个维度——技术多元化能力、技术标准化能力的中介作用，依据 Baron 和 Kenny（1986）的逐步检验法（Causal Steps Approach）[453]来构建模型。

$$Y_i = cX_i + \varepsilon_i \qquad (6-1)$$

$$M_i = aX_i + \varepsilon_i \qquad (6-2)$$

$$Y_i = c'X_i + bM_i + \varepsilon_i \qquad (6-3)$$

其中，Y_i 为被解释变量，包括 NNP_i 和 STM_i；X_i 为解释变量，包括 DC_i 和 SH_i；M_i 为中介变量，包括 TDC_i 和 TSC_i；ε_i 为随机误差项。首先检验解释变量 DC 和 SH 分别对被解释变量 NNP 和 STM 的影响，然后检验解释变量 DC 和 SH 分别对中介变量 TDC 和 TSC 的影响，再检验中介变量 TDC 和 TSC 分别对被解释变量 NNP 和 STM 的影响，最后综合以上检验结果，检验 TDC 和 TSC 在标准联盟网络结构（DC、SH）对新产品开发绩效（NNP、STM）影响中的中介作用。

考虑到被解释变量为非连续的计数数据，且呈现出过度离散特征（方差明显大于期望），本研究采用更符合数据特征的负二项回归模型对参数进行估计。根据 Hausman 检验的结果（$p<0.01$），拒绝关于系数差异源于非系统性因素的原假设，固定效应模型比随机效应模型更有效。因此，选择最终回归模型为固定效应负二项回归模型。

6.4.2 数据分析

1. 描述性统计与 *VIF* 值分析

表 6-1 所列为各变量相关系数、均值、标准差与方差膨胀因子 *VIF* 值。从结果可知,各变量相关系数小于 0.7,且 *VIF* 值分布在 1.03~2.22,均值为 1.40,意味着各解释变量和控制变量间不存在严重的共线性问题,可纳入模型进行回归。

2. 技术多元化能力中介作用的实证模型回归结果

本研究基于 Baron 和 Kenny（1986）的逐步检验法[453]来检验技术多元化能力的中介作用。表 6-2 是各模型的回归结果。第一步关于解释变量标准联盟网络结构嵌入性（*DC*、*SH*）对被解释变量企业新产品开发绩效（*NNP*、*STM*）影响的检验已在第 4.4 节中介绍,总效应系数显著（见表 4-5 和表 4-6）；第二步检验解释变量（*DC*、*SH*）作用于中介变量（*TDC*）的效应是否显著,模型 8a、模型 9a 的被解释变量是技术多元化能力（*TDC*）,反映标准联盟网络结构对企业技术多元化能力的影响；第三步检验中介变量（*TDC*）作用于被解释变量（*NNP*、*STM*）的效应是否显著,模型 10a、模型 11a 的被解释变量分别是新产品进入市场速度（*STM*）和新产品数量（*NNP*）,反映企业技术多元化能力（*TDC*）对新产品开发绩效的影响；第四步是在考虑中介变量作用的条件下,检验解释变量（*DC*、*SH*）对被解释变量（*NNP*、*STM*）的直接效应是否显著,以辨别完全中介和部分中介作用,模型 12a、模型 13a 的被解释变量是新产品数量,反映技术多元化能力对标准联盟网络结构与新产品数量的中介作用。

（1）标准联盟网络结构对企业技术多元化能力的影响。模型 8a 和模型 9a 表示企业标准联盟网络结构与技术多元化能力显著正相关。模型 8a 结果显示,企业在标准联盟网络中的中心度（*DC*）越高,企业技术多元化能力（*TDC*）也越强（$\beta = 0.007$, $p < 0.05$）。该结论为研究假设 H7a 提供了有力支持,说明中心度较高的企业在外部网络知识搜索和获取上更具优势和灵活性,可以帮助中心企业有效实现技术知识范围的拓展。

表 6-1 中介效应模型的变量描述性统计

变量	NNP	STM	TSC	TDC	DC	SH	TS	NRI	VS	PS	SS	FA	NC	FC
NNP	1.00													
STM	-0.07	1.00												
TSC	0.23	-0.08	1.00											
TDC	0.32	-0.03	0.11	1.00										
DC	0.37	-0.06	0.46	0.22	1.00									
SH	0.25	-0.07	0.48	0.12	0.60	1.00								
TS	-0.04	-0.04	0.40	-0.02	0.12	0.23	1.00							
NRI	-0.04	-0.08	0.06	-0.04	0.15	0.02	0.09	1.00						
VS	0.62	-0.05	0.23	0.28	0.45	0.25	0.03	0.11	1.00					
PS	0.14	-0.01	0.21	0.07	0.37	0.26	0.04	0.06	0.21	1.00				
SS	0.21	-0.06	0.29	0.10	0.47	0.46	0.41	0.09	0.30	0.12	1.00			
FA	0.05	-0.06	0.07	-0.02	0.14	0.05	-0.05	0.11	0.08	0.13	0.15	1.00		
NC	0.12	0.06	-0.07	0.20	0.00	-0.04	-0.05	-0.02	0.10	0.13	-0.02	0.15	1.00	
FC	-0.08	0.01	-0.07	-0.06	0.01	-0.09	-0.07	-0.06	-0.07	-0.05	-0.04	0.01	0.03	1.00
均值	68.34	190.32	5.37	6.76	12.45	0.22	1.49	19.90	372.76	139.08	2.15	2.39	0.66	0.03
标准差	132.82	62.87	7.27	6.78	14.58	0.27	1.87	17.04	781.85	435.97	3.92	0.70	0.47	0.16
VIF1	—	—	1.11	1.66	2.22	1.83	1.46	1.06	1.32	1.21	1.70	1.10	1.07	1.03
VIF2	—	—	1.13	1.67	2.20	1.82	1.47	1.06	1.33	1.21	1.70	1.10	1.08	1.03

表6-2 技术多元化能力的中介作用回归结果

变量	TDC 模型8a	TDC 模型9a	STM 模型10a	NNP 模型11a	NNP 模型12a	NNP 模型13a
解释变量						
DC	0.007**	0.014***			0.013***	0.007*
	(0.003)	(0.004)			(0.004)	(0.004)
SH		−0.663***			−0.403**	−0.259
		(0.230)			(0.199)	(0.209)
中介变量						
TDC			0.005	0.022***		0.023***
			(0.004)	(0.006)		(0.007)
控制变量						
TS	0.033	0.157**	−0.006	0.090	−0.050	−0.039
	(0.036)	(0.078)	(0.033)	(0.063)	(0.072)	(0.078)
NRI	−0.0002	−0.001	−0.004**	0.003	0.005*	0.004
	(0.003)	(0.004)	(0.002)	(0.003)	(0.003)	(0.003)
VS	0.010*	0.009	0.001	−0.008	−0.003	−0.008
	(0.006)	(0.006)	(0.003)	(0.006)	(0.005)	(0.005)
SS	−0.004	−0.007	−0.002	0.003	−0.007	−0.002
	(0.011)	(0.011)	(0.006)	(0.008)	(0.009)	(0.010)
PS	−0.056***	−0.059***	0.013*	0.016*	−0.005	0.009
	(0.014)	(0.014)	(0.007)	(0.009)	(0.011)	(0.011)
FA	0.228	0.288	−0.238***	0.343***	0.326***	0.407***
	(0.199)	(0.209)	(0.081)	(0.131)	(0.118)	(0.144)
NC	−0.147	−0.152	−0.215	−0.264	−0.234	−0.246
	(0.335)	(0.380)	(0.172)	(0.182)	(0.158)	(0.190)
FC	0.214	−0.119	−0.748	−0.206	0.169	−0.237
	(1.202)	(1.138)	(0.580)	(0.632)	(0.580)	(0.644)
Constant	0.964*	0.858	3.040***	−0.057	0.146	−0.056
	(0.551)	(0.592)	(0.220)	(0.347)	(0.320)	(0.375)

注：模型中的估计结果源自固定效应负二项回归；括号中的数值为标准误差；* 表示 $p < 0.1$，** 表示 $p < 0.05$，*** 表示 $p < 0.01$。

模型9a结果显示,企业在标准联盟网络中占据的结构洞（SH）数量与企业技术多元化能力负相关（$\beta=-0.663, p<0.01$）,研究假设H7b得到有力支持。这意味着越处于中间人位置,企业在标准联盟网络中的多样化知识技术拓展行为将受到越多限制,越不利于企业技术多元化能力的提升。

(2) 技术多元化能力对企业新产品开发绩效的影响。模型10a和模型11a分别考察了TDC对STM和NNP的影响。模型10a显示,TDC与STM的相关系数为正,但影响不显著（$\beta=0.005, p>0.1$）;模型11a显示,TDC与NNP的相关系数为正,且显著相关（$\beta=0.022, p<0.01$）。这说明企业的技术多元化能力显著正向影响新产品数量,但对新产品进入市场速度的影响不显著。企业技术多元化能力提升可为企业提供丰富的知识组合机会来开发更多新产品,但在提高新产品开发速度上没有明显优势。研究假设H8得到支持。

(3) 技术多元化能力对标准联盟网络结构与企业新产品开发绩效的中介效应。根据Baron和Kenny（1986）的中介效应检验判别标准[453],技术多元化能力（TDC）作用于新产品开发速度（STM）的效应不显著,中介效应不存在;技术多元化能力（TDC）作用于新产品数量（NNP）的效应显著,进行随后检验。因此,后续检验只考虑技术多元化能力对标准联盟网络结构与企业新产品数量的中介效应。

通过模型9a、模型11a可以发现,DC与TDC显著正相关,TDC的变动可用来解释NNP的变动;且DC显著正向影响NNP（模型12a）;当同时将DC、TDC指标纳入模型13a时,DC的正向系数变小,且显著性降低（$\beta=0.007, p<0.1$）,中介变量TDC的正向系数非常显著（$\beta=0.023, p<0.01$）,表示技术多元化能力在标准联盟网络中心度影响企业新产品开发数量过程中发挥部分中介效应,支持研究假设H9a。同样,模型9a、模型11a显示,SH的变化显著负向影响TDC的变化,TDC的变化显著正向影响NNP的变化;且SH显著负向影响NNP（模型12a）;当将SH、TDC置于同一模型（模型13a）中时,SH的负向系数不再显著（$\beta=-0.259, p>0.1$）,而作为中介变量的TDC非常显著（$\beta=0.023, p<0.01$）,这表示TDC是标准联盟网络结

构洞影响新产品开发数量的完全中介，支持研究假设 H9b。为进一步检验技术多元化能力的中介作用，我们进行了 Sobel 检验，对于中心度，检验结果为 $Z=2.396$，$p<0.05$；对于结构洞，检验结果为 $Z=-2.167$，$p<0.05$。这表明，技术多元化能力在网络结构与新产品数量关系中的中介效应显著。因此有理由认为，处于标准联盟网络中心位置的企业可通过技术多元化推进新产品开发；而在标准联盟网络中占据丰富结构洞位置将限制企业知识技术范围拓展，不利于多样化新产品开发活动的开展。

3. 技术标准化能力中介作用的实证模型回归结果

同理，基于 Baron 和 Kenny（1986）的逐步检验法[453]来检验技术标准化能力在标准联盟网络结构对企业新产品开发绩效影响中的中介作用。表 6-3 是各模型回归结果。模型 8b、模型 9b 的被解释变量是技术标准化能力（TSC），反映标准联盟网络结构对企业技术标准化能力的影响；模型 10b、模型 11b 的被解释变量分别是新产品数量（NNP）和新产品进入市场速度（STM），反映技术标准化能力（TSC）对企业新产品开发绩效的影响；模型 12b、模型 13b 的被解释变量是新产品进入市场速度（STM），反映技术标准化能力（TSC）对标准联盟网络结构与企业新产品进入市场速度的中介作用。

（1）标准联盟网络结构对企业技术标准化能力的影响。根据模型 8b 关于被解释变量为 TSC 的负二项回归结果，DC 与 TSC 显著正相关（$\beta=0.026$，$p<0.01$），即研究假设 H10a 在 0.01 的显著性水平上得到支持，说明企业在标准联盟网络中的中心地位越高，信息和支持来源越丰富，企业越有能力制定技术标准。根据模型 9b，企业在标准联盟网络中所占据的结构洞（SH）与技术标准化能力（TSC）显著正相关（$\beta=0.663$，$p<0.01$），表示标准联盟网络中间人位置十分有利于企业获取信息优势和控制优势，可增强企业制定与推广技术标准的能力。研究假设 H10b 在 0.01 的显著性水平上得到有力支持。

表 6-3 技术标准化能力的中介作用回归结果

变量	TSC 模型 8b	TSC 模型 9b	NNP 模型 10b	STM 模型 11b	STM 模型 12b	STM 模型 13b
解释变量						
DC	0.026***	0.020***			0.005**	0.008***
	(0.003)	(0.003)			(0.002)	(0.003)
SH		0.663***			-0.258**	-0.249**
		(0.180)			(0.116)	(0.116)
中介变量						
TSC			-0.004	-0.011**		-0.019**
			(0.009)	(0.005)		(0.008)
控制变量						
TS	0.093***	0.427***	-0.012	0.027*	-0.020	0.031
	(0.016)	(0.054)	(0.030)	(0.014)	(0.044)	(0.049)
NRI	-0.005*	-0.003	0.006**	-0.002	-0.002	-0.004**
	(0.003)	(0.003)	(0.003)	(0.001)	(0.002)	(0.002)
VS	-0.001	-0.0002	0.0001	0.0004	0.0001	0.001
	(0.005)	(0.004)	(0.006)	(0.003)	(0.003)	(0.003)
SS	-0.029***	-0.024***	-0.007	-0.002	0.0001	-0.006
	(0.008)	(0.007)	(0.009)	(0.006)	(0.007)	(0.007)
PS	-0.014	-0.018*	0.006	0.006	-0.001	0.002
	(0.010)	(0.009)	(0.010)	(0.007)	(0.008)	(0.010)
FA	0.261	0.060	0.398***	-0.135*	-0.170**	-0.179**
	(0.179)	(0.166)	(0.124)	(0.082)	(0.077)	(0.088)
NC	-0.343	0.174	-0.343*	0.105	-0.136	-0.118
	(0.344)	(0.402)	(0.181)	(0.149)	(0.137)	(0.165)
FC	1.168	10.330	-0.507*	-0.014	-0.127	-0.141
	(3.187)	(409.557)	(0.288)	(0.270)	(0.247)	(0.275)
Constant	1.834***	2.723***	0.133	2.501***	2.642***	2.585***
	(0.534)	(0.992)	(0.332)	(0.225)	(0.215)	(0.246)

注：模型中的估计结果源自固定效应负二项回归；括号中的数值为标准误差；* 表示 $p<0.1$，** 表示 $p<0.05$，*** 表示 $p<0.01$。

（2）企业技术标准化能力对新产品开发绩效的影响。模型10b和模型11b分别考察了TSC对NNP和STM的影响。模型10b显示，TSC与NNP的相关系数为负，但影响不显著（$\beta=-0.004$，$p>0.1$）；模型11b显示，TSC与STM的相关系数为负，且显著相关（$\beta=-0.011$，$p<0.05$）。前文已多次阐述，被解释变量为STM模型中的变量回归系数的正负方向与所代表的实际影响方向相反，因而TSC显著正向影响新产品进入市场速度，但TSC对NNP的影响不显著。研究假设H11得到有力支持。

（3）技术标准化能力对标准联盟网络结构与企业新产品开发绩效的中介效应。根据Baron和Kenny（1986）的中介效应检验判别标准[453]，技术标准化能力（TSC）作用于新产品数量（NNP）的效应不显著，中介效应不存在；技术标准化能力（TSC）作用于新产品进入市场速度（STM）的效应显著，进行随后检验。因此，后续检验只考虑技术标准化能力对标准联盟网络结构与企业新产品进入市场速度的中介效应。

通过模型9b、模型11b可以发现，DC的变化能显著正向影响TSC的变化，TSC的变动可显著影响STM的变动；且企业在标准联盟网络中的DC水平显著负向影响STM（模型12b）；当同时将DC、TSC指标纳入模型13b时，DC的正向系数（负向作用）依然显著（$\beta=0.008$，$p<0.01$），作为中介变量的TSC非常显著（$\beta=-0.019$，$p<0.05$），这说明技术标准化能力是标准联盟网络中心度与企业新产品进入市场速度的部分中介变量，支持了研究假设H12a。

同理，模型9b、模型11b显示，SH的变化能力显著正向影响TSC的变化，TSC的变动可显著影响STM的变动；且企业在标准联盟网络中的结构洞（SH）显著正向影响STM（模型12b）；当将SH、TSC置于同一模型13b中时，SH的负向系数（正向作用）依然显著（$\beta=-0.249$，$p<0.05$），而作为中介变量的TSC非常显著（$\beta=-0.019$，$p<0.05$），这表示技术标准化能力是标准联盟网结构洞与企业新产品进入市场速度关系的部分中介变量，支持了研究假设H12b。为进一步检验技术标准化能力的中介作用，我们进行了Sobel检验，对于中心度，检验结果为$Z=-2.237$，$p<0.05$；对于结构洞，检验结果为$Z=-2.000$，$p<0.05$。这表明，技术标准

化能力在网络结构与新产品进入市场速度关系中的中介效应显著。可见，在标准联盟网络中占据中心位置和结构洞位置的企业，可借助技术标准化能力在产业正式标准制定中发挥主导力和话语权，确保企业创新轨迹和产业创新轨迹相一致，提升企业技术系统与行业主导技术系统的适配性及其在供给方和需求方市场的接受度，从而提升新产品开发效率，获得时间优势和先动优势。

6.5 本章小结

本章基于知识基础观，将新产品开发视为对复杂知识系统进行知识元素更新与重组的过程，新产品数量与新产品进入市场速度可表达为知识元素组合多样化、知识元素间组合效率。在此视角下，分析了知识整合能力的重要构成——技术多元化能力、技术标准化能力与新产品开发绩效的密切关联，解释了中介变量选取的原因。然后分析了标准联盟网络结构对企业不同类型知识整合能力（技术多元化能力、技术标准化能力）的影响机理，并重点探讨了技术多元化能力、技术标准化能力分别在标准联盟网络结构与新产品开发绩效关系中存在的中介作用，提出相应研究假设。最后基于汽车产业数据展开实证检验，发现标准联盟网络中心度与企业技术多元化能力、技术标准化能力正相关，结构洞与企业技术多元化能力负相关，与技术标准化能力正相关；标准联盟网络中心度、结构洞对新产品数量的影响主要通过技术多元化能力起作用，对新产品进入市场速度的影响则主要通过技术标准化能力起作用。

CHAPTER 7 第7章
知识整合能力之技术标准化能力的拓展研究

标准作为经济活动和社会发展的技术支撑,是知识经济时代衡量企业乃至国家核心竞争力的重要标志[454]。我国正处于新旧增长动能转换的关键时期,"中国标准"的国际影响力和贡献力是当前必须争夺的战略制高点。要提高中国企业在世界市场的影响力和话语权,就必须占领标准建设的制高点、拥有标准领域的主导权,提升技术标准化能力成为企业(尤其是高技术企业)重构未来竞争力、助推中国标准变为世界标准的关键。基于技术标准化能力的重要性以及当前的相关研究现状,本书从社会网络视角对其展开拓展研究。

7.1 技术标准化能力的分类与特征

从技术选择、技术标准制定到技术标准推广的完整过程称为技术标准化。技术标准化能力则指企业将自身技术推广为产业标准过程中所具备的技术标准制定与推广的能力,体现为影响其他企业或企业群体的行为并使得自身利益在技术标准内容中得到体现的能力。在产业实践中,存在两类技术标准化活动,与之相对应,企业在标准化活动中扮演着不同的角色(见图7-1)。高技术产业技术的前沿性、先导性、复杂性及高不确定性,使标准化活动往往需要众多主体协同开展,集成系列关联技术形成协同体系。这决定了在合作制定标准的过程中必须有一个主导企业集成资源、完善标准制定、协调关系以促进共识达成,而其他成员则作为模块专业技术资源支持者,跟随主导企业共同完成标准制定与推广。因此,根据企业在标准化过程中所扮演角色和发挥作用的差异，可将技术标准化能力划分为标准化主导能力与跟随能力[39,455-456]。

技术标准化主导者
集成资源制定技术标准、协调关系促进共识达成 → 围绕自身核心技术体系设计行业规则，最大限度地获取战略利益 ← 产业实践的**极少数**

技术标准化跟随者
提供模块专业技术资源，支持和辅助主导企业推进标准化 → 使自身技术融入主流技术标准体系，保证产品兼容性及可持续的市场接受度 ← 产业实践的**大多数**

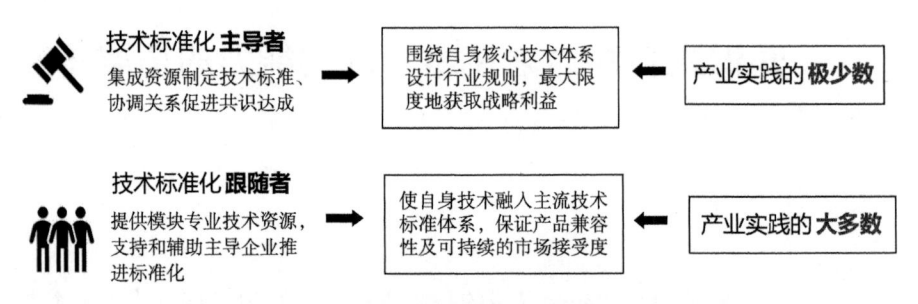

图 7-1　标准化角色和内容

主导技术标准化是企业掌握技术发展前导规制、实现核心技术成果转化的关键，如大唐主导了 TD-SCDMA 标准制定，其掌握的时分双工、同步码分多址技术成为标准的核心内容[125]；跟随技术标准化则是企业规避被淘汰风险、增强标准体系与企业技术体系一致性的保证，如中国电信并非闪联标准主导者，但通过跟随和辅助联想、TCL 等核心企业制定与推广闪联标准，成功进入 3C 融合技术生态圈中心[457]。因此，技术标准化主导能力可界定为企业围绕自身知识技术体系主导设计产业标准的能力；技术标准化跟随能力则指企业辅助和支持其他标准主导者制定和推广技术标准的能力[458]。结合中联重科、三一重工、格林美、长沙矿冶研究院、华自科技等企业的标准化访谈，对两种技术标准化能力的内涵与特征进行分析，以厘清二者的重要区别。

首先，两种能力为企业带来的竞争优势不同。技术标准化主导能力关注企业在标准制定过程中的话语权和统筹协调者地位，决定企业能否围绕自身核心技术体系设计行业规则，最大限度地获取战略利益。技术标准化跟随能力则关注企业支持和辅助标准制定主导者技术及与关联技术协同的能力，决定企业能否获取参与产业标准制定的机会来提升所研发技术与技术标准体系的一致性，从而保证产品兼容性及可持续的市场接受度。

其次，两种能力的培育过程不同。技术标准化主导能力要求整合外部资源来支持企业自身技术系统，通过扩张用户安装基础和支持企业基础发挥网络效应以增强其所倡导技术方案的竞争力。技术标准化跟随能力要求整合企业内部资源来支持外部技术系统，寻求协同机会来协助标准制定主导者以推广其所倡导技术方案，使自身技术融入主流技术标准体系中。

7.2 技术标准化能力形成的动力机制与来源

7.2.1 技术标准化能力形成的动力机制

技术标准化能力形成的动力机制如图 7-2 所示。

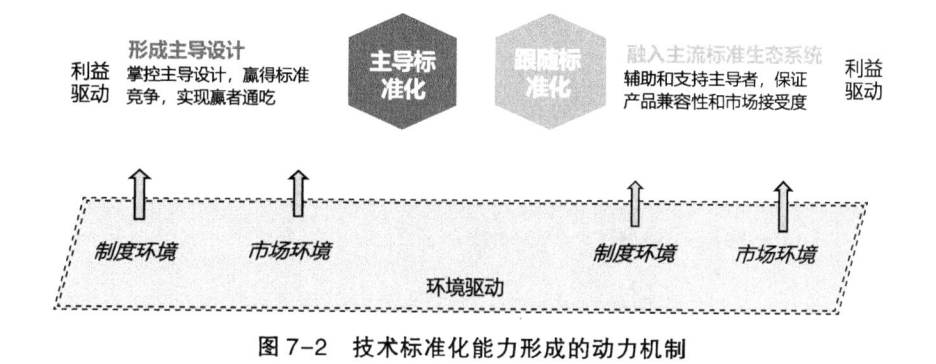

图 7-2 技术标准化能力形成的动力机制

1. 环境驱动

（1）制度环境驱动。2018 年，国家标准化管理委员会与中国工程院等高级智库联合推进标准化战略行动纲领《中国标准 2035》的制定与实施。2023 年，全国两会也传达出国家将持续加强科技成果转化，争夺战略新兴产业全球价值链最高端的精神。技术标准化作为科技创新成果转化的关键环节，是驱动我国供给侧结构性改革的核心动能。在国家政策的影响下，高技术企业纷纷实施标准化战略，提升技术标准化能力。

（2）市场环境驱动。国际市场竞争进一步加剧，"中国标准"的国际影响力和中国高技术企业在全球产业价值链中的位置成为未来市场竞争优势的核心来源。全球化和去全球化的经济形势都要求企业重新审视标准化能力，产业龙头企业如何推进主导设计形成，普通企业如何融入主流标准体系以增强中国标准竞争力。

2. 利益驱动

（1）形成主导设计。企业主导技术标准化，意味着其对产业标准制定拥有较强的话语权，能够影响其他企业组织行为，围绕自身核心技术体系构建产业标准方案，最终掌控主导设计、赢得标准竞争。技术标准化主导能力越强的企业形成主导设计的可能性也越高，有利于企业实现市场主导、获取游戏主导者的巨大利益。李冬梅和宋志红（2017）指出，主导设计会影响行业中未来几代产品的技术发展趋势，如果企业在标准竞争中失败将威胁企业生存[209]。

（2）融入主流标准生态系统。尽管主导技术标准、主动掌控游戏规则能帮助企业获取巨大利益，但并非所有企业都能够或必须成为主导者。企业通过跟随技术标准化，辅助和支持其他标准主导者制定和推广技术标准，也可以让自身技术融入主流标准生态系统[458]。

7.2.2 技术标准化能力形成的来源

企业技术标准化能力形成的基础在于技术优势和市场优势[456]。企业自身的技术先进性和完备性对企业在标准化过程中的话语权和权威有重要影响；企业的用户安装基础和市场力量也是主导能力的核心构成要素，可产生"锁定"效应，实现"赢家通吃"。然而，当前高技术企业单独依靠自身市场力量、知识产权优势主导行业标准设定的概率降低，技术标准化活动往往需要协同众多主体开展，以集成相关技术形成协同体系，扩大安装基础加快技术标准扩散。从而获取与整合外部企业组织的知识技术资源和支持成为企业技术标准化能力的重要外部来源[269]。

（1）外部知识技术的获取与整合。主导制定与推广技术标准要求企业具有很强的技术主导能力和系统技术整合能力，能够整合外部资源支持自身技术系统。一方面，高技术行业技术标准通常涉及多领域核心技术，企业需要通过更广范围集成业内先进技术以形成技术主导能力。另一方面，

第 7 章　知识整合能力之技术标准化能力的拓展研究

系统技术整合要求企业对不同技术模块间的耦合与互动规则有深入了解，这对主导企业与不同外部模块技术供给者之间的有效知识沟通与分享提出了要求。跟随制定与推广技术标准要求企业具备较强的机会识别和技术协同能力，能够整合自身资源支持外部技术系统。一方面，跟随者需通过外部扫描、获取知识信息以识别标准化跟随机会；另一方面，能否把握标准化机会还取决于企业能否基于自身优势技术高效支持与协同主导者技术系统[269]。因此，丰富的外部资源获取机会及高效的外部技术整合过程可有效提升企业技术优势，是企业标准化能力形成的重要来源，但标准化主导能力和跟随能力对外部知识技术获取与整合的要求存在差异。

（2）外部组织的支持与认同。技术标准化本质上是一个协商和共识形成过程，最终的标准内容将以合作性安排而非最优安排呈现。经济主体在参与正式标准制定中涉及大量私有利益。基于该特征以及正式标准制定中技术和市场的高度不确定性，技术选择过程将产生社会关系影响的空间。市场力量相当的竞争者间，或市场力量较为薄弱的企业，可利用团体的市场力量迅速为所制定标准建立起一定规模的用户安装基础，使所倡导技术规范得到市场认可。因此，获得产业内外其他企业和组织机构的支持和认同也是增强企业技术标准化能力的重要途径[269]。主导技术标准化要求企业能够高效集聚起可以与竞争者抗衡的市场力量以提升所倡导技术方案的影响力，包括其他同行、供应商、配套商等的支持与跟随；跟随技术标准化只需企业协同利益相关者集聚一定市场力量从而吸引外部关注，以获取标准化机会。

企业技术标准化主导能力和跟随能力的内外部来源存在差异，二者的形成规律也有所不同。高技术企业技术标准化能力的形成一般遵循"识别标准化机会—构建标准技术体系—推广为行业主导技术标准"的流程，通过异质资源协同、核心技术创新、市场力量扩展互动契合，实现主导能力和跟随能力的提升，其具体机制如图 7-3 所示。

| 标准化主导能力 | 异质资源协同　核心技术创新　市场力量扩展 | 标准化跟随能力 |

| 集聚外部组织市场力量，推进标准产业化和市场化 | 推广为行业主导技术标准 | 采用和实施所制定技术标准，配合主导者推进标准扩散 |

| 整合外部异质资源支持自身技术系统，协同跟随者完备技术方案 | | 整合内部资源支持外部技术系统，辅助主导者完备技术方案 |

| | 构建标准技术体系 | |

| 结合核心技术和市场优势识别主导标准化机会 | 识别标准化机会 | 扫描外部环境，结合核心技术和市场优势识别跟随标准化机会 |

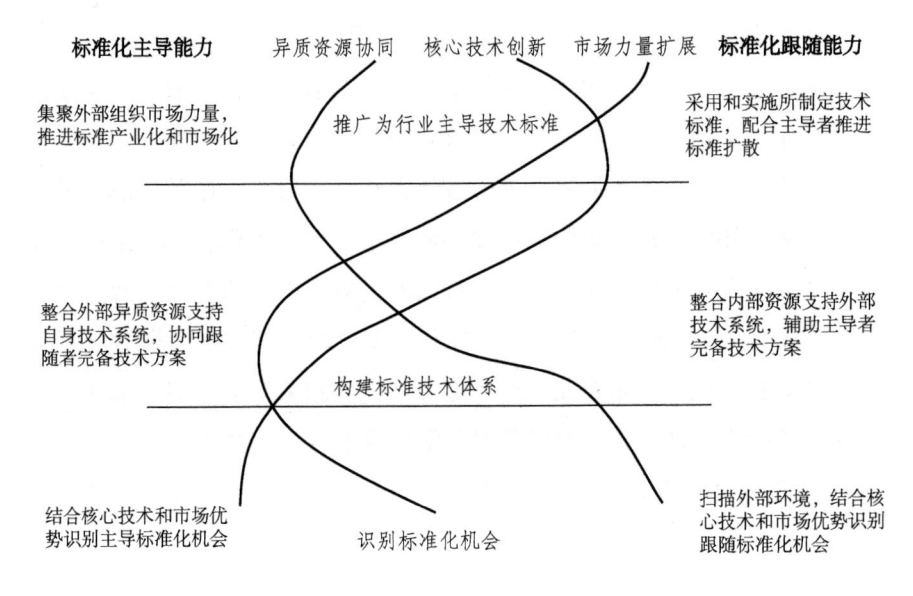

图 7-3　技术标准化能力形成的三螺旋结构模型

7.3　标准联盟网络结构对两类技术标准化能力的直接影响机理

7.3.1　标准联盟网络结构对技术标准化主导能力的影响

标准联盟网络中心度显示企业获取网络无形资源的机会和可能性。中心度越高，企业在标准制定中将获得越多优势，具备越强的技术标准化主导能力。首先，作为与供应商、客户、竞争者、研究机构、政府机构等合作关系的交汇处，中心企业在标准化协商中能获得更多支持，其所制定方案将具备更大的用户安装基础。其次，中心网络位置也使得企业在制定正式标准规范时更有效率，因为中心位置丰富的知识信息流有利于企业提升所制定标准的兼容性，增强同行企业和客户等对主导者标准内容的接受度。最后，高中心度可赋予中心企业非正式权力来影响其他网络成员在标准内容偏好和技术选择上的决策。因此，中心位置更宽泛的支持和信息来源、更高的资源统筹能力、更优的系统决策权，将使企业具备更高的技术标准主导能力。

结构洞也是企业层面社会资本的重要来源[188]，可提供信息优势和控制优势，从而展现出培育技术标准化能力的潜力。占据结构洞位置意味着拥有非冗余信息传递通道，可缩小企业间的距离来扩大网络触及范围，及时更新、获取多样化知识信息[192]。结构洞越多，表明企业的网络联结冗余度越低，越有利于企业及时、独占性地获取更多标准制定所需的多样化知识信息。这可以帮助企业了解不同技术的兼容互动规则，使其在集成行业资源形成全面、兼容的技术方案上更具统筹力与话语权，促进技术标准化主导能力的提升。此外，伴随结构洞出现将产生行动者中介机会[192]。企业作为网络中介节点拥有信息控制优势，赋予企业更大的决策灵活性和话语权[459]，基于自身需求与伙伴达成最优标准化合作协议；还能促进技术方案一致性认同的达成，帮助企业整合行业优质资源进行产业链战略布局，以系统观念构建基于技术标准的产品创新体系，十分有利于企业技术标准化主导能力的提升。基于此，提出假设：

H13a：企业在标准联盟网络中的中心度正向影响技术标准化主导能力。

H13b：企业在标准联盟网络中的结构洞正向影响技术标准化主导能力。

7.3.2　标准联盟网络结构对技术标准化跟随能力的影响

中心度高说明企业处于标准联盟网络核心位置，中心度低则表明其处于网络边缘。随着企业网络中心位置上升，其所能获取的外部知识信息也迅速增加。丰富的外部信息流入，一方面可为企业带来即时的行业讯息和丰富的互补资源，识别有前景的标准化领域和标准化合作机会；另一方面中心企业拥有更多机会与合作伙伴展开有效的沟通与交流[438]，宣传企业优势技术，基于互利互惠原则展开游说，以获取更多的标准化合作机会。此外，中心企业基于内外部资源的有效整合，有利于企业有针对性地选择优势领域来协同外部技术系统，获得标准主导者的认可与支持。因此，中心位置更丰富的信息来源、更多的标准化合作机会及更高的资源协同能力，将使企业具备更高的技术标准化跟随能力。

结构洞是网络两节点间的非冗余关系,当企业在网络中连接互不相连的其他节点时,便占据了结构洞位置[188]。结构洞越多,越有利于企业及时、独占性地获取更多标准制定所需的多样化知识信息。这有助于企业了解知识技术分布及需求,掌握行业技术标准化动态,结合自身优势识别更多技术协同与标准化合作机会,从而提升技术标准化跟随能力。此外,占据结构洞的企业在选择机会的过程中占据更有利的条件[188]。当标准化合作伙伴有相同需求时,占据结构洞的企业可衡量各方利弊,选择更符合自身技术规划或能转让更多利益的伙伴展开进一步合作。当标准化合作伙伴有冲突需求时,结构洞位置上的企业可通过增强伙伴间竞争和紧张程度来提高谈判筹码,控制整体局势。上述情况中信息是关键,精确的、模糊的或者扭曲的信息需通过结构洞位置实现在成员间的传递[358]。因此,结构洞赋予企业更多的标准化合作机会及更高的标准化决策灵活性,有利于企业根据自身偏好灵活跟随主导者展开标准化合作。基于此,提出假设:

H14a:企业在标准联盟网络中的中心度正向影响技术标准化跟随能力。

H14b:企业在标准联盟网络中的结构洞正向影响技术标准化跟随能力。

7.4 标准联盟网络结构影响两类技术标准化能力的网络构成条件

7.4.1 标准联盟网络多样性构成对两类技术标准化能力的影响

占据网络中的好位置可为企业提供更多的网络资源获取和整合机会,但能否有效把握这些机会还取决于作为资源供给源的网络节点构成特征。网络主体多样性是标准联盟网络的基础构成特征[460]。本书聚焦组织类型多样性,考察网络资源池异质性对企业技术标准化能力的影响。

当标准联盟网络多样性较低时,网络主体类型单一,所能提供的异质资源和支持较少,阻碍焦点企业通过广泛搜索和跨组织学习来发现行业利基市场、形成与多样化技术协同的能力,减少其被推荐为相关领域技术标

第 7 章　知识整合能力之技术标准化能力的拓展研究

准制定者的机会，不利于技术标准化跟随能力的提升。但低网络多样性意味着高伙伴类型重叠度，合作伙伴间竞争程度较高，它们对共同联盟伙伴——焦点企业而言具有替代性，这种重叠特征可转化为焦点企业事实上的议价能力、联盟网络高地位及同类型联盟经验[302]，进而提升企业资源整合水平和统筹协商能力，十分有利于技术标准化主导能力的提升。

随着标准联盟网络多样性的提升，网络所嵌入组织的类型迅速增加，一方面，网络资源异质性大幅提升将带来价值创造和能力提升机会[294]；另一方面，多样化组织拥有不同的目标、决策过程和系统，这将引起沟通与协调困难、知识吸收和关系管理成本增加[294]，且不同类别资源的单一获取渠道还将降低焦点企业的议价能力和资源整合效率。技术标准化主导能力关注企业在标准制定中的话语权及系统资源整合能力，网络多样性提升所带来的异质资源优势虽为整合行业资源制定先进和完备的标准提供了可能性，但这种可能性变为现实的前提在于对这些异质资源的有效获取和利用。而高网络多样性所产生的低议价能力和沟通协调困难不仅会阻碍异质网络资源的获取，还将弱化焦点企业在标准制定中的话语权和影响力，削弱技术标准化主导能力。而技术标准化跟随能力强调由技术协同带来的标准制定参与机会，高网络多样性的异质资源优势十分有利于焦点企业通过跨组织学习提升与关联技术协同的能力，挖掘更多的标准化合作机会，较好地支持关联领域主导者的技术方案，且作为跟随者无须承担整合多样化资源的责任，因而提升网络多样性对技术标准化跟随能力的正面影响远大于负面影响。综合来看，标准联盟网络多样性提升将弱化焦点企业技术标准化主导能力，却能增强其技术标准化跟随能力。基于此，提出假设：

H15a：企业所处标准联盟网络多样性与技术标准化主导能力负相关。

H15b：企业所处标准联盟网络多样性与技术标准化跟随能力正相关。

7.4.2　网络多样性在中心度对技术标准化能力影响中的调节作用

伴随高标准联盟网络中心度的多信息和支持来源、高资源统筹能力、优系统决策权，有助于企业技术标准化主导能力的形成，而网络多样性的提升可进一步放大中心位置的资源信息获取和资源统筹优势，从而强化中心度对技术标准化主导能力的正向影响。首先，网络多样性的提升使得中心位置所汇聚的知识信息异质性快速增加，有利于企业获取标准方案所需的复杂关联知识，整合多样化知识形成创新性解决方案，提升标准先进性和完备性，推动技术标准升级与更新。其次，网络资源池的知识技术多样性越高，中心企业的资源统筹优势越有用武之地，平衡对接产业链上下游各关联方需求，制定出兼容性好、业内支持度高的标准方案，以提升标准制定的话语权和竞争力。

然而，当企业聚焦技术标准化跟随能力培育时，网络多样性提升却将弱化高网络中心度带来的标准化机会识别和资源协同优势，不利于企业把握机会高效协助和跟随领头企业展开技术标准化。首先，与不同类型伙伴维持大量合作关系将产生信息超载和规模不经济，增加知识吸收压力，导致无效知识整合和过高关系管理成本[111]，无法高效识别有价值的标准化机会。其次，高度多样化的网络关系也会导致企业注意力和资源分散[295]，阻碍企业聚焦优势领域整合内部资源支持外部技术系统，无法有效发挥高网络中心度的资源协同优势把握有前景的标准化跟随机会。由此可知，高联盟网络多样性有利于企业通过网络中心位置增强在标准化过程中的主导力，却不利于企业发挥中心位置优势跟随技术标准化。基于此，提出假设：

H16a：标准联盟网络多样性正向调节中心度对企业技术标准化主导能力的影响。

H16b：标准联盟网络多样性负向调节中心度对企业技术标准化跟随能力的影响。

7.4.3 网络多样性在结构洞对技术标准化能力影响中的调节作用

结构洞关注网络节点间的关系联结模式，网络多样性则关注网络节点的构成特征。结构洞位置本质上是高效获取外部资源、通过两端信息不对称影响其他节点行为的渠道[188]，而最终从桥两端能获取的资源及利用信息不对称获取的战略利益还取决于企业所连接网络伙伴的多样化构成特征，即网络多样性将影响企业网络资源获取效率和整合难度，强化或减弱结构洞对不同类型技术标准化能力的影响。结构洞的信息优势和控制优势有助于焦点企业技术标准化主导能力的形成，网络多样性的提升可增强结构洞的异质资源优势、协商谈判优势并缓解机会主义风险，从而强化结构洞对技术标准化主导能力的正向影响。首先，网络资源池多样性的提升有利于企业通过非冗余合作关系获取及时、独占性的异质知识信息，使企业在制定完备的技术方案方面更具权威与话语权。其次，独占异质化的知识信息资源将增加占据结构洞位置企业的中介机会[192]，通过控制优势增加协商谈判筹码，降低与多样化主体合作的协调难度和关系管理成本。最后，网络主体类型重叠度低意味着主体间竞争程度较弱、直接利益冲突较少，与焦点企业进行知识分享和技术标准合作的意愿较高[461]，可缓解结构洞由于缺乏共同第三方监督而引起的知识吸收压力、信任缺失和机会主义风险，促进焦点企业对网络资源的整合与利用以提升其主导制定具有先进性、兼容性标准的能力。

然而，当企业聚焦技术标准化跟随能力培育时，标准联盟网络多样性的提升却将弱化结构洞优势，阻碍企业通过广泛技术协同增加被推荐为标准制定参与者的机会。首先，网络多样性和结构洞位置的异质资源优势彼此间将产生替代效应[31]，网络资源池多样化使企业无须致力于构建非冗余关系来拓宽知识技术搜索范围以识别和获取更多的技术协同与合作机会。其次，网络主体类型多样化所带来的弱竞争环境有利于结构洞位置企业围绕自身核心技术高效整合网络优质资源以提升主导力，却不利于网络资源协同提升跟随力。网络多样化使桥两端的知识技术资源协同困难，而缺乏结构洞的密集网络却能促进网络主体频繁互动[193]，推动异质资源协同并加速企业自身知识技术在异质化网络中扩散，从而获得更多参与标准制定的机会。最后，网络主体多样化还将削弱源于结构洞的决策灵活性和自治优势对跟随企业的吸引力。不同类型标准联盟伙伴彼此间的利益冲突较少[302]，焦点企业在进行跟随决策时，如在潜在合作对象中选择所跟随伙伴及在技术标准化过程中更换合作对象，刻意保持不同背景伙伴彼此隔离以获取决策灵活性的回报降低。只有当同质性伙伴较多时，焦点企业通过结构洞进行信息控制才更有意义。

由上述分析可知，高标准联盟网络多样性十分有益于企业发挥结构洞优势来促进技术标准化主导能力提升，却不利于企业基于结构洞培育和增强技术标准化跟随能力。基于此，提出假设：

H17a：标准联盟网络多样性正向调节结构洞对企业技术标准化主导能力的影响。

H17b：标准联盟网络多样性负向调节结构洞对企业技术标准化跟随能力的影响。

7.5 标准联盟网络结构对两类技术标准化能力的影响实证

7.5.1 研究设计

1. 变量选择及测度

（1）被解释变量。被解释变量为技术标准化主导能力（DTSC）和技术标准化跟随能力（FTSC）。已有研究主要采用企业制定标准数量或成功变更标准内容请求的次数来衡量企业技术标准化能力[39,186]。在我国，对正式标准变更请求信息进行跟踪是比较困难的，缺乏规范的处理和保存。但正式标准的内容和起草者信息是公开的。根据我们对中国标准化研究院、中汽中心、汽车整车制造商的访谈得知，正式标准的起草者更有能力影响其他企业或组织关于标准内容偏好和技术备选方案的决定，并使自身技术方案被接受。

因此，企业起草标准的数量是测度其技术标准化能力的优良指标。值得注意的是，正式标准的起草者有两类——主编单位、参编单位。主编单位是主导标准起草过程的企业/机构，负责协调和整合所有参与者的资源来起草标准。企业成功以主编单位起草了正式标准表明：该企业对标准内容做出了重大贡献；在参与者选择和标准内容决策上，该企业有比其他起草者更大的话语权；该企业成功地整合了外部资源，以支持该标准定义领域的技术系统。其他参编单位承担部分工作（如技术检查、测试和专业指导），协助主编单位制定正式标准。基于此，我们认为作为主编单位/参编单位起草正式标准可以很好地体现企业在正式标准制定中的主导能力/跟随能力。因此，用企业作为主编单位制定标准的数量来测度其技术标准化主导能力，用企业作为参编单位制定标准的数量来测度其技术标准化跟随能力（见表7-1）。

表7-1 技术标准化能力的测度

	测度方法	优缺点
旧测度	采用企业制定标准数量或者成功变更标准内容请求的次数来衡量企业技术标准化能力	①在我国，对正式标准变更请求进行信息跟踪比较困难，缺乏规范处理和保存，无法用变更标准内容信息展开测度 ②无法有效区分测度技术标准化主导能力和跟随能力
现测度	用企业作为主编单位制定标准的数量来测度其技术标准化主导能力，用企业作为参编单位制定标准的数量来测度其技术标准化跟随能力	①测度数据可行且规范 ②主编单位和参编单位信息可以较好地衡量起草者对标准内容的贡献、话语权及所发挥的作用，能够很好地体现企业在正式标准制定过程中的主导能力和跟随能力

基于正式标准的主编单位和参编单位信息衡量企业的技术标准化主导能力和跟随能力，利用2009—2020年汽车产业正式标准信息，呈现各阶段技术标准化主导企业和跟随企业，如表7-2所示。随着汽车产业的发展，业内标准化主导企业和跟随企业处于不断变更状态。

表7-2 汽车产业2009—2020年技术标准化主导企业和跟随企业排名

阶段	排名	主导企业	跟随企业
2009—2011年	1	天津清源电动车辆有限责任公司	山东五征集团有限公司
	2	重庆建设汽车系统股份有限公司	长安福特汽车有限公司
	3	资阳市南骏汽车有限责任公司	北汽福田汽车股份有限公司
	4	东风汽车集团有限公司	山东时风（集团）有限责任公司
	5	神龙汽车有限公司	宇通客车股份有限公司
	6	宇通客车股份有限公司	潍柴雷沃重工股份有限公司

续表

阶段	排名	主导企业	跟随企业
2012—2014年	1	东风汽车有限公司	东风商用车有限公司
	2	东风汽车集团有限公司	宇通客车股份有限公司
	3	一汽海马汽车有限公司	东风汽车集团有限公司
	4	柳州五菱汽车工业有限公司	山东时风（集团）有限责任公司
	5	山东时风（集团）有限责任公司	山东五征集团有限公司
	6	中联重科股份有限公司	北汽福田汽车股份有限公司
2015—2017年	1	东风汽车（集团）有限责任公司	安徽江淮汽车集团股份有限公司
	2	重庆力帆乘用车有限公司	比亚迪汽车工业有限公司
	3	安徽江淮汽车集团股份有限公司	上海汽车集团股份有限公司
	4	宇通客车股份有限公司	宇通客车股份有限公司
	5	中车时代电动汽车股份有限公司	上汽大众汽车有限公司
	6	成都客车股份有限公司	上汽通用五菱汽车股份有限公司
2018—2020年	1	宇通客车股份有限公司	上汽通用五菱汽车股份有限公司
	2	东风汽车集团有限公司	安徽江淮汽车集团股份有限公司
	3	扬州中集通华专用车有限公司	奇瑞汽车股份有限公司
	4	安徽江淮汽车集团股份有限公司	华晨汽车集团控股有限公司
	5	比亚迪汽车工业有限公司	长城汽车股份有限公司
	6	北汽福田汽车股份有限公司	宇通客车股份有限公司

（2）解释变量。

1）中心度（DC）。采用点度中心度（与焦点企业拥有直接合作关系的伙伴数量）来反映焦点企业在标准联盟网络中的地位高低。

2）结构洞（SH）。基于Gould和Fernandez（1989）的归一化经纪人测度[398]，计算焦点企业自我中心网络中缺乏直接联结的实际节点对数量与最大可能的节点对数量的商值来衡量企业标准联盟网络结构洞。

3）网络多样性（ND）。网络多样性是指焦点企业所处自我中心网络由不同类型组织构成的程度及这些组织的频率分布[462]。将组织划分为竞争者、供应商、客户、政府机构、高等院校和科研机构、其他共六种类型，采用多样性常用测度方法赫芬达尔指数的倒数来衡量网络多样性，计

第7章 知识整合能力之技术标准化能力的拓展研究

算公式为

$$ND = 1/\sum (N_i/N)^2$$

其中，N_i 为观测期焦点企业自我中心网络中第 i 种类型组织的数量；N 为焦点企业自我中心网络组织节点总数量。

（3）控制变量。本研究分别考虑了网络层面和企业层面将影响企业技术标准化能力的变量。为减少企业与伙伴合作强度带来的资源差异，控制企业在自我中心网络中的联结强度；为消除源于企业创新水平、标准制定经验及组织特征的差异，所采取的企业层面控制变量包括专利存量、标准存量、企业年龄和企业性质。

1）联结强度（TS）。弱联结有助于异质化知识信息获取，强联结可增进合作伙伴间的信任与合作，强、弱联结优势的不同将给企业不同类型技术标准化能力带来差异化影响。根据 Gonzalez-Brambila 等（2013）[403] 的研究，本研究采用企业参与合作的次数除以合作伙伴的数量来测度关系强度。

2）专利存量（PS）。企业专利存量能较好地反映其研发能力、知识技术存量和知识吸收能力[406]。考虑知识技术的价值随时间衰减，利用观测年 t 之前五年的专利数量测度企业专利存量。

3）标准存量（SS）。即企业在观测期之前制定标准的数量。企业参与制定的标准越多，相关专业知识和经验积累得越多，会影响企业的技术标准化能力。

4）企业年龄（FA）和企业性质（是否为国有控股 NC/是否为中外合资 JV）。企业拥有的关系资源和知识资源会随着企业年龄的增长而逐步积累；企业性质不同，在外部资源获取上也存在差异，如国有控股企业在获得国家资金支持上更具优势，中外合资企业则可从国外获得更多的先进知识技术。

2. 模型选择与估计

本研究所涉及的被解释变量"技术标准化主导能力（DTSC）、技术标准化跟随能力（FTSC）"为非负整数，计数模型比传统线性回归模型更为适用，且方差远大于均值（DTSC 均值 = 0.44，DTSC 方差 = 2.99；FTSC 均值 = 1.88，FTSC 方差 = 7.73），负二项回归模型比泊松回归模型更适用于估计呈现过度离散特征的被解释变量。实证数据为汽车产业 1999—2012 年非平衡面板数据，随机效应模型关注组间差异并允许不同截距，比固定效应更有效。这与我们关注企业间差异的理论逻辑一致，并能提供对回归系数更为简单的解释。因此，最终模型为随机效应负二项回归模型。

7.5.2 数据分析

1. 描述性统计与 VIF 值分析

表 7-3 所列为变量的描述性统计及相关系数，所有相关系数小于 0.6，且各变量 VIF 值分布在 1.06~1.82。根据 Guan 和 Liu（2016）[426] 的研究，VIF 值小于 10 说明不存在严重共线性问题，可将变量纳入模型进行回归。

表 7-3 变量的描述性统计及相关系数

变量	DTSC	FTSC	SH	ND	TS	DC	SS	PS	FA	NC	JV
DTSC	1.00										
FTSC	0.28	1.00									
SH	0.27	0.53	1.00								
ND	-0.01	0.24	0.24	1.00							
TS	0.14	0.58	0.28	0.17	1.00						
DC	0.21	0.56	0.59	0.21	0.18	1.00					
SS	0.14	0.36	0.47	0.15	0.40	0.49	1.00				
PS	0.17	0.19	0.31	0.07	0.06	0.35	0.15	1.00			
FA	0.16	0.04	0.10	0.12	-0.04	0.16	0.17	0.14	1.00		
NC	0.02	-0.02	-0.05	-0.08	-0.06	0.00	0.01	0.10	0.08	1.00	
JV	-0.05	0.02	0.04	0.05	0.01	0.10	0.02	-0.06	0.05	-0.19	1.00
均值	0.44	1.88	0.22	2.30	1.49	12.45	2.15	139.08	2.39	0.66	0.26
标准差	1.73	2.78	0.27	0.77	1.87	14.58	3.92	435.97	0.70	0.47	0.44
VIF	—	—	1.74	1.10	1.25	1.82	1.62	1.20	1.08	1.07	1.06

2. 实证模型回归结果

(1) 标准联盟网络结构对企业技术标准化主导能力和跟随能力的影响。表 7-4 是负二项回归结果。模型 14 仅包含控制变量。模型 15 加入了解释变量标准联盟网络中心度（DC），结果显示中心度对两种类型技术标准化能力存在显著正效应（β_{DTSC} = 0.017，$p < 0.05$；β_{FTSC} = 0.046，$p < 0.01$），研究假设 H13a 和 H14a 得到有力支持。模型 16 加入了解释变量结构洞（SH），结果显示结构洞对两种类型技术标准化能力也存在显著正效应（β_{DTSC} = 0.649，$p<0.01$；β_{FTSC} = 0.334，$p<0.01$），研究假设 H13b 和 H14b 得证。

表 7-4 标准联盟网络结构对企业技术标准化主导能力和跟随能力影响的回归结果

变量	模型 14 DTSC	模型 14 FTSC	模型 15 DTSC	模型 15 FTSC	模型 16 DTSC	模型 16 FTSC
DC			0.017**	0.046***	-0.003	0.029***
			(0.007)	(0.003)	(0.008)	(0.003)
SH					0.649***	0.334***
					(0.137)	(0.047)
TS	0.153***	0.101***	0.173***	0.118***	0.791***	0.635***
	(0.047)	(0.017)	(0.048)	(0.015)	(0.182)	(0.048)
SS	-0.060***	0.007	-0.068***	-0.047***	-0.018	-0.048***
	(0.021)	(0.009)	(0.019)	(0.010)	(0.023)	(0.007)
PS	0.123***	0.043***	0.069**	-0.004	0.035	-0.009
	(0.029)	(0.010)	(0.035)	(0.010)	(0.035)	(0.008)
FA	0.437**	-0.008	0.393*	-0.122	0.484*	-0.040
	(0.223)	(0.084)	(0.223)	(0.082)	(0.266)	(0.068)
NC	-0.330	-0.251*	-0.239	-0.161	0.021	0.020
	(0.360)	(0.137)	(0.361)	(0.131)	(0.376)	(0.095)
JV	-0.422	0.158	-0.356	0.051	0.185	0.095
	(0.425)	(0.150)	(0.447)	(0.146)	(0.455)	(0.103)
Constant	-0.136	1.120***	0.173	2.318	-0.103	15.162
	(0.691)	(0.263)	(0.048)	(0.458)	(2.647)	(357.725)

续表

变量	模型14 DTSC	模型14 FTSC	模型15 DTSC	模型15 FTSC	模型16 DTSC	模型16 FTSC
Wald χ^2	31.12	66.87	42.96	334.90	63.43	586.53
Log likelihood	-410.108	-1073.06	-407.555	-964.310	-315.731	-826.100

注：括号中的数值为标准误差；* 表示 $p<0.1$，** 表示 $p<0.05$，*** 表示 $p<0.01$。

（2）网络多样性在网络结构与企业两种技术标准化能力关系中的调节作用。表7-5是网络多样性（ND）对两种类型技术标准化能力影响的回归结果。根据模型17可知，企业所处标准联盟网络多样性显著负向影响技术标准化主导能力（$\beta=-0.191$，$p<0.1$），显著正向影响技术标准化跟随能力（$\beta=0.265$，$p<0.01$），研究假设H15a和H15b得到支持。

表7-5 标准联盟网络多样性对企业技术标准化主导能力和跟随能力影响的回归结果

变量	模型17 DTSC	模型17 FTSC	模型18 DTSC	模型18 FTSC	模型19 DTSC	模型19 FTSC
DC	0.021*** (0.007)	0.042*** (0.003)	-0.080 (0.144)	0.414*** (0.041)	-0.010 (0.009)	0.029*** (0.003)
SH			0.669*** (0.138)	0.345*** (0.046)	0.663*** (0.142)	0.358*** (0.049)
ND	-0.191* (0.113)	0.265*** (0.046)	-0.120 (0.133)	0.153*** (0.046)	-0.341** (0.153)	0.142*** (0.048)
DC×ND			0.037 (0.114)	-0.108*** (0.032)		
SH×ND					0.366*** (0.136)	-0.103** (0.041)
TS	0.168*** (0.048)	0.139*** (0.015)	0.807*** (0.183)	0.612*** (0.046)	0.846*** (0.185)	0.617*** (0.047)
SS	-0.068*** (0.019)	-0.040*** (0.008)	-0.017 (0.024)	-0.047*** (0.007)	-0.023 (0.023)	-0.046*** (0.007)
PS	0.055 (0.034)	-0.005 (0.010)	0.039 (0.041)	-0.011 (0.007)	0.056 (0.040)	-0.010 (0.008)

续表

变量	模型17 DTSC	模型17 FTSC	模型18 DTSC	模型18 FTSC	模型19 DTSC	模型19 FTSC
FA	0.041**	-0.156**	0.539*	-0.058	0.586**	-0.058
	(0.221)	(0.079)	(0.276)	(0.065)	(0.278)	(0.066)
NC	-0.310	-0.041	-0.048	0.040	0.008	0.051
	(0.355)	(0.128)	(0.381)	(0.091)	(0.400)	(0.094)
JV	-0.347	0.005	0.230	0.068	0.193	0.082
	(0.437)	(0.139)	(0.471)	(0.098)	(0.464)	(0.102)
Constant	-0.038	15.328	-0.089	15.525	0.861	14.934
	(3.148)	(257.732)	(3.355)	(173.032)	(8.614)	(159.684)
Wald χ^2	46.40	373.38	63.98	626.18	70.31	599.22
Log likelihood	-405.645	-944.235	-314.913	-814.573	-311.233	-816.085

注：括号中的数值为标准误差；*表示$p<0.1$，**表示$p<0.05$，***表示$p<0.01$。

(3) 网络多样性对网络结构与不同类型技术标准化能力关系的调节作用。研究假设H16预测网络多样性正向调节中心度对技术标准化主导能力的影响，负向调节中心度对技术标准化跟随能力的影响。根据模型18的负二项回归结果，中心度与网络多样性的交互项对技术标准化主导能力（DTSC）的正向影响不显著（$\beta=0.037$，$p>0.1$），其原因可能在于高网络多样性虽然能强化主导标准化过程中源于中心度的资源信息获取和资源统筹优势，但同样会进一步放大中心位置的关系协调难度和管理成本，且无法通过集聚同类企业扩大用户安装基础，因而也不利于中心位置企业提升技术标准化主导能力；中心度与网络多样性的交互项对技术标准化跟随能力（FTSC）存在显著负向影响（$\beta=-0.108$，$p<0.01$），即研究假设H16a未得到支持，研究假设H16b得证。研究假设H17提出网络多样性正向调节结构洞对技术标准化主导能力的影响，负向调节结构洞对技术标准化跟随能力的影响。根据模型19的回归结果，结构洞与网络多样性交互项对技术标准化主导能力（DTSC）的回归系数显著为正（$\beta=0.366$，$p<0.01$），对技术标准化跟随能力（FTSC）的回归系数显著为负（$\beta=-0.103$，$p<0.05$）。因此，研究假设H17a和H17b得到支持。

7.6 本章小结

基于知识整合能力之技术标准化能力的重要性以及当前的相关研究现状，本章从社会网络视角对其展开拓展研究。首先，根据企业在标准化过程中所扮演角色和发挥作用的差异，可将技术标准化能力划分为标准化主导能力与跟随能力，并对两种类型技术标准化能力的内涵、特征、来源和形成动力机制进行分析，揭示技术标准化主导能力和跟随能力形成的内在机理。其次，基于社会资本理论分析不同网络结构所依附结构资本变化，剖析标准联盟组合中心度如何影响企业作为"知识信息集散中心"、结构洞如何影响企业作为"知识信息传递桥"在标准化合作中的决策空间和话语权，从而促进或抑制企业技术标准化主导能力和跟随能力提升的内在机理。再次，从资源异质性角度考察标准联盟网络主体构成特征——网络多样性，对企业技术标准化主导能力和跟随能力的影响机理，以及其在网络结构与技术标准化能力关系中所发挥的调节作用。最后，以中国汽车产业1999—2012年标准联盟网络中所有车辆生产企业为样本数据，实证分析标准联盟网络结构、多样性构成特征如何影响企业技术标准化主导能力和跟随能力。研究结果表明：标准联盟网络中心度、结构洞对企业技术标准化主导能力和跟随能力均有正向影响；网络多样性负向影响技术标准化主导能力，但正向影响技术标准化跟随能力；网络多样性正向调节结构洞对技术标准化主导能力的影响，负向调节中心度和结构洞对技术标准化跟随能力的影响；网络多样性对网络中心度与技术标准化主导能力关系的正向调节作用不显著。

第8章 企业战略管理启示与政策建议

8.1 主要研究发现与讨论

尽管参与标准联盟的重要性不断在以往研究中被强调[186,203]，但鲜有研究提及企业新产品开发活动如何在标准化合作活动中获益。置于标准联盟中的企业远非简单地从联盟获取互补性资源，其在标准化和创新活动中的行为和决策将受到其所嵌入的标准化合作网络关系的影响。本研究从企业视角切入，探索企业所处标准联盟网络结构对新产品开发绩效的影响机理。一定的标准联盟网络位置有利于企业技术多元化和技术标准化能力的提升，而企业的技术多元化和技术标准化能力又与特定的新产品开发绩效紧密关联。且标准联盟网络结构对新产品开发绩效的影响还受到网络资源禀赋的调节作用。本研究基于汽车产业数据展开实证分析，主要计量分析结果见表8-1。

表8-1 计量分析结果

编号	研究假设	实证结果
H1a	企业在标准联盟网络中的中心度正向影响新产品数量	支持
H1b	企业在标准联盟网络中的中心度负向影响新产品进入市场速度	支持
H2a	企业在标准联盟网络中占据的结构洞负向影响新产品数量	支持
H2b	企业在标准联盟网络中占据的结构洞正向影响新产品进入市场速度	支持
H3a	标准联盟网络资源影响力越高，中心度对新产品开发数量的正向影响越弱	支持

续表

编号	研究假设	实证结果
H3b	标准联盟网络资源影响力越高，中心度对新产品进入市场速度的负向影响越弱	支持
H4a	标准联盟网络资源影响力越高，结构洞对新产品开发数量的负向影响越强	支持
H4b	标准联盟网络资源影响力越高，结构洞对新产品进入市场速度的正向影响越强	支持
H5a	标准联盟网络资源异质性越高，中心度对新产品数量的正向影响越强	支持
H5b	标准联盟网络资源异质性越高，中心度对新产品进入市场速度的负向影响越强	不支持
H6a	标准联盟网络资源异质性越高，结构洞对新产品数量的负向影响越弱	支持
H6b	标准联盟网络资源异质性越高，结构洞对新产品进入市场速度的正向影响越弱	不支持
H7a	企业在标准联盟网络的中心度正向影响技术多元化能力	支持
H7b	企业在标准联盟网络中占据的结构洞负向影响技术多元化能力	支持
H8	技术多元化能力越强，越有利于提升新产品数量而非新产品进入市场速度	支持
H9a	技术多元化能力在标准联盟网络结构（中心度）与新产品数量的关系中存在中介效应	支持
H9b	技术多元化能力在标准联盟网络结构（结构洞）与新产品数量的关系中存在中介效应	支持
H10a	企业在标准联盟网络中的中心度正向影响技术标准化能力	支持
H10b	企业在标准联盟网络中占据的结构洞正向影响技术标准化能力	支持
H11	技术标准化能力越强，越有利于提升新产品进入市场速度而非新产品数量	支持
H12a	技术标准化能力在标准联盟网络结构（中心度）与新产品进入市场速度的关系中存在中介效应	支持
H12b	技术标准化能力在标准联盟网络结构（结构洞）与新产品进入市场速度的关系中存在中介效应	支持
H13a	企业在标准联盟网络中的中心度正向影响技术标准化主导能力	支持
H13b	企业在标准联盟网络中的结构洞正向影响技术标准化主导能力	支持

续表

编号	研究假设	实证结果
H14a	企业在标准联盟网络中的中心度正向影响技术标准化跟随能力	支持
H14b	企业在标准联盟网络中的结构洞正向影响技术标准化跟随能力	支持
H15a	企业所处标准联盟网络多样性与技术标准化主导能力负相关	支持
H15b	企业所处标准联盟网络多样性与技术标准化跟随能力正相关	支持
H16a	标准联盟网络多样性正向调节中心度对企业技术标准化主导能力的影响	不支持
H16b	标准联盟网络多样性负向调节中心度对企业技术标准化跟随能力的影响	支持
H17a	标准联盟网络多样性正向调节结构洞对企业技术标准化主导能力的影响	支持
H17b	标准联盟网络多样性负向调节结构洞对企业技术标准化跟随能力的影响	支持

8.1.1 标准联盟网络结构影响新产品开发绩效

标准联盟参与决策并非简单地以"参与或不参与"呈现，企业在标准化过程中通常需要加入不同的标准联盟，与不同组织形成一系列相互交织的合作关系，即嵌入标准联盟网络中。从网络视角来考察企业所参与的标准联盟组合以及由此产生的相互交织的合作关系，可以发现不同的标准联盟网络位置，其功能和所传递的知识信息特征不同，将影响企业新产品开发活动，产生有差异的新产品开发绩效。

（1）标准联盟网络中心位置有利于企业提升所开发新产品数量，但也将减慢新产品进入市场速度。源于中心位置的丰富知识信息流以及较大的谈判力优势可为企业提供更多潜在的知识组合机会，调动网络资源把握这些机会，从而帮助其开发更多新产品。但网络中心企业往往较难打破现有网络联结束缚、灵活地根据新产品开发需求变化进行知识搜索；同时，企业将面临更高的多样性知识吸收压力及复杂的合作协调工作，容易导致合作项目进展缓慢甚至搁置。

这不同于已有研究关于中心度与创新绩效正相关或负相关的结论，一部分学者指出处于中心位置的企业拥有信息获取优势和高网络地位优势，能取得更优的创新绩效[17,463]；另一部分学者则发现处于网络中心位置的企业对知识吸收能力要求高，且面临更多规则束缚[197]，并不必然提升创新产出，有时甚至不利于创新绩效提升。本研究则认为在标准联盟网络中，企业所处中心位置对创新活动的影响还取决于所关注新产品开发绩效的不同维度，拓展了关于中心度与创新绩效关系的研究，并在一定程度上解释了中心度作用存在的争议。

(2) 企业在标准联盟网络中所占据结构洞数量与企业新产品数量显著负相关，与企业向市场推出新产品速度显著正相关。源于网络中间人位置的及时、独占性的信息获取优势和控制优势十分有益于企业对市场需求快速做出反应，在新产品开发过程中具有高度灵活性，能够及时、快速地将新产品推入市场；然而，网络桥位置也将带来信息不对称和机会主义行为风险，限制网络多样化知识的交换与整合，不利于企业探索不同的知识组合，降低企业开发更多新产品的可能性。

关于结构洞的研究结论也加深了我们对结构性社会资本作用的理解，当前关于网络位置的研究通常围绕"桥接（Bridging）或黏结（Bonding）"展开[303]，一些研究指出桥接大量互相分离组织群体的网络位置有利于企业触及更宽泛的多样化领域，帮助企业保持创新活动灵活性并获得更优的创新绩效[96,465,394]；另一些研究则认为高密度的封闭性网络比富有结构洞的稀疏网络更有利于企业开展创新活动，节点间丰富的互动和信息流通渠道有利于网络信任水平的提升，促进网络知识分享与整合[382,31]。根据我们的研究结果，不能简单地将结构洞视为好的或坏的网络位置，而应考虑企业所处网络类型、所关注的绩效维度，网络类型不同、绩效维度不同，结构洞位置所产生的影响也存在差异。

8.1.2 标准联盟网络结构影响企业知识整合能力

(1) 标准联盟网络中心位置有利于企业整合内外部知识以产生新组分知识，即提升技术多元化能力；标准联盟网络结构洞位置则不利于企业技术多元化能力的提升。企业向新领域拓展技术基础要求丰裕的资源环境[230-231]、多样化稳定的高质知识流入[234]来支撑其技术开发活动。网络中心企业拥有汇聚产业内互补性知识技术的优势，也具备定义网络规则及整合协调网络资源的权威，有能力识别和探索更多新知识领域，实现企业知识技术范围的拓展。与中心度相反，伴随结构洞位置的信息不对称和机会主义行为风险将降低网络中企业合作和知识分享意愿，并增加企业外部知识吸收压力，阻碍企业对网络隐性、高质知识的有效获取和整合，不利于企业对新领域技术知识的探索。

（2）标准联盟网络结构特征还将影响企业整合内外部知识以形成不同组分知识间互动规则和系统知识构架的能力，即技术标准化能力。实证表明，企业在标准联盟网络中的中心度及所占据的结构洞数量与技术标准化能力正相关。中心位置企业作为合作关系和网络知识的聚集点，容易获得更多潜在合作者的支持及丰富的异质知识信息，且伴随中心位置的权威赋予企业更大的系统决策权，影响网络成员在技术选择上的决策，使企业具备更高的技术标准化制定与技术标准推广能力。此外，占据结构洞位置的企业能在标准化过程中享有更强的谈判力和自治力，高效获取更多标准设定关联知识，提升所制定标准的完备性和可接受度，从而增强技术标准化能力。

（3）标准联盟网络中心度、结构洞对企业技术标准化主导能力、跟随能力的影响方向一致，但发生作用的网络多样性构成条件存在差异。标准联盟网络中的中心位置和结构洞位置十分有利于企业提升技术标准化主导能力和跟随能力。好的网络位置所带来的外部资源获取和整合优势不仅能赋予企业在标准制定中的话语权和统筹地位，也可促进技术协同机会发掘，帮助企业辅助和协同行业主导者进行技术标准化，从而有效培育企业技术标准化主导能力和跟随能力。但标准联盟网络的多样化构成是企业培育技术标准化能力的双刃剑。高网络多样性有利于企业更好地支持关联领域主导者的技术方案和主张，强化技术标准化跟随能力；但会弱化企业标准制定话语权，削弱技术标准化主导能力。此外，网络多样性在中心度、结构洞与不同类型技术标准化能力关系中发挥差异化的调节作用。网络多样性的提升会强化结构洞对技术标准化主导能力的正向作用，却会弱化中心度、结构洞对技术标准化跟随能力的正向作用。

总体来看,关于标准联盟网络结构与企业知识整合能力的研究发现不仅丰富了社会结构资本理论,也进一步完善了知识整合、企业技术多元化、技术标准化的研究框架。首先,现有关于知识整合能力的研究大多围绕知识整合方向、机制和过程对其进行维度划分,鲜有研究关注知识整合目的(整合形成组分知识、整合形成构架知识)。忽略基于知识整合目的的能力划分容易导致研究结果不一致,也会使企业对知识整合能力与创新绩效间的关系感到混乱并产生疑惑。其次,现有关于企业技术多元化的前因研究主要从企业实施技术多元化的动机展开[466,229],这主要解决的是企业拓展技术能力范围的必要性问题,鲜有研究关注企业如何提升技术多元化能力[227]。本研究基于标准经济学、网络嵌入性和知识基础等理论,探讨企业所处标准联盟网络的结构特征对企业技术多元化能力的影响,从战略层面解决了企业技术多元化的途径问题。最后,本研究发展了企业标准联盟网络构建战略与技术标准化能力间的理论联系。偏离对企业影响力内部来源的关注,如市场权力、技术能力和标准制定资源等[317,467],聚焦于影响力的外部来源——组织间标准联盟网络,并进一步关注技术标准化主导能力和跟随能力形成的前因差异。与外部组织展开合作可以帮助企业聚集外部力量来影响正式标准制定并与其他标准制定者展开竞争[320,331],所处网络位置不同使得企业在定义技术规范和标准内容时享有的话语权存在区别,影响企业技术标准化能力,还需要注意的是,网络位置影响不同类型技术标准化能力的网络构成条件存在差异。

8.1.3 标准联盟网络结构通过知识整合能力影响新产品开发绩效

(1)企业知识整合能力之技术多元化能力在标准联盟网络结构对企业新产品数量的影响中发挥中介作用。首先,企业技术多元化能力在标准联盟网络中心度对企业新产品数量的影响中存在部分中介效应。中心度可通过提升技术多元化能力影响新产品数量,但不完全依赖于技术多元化提升路径。中心位置企业更有能力利用网络资源进行知识技术范围拓展,知识技术范围拓展能为企业提供更丰富的知识组合机会,帮助企业开发更多新产品。其次，企业技术多元化能力在标准联盟网络结构洞对企业新产品数量的影响中存在完全中介作用。企业所拥有的结构洞数量通过限制企业利用网络资源展开技术多元化活动，负向影响企业新产品数量。

（2）企业知识整合能力之技术标准化能力在标准联盟网络结构对企业新产品进入市场速度的影响中发挥中介作用。首先，技术标准化能力在标准联盟网络中心度对企业新产品进入市场速度的影响中存在部分中介效应。处于标准联盟网络中心的企业通常具备更强的技术标准化能力，企业的标准化能力越强，越有利于其获得先动优势，比竞争者更快、更及时地将新产品推入市场。其次，技术标准化能力在标准联盟网络结构洞对企业新产品进入市场速度的影响中也存在部分中介效应。结构洞位置可使"中间人"保持决策灵活性和谈判优势，并帮助企业制定更全面、更具兼容性的技术规范；技术标准化能力越强的企业，越能基于自身技术偏好影响正式标准制定，减少由于标准变动引起的产品修改与调整，以便快速响应市场。

以上研究结论的贡献在于，发现了知识整合能力在新产品开发过程中的关键作用，构建了标准联盟网络结构、知识整合能力与新产品开发绩效间的理论关联框架。创新领域研究对网络位置与新产品产出的关系进行了讨论，但我们对基于组织间标准联盟网络的企业新产品开发活动的内在机理却知之甚少。通过对知识整合能力中介作用的探讨，并将技术多元化能力与技术标准化能力的角色相比较，系统梳理了网络结构如何通过不同类别的知识整合能力培育路径影响不同类型新产品开发绩效，由此进一步打开了"组织间网络位置—创新绩效"这一黑箱。

8.1.4 标准联盟网络资源禀赋调节结构与新产品开发绩效的关系

（1）标准联盟网络资源影响力显著负向调节网络中心位置对企业新产品开发绩效的影响，并显著正向调节结构洞位置对企业新产品开发绩效的影响。网络资源影响力提升将降低标准联盟网络中心位置企业的资源获取优势和地位优势，不利于其利用网络资源识别创新知识组合机会，从而削弱中心度对企业新产品数量的正向影响；网络资源影响力提升还会降低结构洞位置企业的资源吸引力,且加剧其面临的机会主义风险,从而增强结构洞对企业新产品数量的负面影响。然而,高网络资源影响力也可有效缓解处于中心位置企业所面临的知识吸收、资源协调压力,削弱中心度对企业新产品进入市场速度的负向影响;同时还能提升结构洞位置的信息获取效率,并提供有价值的中介机会,从而增强结构洞对企业新产品进入市场速度的正向影响。

(2)标准联盟网络资源异质性显著正向调节网络中心位置对企业新产品数量的影响,并显著负向调节结构洞位置对企业新产品数量的影响。网络资源异质化将提升网络资源协同互补性和伙伴间知识分享意愿,增强中心度对企业新产品数量的促进作用,削弱结构洞与企业新产品数量的负向关联。企业仅依赖网络中心位置不足以获取新产品开发数量优势,还需充分利用网络资源异质性的调节作用。处于网络中心位置的企业所连接伙伴多样性越高,越有利于拓宽企业外部知识搜索和跨组织学习范围,形成更多解决方案和知识技术组合。结构洞位置并不必然带来新产品开发低数量绩效,桥接多样化的联盟伙伴可缓解结构洞位置信任缺失风险,并强化其信息优势,帮助焦点企业形成更多具有竞争力的新产品与服务。

值得注意的是,网络资源异质性在网络结构对企业新产品进入市场速度影响中的调节作用不显著。其原因可能在于,网络资源异质性提升一方面将产生沟通协调困难、信息超载和规模不经济,提升知识吸收、关系管理难度及新产品开发过程中的不确定性,从而扩大中心度对企业新产品进入市场速度的负向影响,弱化结构洞对企业新产品进入市场速度的正向影响;但另一方面也能通过促进伙伴间知识分享、多样化知识协同来增加中心网络位置和结构洞位置的价值创造和能力提升机会,提高企业新产品开发效率。正、负效应交叉下导致网络资源异质性的调节作用不显著。此外,标准联盟网络中组织间知识距离较短,不同组织的技术领域类似或高度相关,这导致由网络主体多样化所带来的负面效应(沟通困难、知识吸收和关系管理难度、新产品开发不确定性风险)不达预期,网络资源异质性变化无法显著影响企业通过特定网络位置获取和整合外部资源的效率。

以上研究结论的贡献在于,构建起标准联盟网络结构、网络资源禀赋与新产品开发绩效的理论关联框架，回答了企业在标准化活动中如何构建和管理标准合作关系以增强新产品开发优势的问题。虽然企业间合作关系的非个体布局影响个体行为及对知识信息资源占有量的观点得到普遍认同[32,303]，但已有研究却忽视了网络资源禀赋是有效外部资源获取的前提，鲜少关注结构嵌入性、网络资源禀赋特征所带来的资源和行为差异。此外，当前关于网络资源异质性对创新绩效的影响存在争议。网络多样性提升一方面将带来丰富的异质化资源，带来价值创造和能力提升的机会，促进企业创新绩效提升；另一方面也会造成协调困难和管理成本增加，不利于企业创新活动开展[294]。本研究引入新产品开发绩效的两个维度——新产品数量、新产品进入市场速度，并关注网络资源异质性在外部资源获取对企业新产品开发绩效影响中的调节作用，指出网络资源异质性的作用需结合企业所处网络结构特征及企业所聚焦的新产品开发绩效类型，企业所处网络位置和考察的绩效类型不同，网络资源异质性所产生的影响也存在差异。这在一定程度上解释了现有研究存在的争议，是对网络多样性理论的有益补充。

8.2 企业管理启示

8.2.1 基于新产品开发战略目标实施差异化标准联盟网络构建战略

新产品开发是企业实现可持续发展的关键环节，在竞争不断加剧的环境下，企业的产品创新活动不能仅依赖自身资源开展内部研发，而要广泛参与组织间协作，聚集外部资源和力量提升新产品开发优势。标准联盟网络为企业触及行业内资源甚至不同行业资源提供了路径。根据本书的研究结论，不同标准联盟网络位置所赋予的知识技术资源触及范围和获取整合效率都不同，对企业新产品开发绩效的影响存在差异。因此，企业在参与标准联盟的过程中，应从以往的"关系对"视角向"关系网络"视角转变，来衡量新的标准合作关系形成以及现有合作关系终结如何影响个体中心网络结构，最终影响其新产品开发绩效。

对于负责企业新产品开发的经理而言，他们通常致力于比竞争者开发出更多新产品，比竞争者更快地将新产品推入市场。本书的研究发现为产品开发经理处理这些问题提供了非常重要的视角。当企业的优先战略目标为开发更多新产品时，企业在合作标准制定过程中的网络构建战略应是加强与外部组织的广泛合作，提升网络中心度；鼓励伙伴间的沟通与合作，减少结构洞。这将有利于企业提升网络地位，增加外部知识信息获取渠道，并提升网络信任水平，促进伙伴间的隐性核心知识分享，帮助企业充分利用网络知识技术资源识别更多的创新组合机会，提升新产品开发成功率。

当企业的优先战略目标在于获得先动者优势或快速跟随者优势时，应将重点转为降低网络中心度，终止冗余的合作关系，在选择合作时优先考虑资源丰富的企业，提高合作效率；增加在标准联盟网络中所占据的结构洞数量，倾向于与互不相连的企业组织构建合作关系，避免或减少伙伴间的合作互动。这将有利于减少合作冲突和对网络关系的依赖，避免冗余信息获取，保持行为和决策灵活性和知识信息的及时、独占性获取，从而在创新机会识别和新产品开发方面获得更多时间优势，快速响应市场。因此，标准联盟网络关系的成功管理要求企业理解其新产品开发的优先目标，在标准联盟网络位置的选择上有所权衡和取舍，根据企业侧重的目标管理标准联盟网络关系，构建新产品开发优势。

8.2.2 占据高中心密集网络位置提升企业技术多元化能力

技术多元化是企业应对技术发展及产品复杂化趋势，在动态多变的环境中保持竞争力的重要途径，与企业的创新活动紧密相关[245,243]。栾春娟等（2014）通过实证分析得出技术多元化更可能产生重大发明创造[468]。因此，企业技术多元化能力是实现产品创新的重要组织能力。而技术多元化能力的培育离不开丰富和宽裕的资源环境，其中外部合作（标准联盟）可推进企业知识积累，促进企业技术多元化活动开展[243]。根据本书的研究结论，企业在标准联盟中的位置不同，其技术多元化能力也将存在差异。

第8章 企业战略管理启示与政策建议

企业应构建适配的标准联盟网络结构以提升技术多元化能力。一方面，企业应积极参与关联技术标准联盟，构建广泛的合作关系，努力提升网络中心度，增加企业外部社会资本，实现技术多元化能力提升。通过广泛的技术标准化合作获取和吸收其他组织的知识技术主张，扩大企业触及外部多样化知识信息的范围；并基于高中心度所代表的网络地位和权力，提高整合网络资源的效率，提升企业多领域技术研发活动的成功率。另一方面，企业不应过度沉迷于网络中间人位置所带来的信息和控制优势，而应减少个体中心网络的结构洞数量，提高网络连通率和组织间信任度，消除机会主义行为风险，实现网络内关键知识技术共享水平的提升。标准联盟中的企业通常来自同一领域或技术关联紧密的领域，彼此间技术距离较近，在合作制定标准的过程中，知识更容易被溢出和转移。因此，要利用标准联盟网络中的优质技术知识资源开展技术多元化活动，提升网络伙伴的知识转移意愿是关键。企业应鼓励合作伙伴间的合作交流，如经常召开集体研讨会，组织各企业关键技术研发人员汇集驻点工作与访问学习。通过频繁的交互，提高网络内信任水平和标准化合作伙伴间分享关键知识的意愿，以促进对外部异质性知识技术的吸收、转化和应用。技术研发团队在企业间合作遇到的主要问题在于伙伴间缺乏充分信任，以及由于伙伴间缺乏沟通而使团队面临的高知识吸收压力。因而，企业应努力提升标准联盟网络的连通性，鼓励伙伴间沟通交流、联合解决问题，提升企业利用网络知识技术资源实施技术多元化战略的能力。

8.2.3 利用高中心非冗余网络位置提升企业技术标准化能力

企业参与标准联盟的直接目的在于参与技术标准制定，通过综合利用多个企业的互补性知识和能力，向行业提供更优的技术解决方案，使所倡导的技术规范得到市场认可。标准联盟网络不仅为企业提供了接触与了解制定技术标准所需的知识技术资源的渠道，也是企业获取外部知识和影响力的来源[186]。企业通过寻求不同资源主体（如上游供应商、下游客户或研究机构、政府机构甚至竞争对手）的支持，从而在标准制定合作过程中积累影响力。当前，除了市场力量和知识产权，源于标准联盟网络的社会资本也是影响标准制定结果的重要因素。本书的研究发现，企业可通过构建合适的标准联盟网络结构来提升其技术标准化能力（主导能力和跟随能力），从而在市场竞争中占据优势地位。

对于实施标准化主导战略和跟随战略的企业，都应积极与外部组织构建标准合作关系，提升其在标准联盟网络中的中心度，借助外部知识力量和市场力量来提升企业在标准制定和推广中的影响力。尤其对于市场力量较为薄弱的企业，更应通过外部协作方式提升技术标准化能力，构建与推广符合自身技术优势和发展轨迹的技术标准。

虽然企业在标准联盟网络中的中间人位置不利于其发展和培育技术多元化能力，却十分有利于发展和培育技术标准化能力，不管是技术标准化主导能力还是跟随能力。企业在构建与外部组织间的标准化合作关系时，可优先考虑连接彼此互不相连的合作伙伴，保持与不同合作伙伴的独立互动交流，有意识地减少合作伙伴间的沟通协作机会，利用结构洞位置所特有的控制优势在技术标准化过程中保持更高的灵活性和自治力；累积非冗余知识信息，制定更全面、更具兼容性的技术规范，并借助高效的知识扩散渠道，通过技术渗透方式扩大企业的技术影响力。技术标准通常以合作性安排而非最优安排呈现，企业标准制定与推广的影响力还取决于技术优势外的社会资本。因此，企业要想提升技术标准化能力，主导行业设计，或跟随主导者融入主流标准生态系统，就需要尽可能多地参与到标准联盟网络中来，努力提升自身在标准联盟网络中的中心位置和中间人位置，凭借网络资源优势和网络影响力扩大企业在技术标准化过程中的主导或跟随优势。

8.2.4 基于新产品开发战略目标选择适配的网络位置—知识整合能力提升路径

尽管标准联盟网络为企业提供了获取外部知识信息的平台，但参与标准联盟网络并不能保证外部知识的有效观测、转移和内化[31]。企业所处网络的结构为企业行为同时带来机会和约束，标准联盟网络中的不同位置将影响企业对外部知识的识别、获取、分析和整合行为，导致企业形成有差

第8章 企业战略管理启示与政策建议

异的知识整合能力,具体表现为与知识整合范围和灵活性关联的技术多元化能力,以及与知识整合效率关联的技术标准化能力[24]。而企业技术多元化能力、技术标准化能力对不同维度新产品开发绩效的影响不同,且不同维度新产品开发绩效的提升对知识资源支持、网络结构特征要求也存在差异。因此,在标准联盟网络中类似的网络位置可能对企业新产品开发数量和新产品进入市场速度产生完全相反的作用。企业应根据自身聚焦的新产品开发目标来构建适配的标准联盟网络结构,通过有侧重的知识整合能力提升路径,使企业在新产品竞争中占据优势地位。

当企业的新产品开发战略目标为比竞争者推出更多新产品时,应采取"高中心密集网络位置—技术多元化能力提升"策略。在提高企业所处标准联盟网络的中心度、减少结构洞数量的同时,鼓励科研人员偏离企业核心优势领域进行技术探索,拓展企业的知识技术基础,一方面提高企业对产业链不同领域知识的理解和吸收能力,帮助企业识别更优质的资源并进行集成与整合;另一方面为企业知识组合与重组活动提供新技术元素,提升创新可能性[239]。尽管获取和整合外部网络的知识技术可有效推进新产品开发,但是只有将外部资源内化为企业能力才是提升新产品开发绩效的关键[165]。企业不能局限于现有技术优势和研究成果,应立足长远可持续发展,充分利用良好网络位置所带来的资源优势不断创新,通过关联领域的技术布局,促进技术融合,从而提高企业向客户供应丰富新产品的能力。

当企业所聚焦的新产品开发战略目标为比竞争者更快地推出新产品时,应采取"高中心非冗余网络位置—技术标准化能力提升"策略。在与外部组织广泛展开合作,提升网络中心度,增加结构洞数量的同时,联合合作伙伴积极参与国家、行业技术标准化活动,通过建立更加兼容且与企业技术系统高度一致的标准,加速产品系统性能优化,增强利益相关者对产品系统的一致性认同,形成高效运转的产品创新生态系统,提升新产品研发效率,加快新产品进入市场速度。值得注意的是,尽管标准联盟网络中心度与企业新产品进入市场速度负相关,但与企业技术标准化能力正相关,且中心度所产生的负向影响相比通过技术标准化能力提升所带来的正向影响较弱，因此，高中心度且富有结构洞的网络位置是企业提高新产品进入市场速度的最佳选择。

8.2.5 基于新产品开发战略目标采取适配的网络位置—网络构成模式

在标准联盟网络中，好的网络位置是企业获取外部资源、影响其他节点行为的有效渠道，而焦点企业从特定网络位置最终能接触和获得的资源特征及整合这些资源的难度还受到网络资源禀赋——网络节点的构成特征的影响。标准联盟网络结构特征对不同维度新产品开发绩效的影响不同，且在上述影响过程中网络资源禀赋（网络资源影响力、网络资源异质性）发挥着有差异的调节作用。企业应根据自身聚焦的新产品开发目标来构建标准联盟网络以占据合适的网络位置，有针对性地选择伙伴维持联盟合作关系，采取合理的网络位置—网络构成模式推进新产品开发。

当企业的新产品开发战略目标为比竞争者推出更多新产品时，应采取"高中心密集网络位置—低网络主体影响力/高网络主体异质性构成"模式。企业不应盲目追求与行业龙头、网络高地位企业构建标准联盟合作关系，在甄别和选择伙伴开展广泛合作以提升网络中心度的过程中，可有倾向性地积极与处于网络边缘或网络外部的多样化组织构建合作关系，通过维持低网络资源影响力和高网络资源异质性来切实发挥网络中心位置所带来的网络资源获取与整合优势，提升企业新产品开发数量。

当企业的新产品开发战略目标为比竞争者更快地推出新产品时，应采取"高中心非冗余网络位置—高网络主体影响力/低网络主体异质性构成"模式。企业通过标准化活动构建广泛合作关系时应注意保持伙伴之间相互隔离，增加桥接的结构洞，在提升企业网络中心地位的同时保持连接非冗余及决策灵活性，并优先与行业内的高影响力企业合作，并避免伙伴类型多样化，提高网络中心位置和结构洞位置的资源整合和信息传递效率，使企业能快速响应市场需求变化，达到加快新产品进入市场速度的目的。

8.2.6 基于标准化战略选择适配的网络位置—网络构成模式

虽然存在能同时提升技术标准化主导能力和跟随能力的网络好位置，

但好位置作用的发挥还受到网络多样性构成的影响，且标准联盟网络的多样化构成是企业培育技术标准化能力的双刃剑。企业技术标准化能力培育应考虑所处标准联盟网络多样性特征与企业标准化战略目标是否匹配。

实施标准化主导战略应避免伙伴类型过度多样化，聚焦同类伙伴开展合作可以提升业内地位和网络资源统筹协调能力。与之相反，实施标准化跟随战略则应注重与多样化组织建立合作，通过网络多样性的提升切实增强企业，尤其是技术和市场实力较弱企业的技术标准化跟随能力。

有趣的是，当我们同时考虑网络位置和网络构成时，却发现没有绝对的"好位置"与"最佳网络构成"。企业不能盲目选择多样化伙伴搭建网络桥以提升技术标准化主导能力，因为提升网络多样性在增强结构洞正效应的同时，还将产生直接负效应；企业也不应过度和同类伙伴合作来提升技术标准化跟随能力，因为降低网络多样性在缓解网络多样性和结构洞组合负效应的同时，也会减弱直接正效应。因此，在实践中，企业应在掌握各因素互动规则的前提下，结合其战略目标和所处环境来形成相对较优的网络安排。

8.3 政策建议

8.3.1 行业层面政策建议

1. 鼓励技术标准联盟的构建，推进产业标准联盟网络的形成

通过鼓励技术标准联盟的构建，一方面，可加速产业局部知识技术资源的整合与应用，分担企业风险，降低标准制定成本，为高技术产业先进性和高市场接受度的技术标准设定提供一种柔性的、高效的资源配置方式；另一方面，产业内大量标准联盟构建所产生的互相交叉缠绕的标准化合作关系将推进产业标准联盟网络的形成，成为产业内大量创新主体间交换资源、传递信息的活动平台，是实现产业范围甚至是全球范围内知识技术资源优化配置，降低交易成本，提高标准竞争力和产品创新能力的重要途径。

因此，行业层面应大力引导标准联盟构建，推进汽车产业各核心领域技术的快速完善与升级。一是要鼓励重点技术领域标准联盟构建，局部针对重点技术领域，如动力总成、轻量化、先进汽车电子及自动驾驶系统等各自构建标准联盟，大力提高标准联盟子网络集聚效应，加速专业领域内的知识汇聚和提高转移效率，破解现有技术发展瓶颈，提高网络局部的技术和产品创新产出；二是鼓励产业链不同位置企业构建标准联盟展开合作，要增强联盟内成员之间的互动交流，提升伙伴间信任，促进隐性、互补性知识的流动与转移，在推进标准研发的同时，加速核心技术领域联合攻关；三是要鼓励中小企业、网络边缘企业之间构建标准联盟展开协作，增强互补性、分散性知识技术资源的对接，提升网络创新活力，促进产业创新网络良性发展。

2. 增进核心技术领域标准联盟子网扩张与主体间合作，培育优势集聚子群

标准联盟网络整体上是一个较为松散的结构，在局部保持子网开放性，增强网络主体间合作能够有效提高网络集聚效应，提升子网络知识转移和知识整合效率，促进整个局部的知识技术范围多样化拓展与融合，增加产品创新产出。本书对标准联盟网络结构与新产品开发绩效的研究结果表明，高中心度且缺乏结构洞的网络位置更有利于企业探索新技术领域，识别与开发新的知识组合；较低中心度但富有结构洞的网络位置更有利于企业提升新产品开发效率。因此，要提高我国高技术产业竞争力，一方面，在核心技术领域应鼓励优秀企业、高等院校、科研机构等组织聚集，共同参与核心技术研发，通过组织间的紧密互动协作培育具备高凝聚力的子群，增强互补、分散性知识技术资源的对接，为技术标准制定提供知识技术基础，并加速知识技术融合和新知识组合的出现，集聚优势资源推进行业关键技术突破；另一方面，不放弃在非核心技术领域的跟进，但要注意控制标准联盟的规模，减少联盟运行成本，提升创新效率。

以我国汽车产业为例，其国际分工已趋于成熟，发达国家通过掌控核心基础零部件、关键基础材料以及主导设计标准，牢牢占据产业链顶端优势位置，制约着我国汽车产业发展。因此，要提升汽车产业竞争力，应鼓

励优秀汽车企业联合起来，并带动上下游配套企业、高等院校、科研机构展开紧密合作，打造协同优势，从而实现在核心技术领域的突破，摆脱对国外元器件、关键基础材料等的依赖。同时，在我国已经形成自主研发能力的领域，如车身开发、整车集成，则采取高效原则，鼓励小规模标准联盟精准对接需求。

3. 鼓励跨技术领域合作，保持不同联盟子网络间松散桥接

构建聚焦不同模块技术标准联盟子网络之间的连接，增加关联技术标准之间知识的扩散与融合，为构建具备先进性和兼容性的技术标准体系奠定坚实基础，提升产业内整体创新活动效率。实证研究表明，高标准联盟网络中心度且占据丰富结构洞位置的企业具有更强的技术标准化能力。鼓励企业跨领域展开标准化合作，不仅能提升企业在标准联盟网络中的地位，且有利于维持其在网络中的结构洞，使其触及不同联盟子群丰富异质的知识技术，打破领域限制，基于产业链搭建更具竞争力的技术标准体系，形成高效运转的产品创新生态系统。

以我国汽车产业为例，信息化的飞速发展带来新的机遇，通过信息化和工业化的深度融合，探索新一代智能化工程应用。智能网联汽车作为我国大力推动的重点领域，其突破性发展也离不开人工智能、网联技术和新能源技术的跨领域融合。因此，一方面，行业层面应鼓励聚焦不同领域的联盟子网络之间的连接，只有积极推进跨领域合作，增加不同技术子群间的沟通与合作，实现技术突破，才能使我国在新一轮产业革命浪潮中抢占全球产业分工和价值链的制高点；另一方面，要保持不同领域联盟子网络之间松散桥接，网络子群间的过度合作与交流将形成密集的整体网，造成重复开发与浪费，反而不利于企业培育较强的技术标准化能力。因此，网络子群内密集连接、网络子群间松散桥接，是有利于产业良性发展的网络结构。

4. 发挥网络核心企业支撑引领作用，建立优势企业主导的协同创新体系

本研究的理论和实证结论指出，在标准联盟网络中占据优势地位的企业能够拥有更强的技术多样化能力和技术标准化能力，从而表现出较好的

新产品开发绩效。因此，应基于产业可持续发展需求，培养和支持标准联盟网络中的领头企业或新兴优秀企业成为网络核心企业，从而加快创新的速度，提升创新的质量。标准联盟网络核心的出现可有效推进零散分布的知识技术围绕该节点汇聚，避免重复创新和资源浪费，集中优质资源实现关键领域技术突破；但网络资源过度围绕少数节点聚集将会造成资源"贫富差距"过大，大部分资源被少数企业控制，产业内企业整体多元化和标准化能力水平参差不齐。

因此，一方面，要充分发挥标准联盟网络核心企业作为网络知识汇聚中心的积极作用。通过对新兴技术领域优秀企业的支持，提升其在标准联盟网络中的核心地位，帮助其积累知识技术资源，拓展知识基础，通过技术多元化能力和技术标准化能力的提升，使其成为行业和网络内的龙头企业。积极鼓励这些优秀企业联合其他关联企业、科研机构等构建标准联盟，在共同推动关键技术标准出台的同时，带动整个产业开展创新活动。另一方面，要适度进行干预，减少网络核心企业作为网络资源控制者的负面影响，缩小企业间的资源和能力差距，优化网络内创新与标准制定秩序，从而实现产业整体标准化和创新效率的提升。

8.3.2 国家层面政策建议

1. 完善标准化法律法规，构建企业主导的技术标准化体系

我国的标准化法规体系由法律、行政法规、部门规章、地方性法规和地方政府规章等构成，是我国标准化工作开展的前提。经过多年发展，我国的标准化法规体系不断拓宽与完善，市场主体和社会各界参与标准化活动的能力和意识也普遍得到提高[469]。但整体标准化管理与运作机制依然不健全，标准化法律制度下的二级政府运行机制导致管理交叉，将影响行业标准化工作的开展；依然为政府主导型的技术标准化体系使标准制定与管理在一定程度上和市场相脱离，标准不由市场发展，而成为政府对企业的要求，企业尤其是中小企业的标准化意识依然比较薄弱[470]。这些都导致我国标准化体系缺乏市场活力，竞争力与西方发达国家存在较大差距。

本研究的理论和实证结论指出，标准联盟网络是企业组织参与标准化

活动、影响国家和行业技术标准设定的重要渠道，且标准联盟网络所带来的丰富网络资源与企业的标准化能力、产品创新能力都密切相关。因此，我国要实现标准化体系的成功转型，提升全球创新引领能力，一方面应在转变政府职能的基础上完善标准化法律法规，协调与指导不同类型标准的制定，推动我国标准化体系由政府主导向企业主导的多元形式转变；另一方面要在政策的制定和设计上设立服务机构，为标准联盟形成和标准的制定、修订提供信息咨询、培训和辅导服务，鼓励和支持企业广泛通过标准化合作方式参与国家标准、行业标准和团体标准的制定。通过激活企业的标准化与创新的主体作用，推动标准联盟网络的形成与有序演化，促进全国甚至全球范围内的资源优化配置，从而实现整体标准化能力和创新能力的提升。

2. 强化技术标准化战略，实现标准化与创新联动发展

在经济全球化背景下，主导技术标准成为国际竞争制高点。我国加入WTO后，跨国公司通过依靠自身专利优势制定技术标准或产品优势形成事实标准的形式迅速占领我国市场。在标准竞争上的劣势不仅不利于我国当前经济发展，更会限制国家创新能力的提升，阻碍国家创新战略目标达成。组织间的标准联盟网络参与影响企业的技术标准化能力，并影响与企业创新活动紧密相关的技术多元化和新产品开发。这意味着标准化活动与企业创新能力密切联系，并互相影响。技术标准体现技术水平，关系着技术选择和技术创新轨迹，影响产业架构和相关模块企业命运[1]，也是研究开发和技术进步的重要动力。

因此，政府应进一步强化技术标准化战略，一是要鼓励企业、高等院校、科研机构等积极参与正式标准制定，完善标准体系。如汽车产业需大力推进能够支撑自动驾驶的智能网联汽车标准体系建设，涵盖功能安全、信息安全、人机界面等通用技术，信息感知与交互、决策预警、辅助控制等核心功能相关的技术要求和实验方法，适应自动驾驶汽车的全新测评方法和评价体系。二是要建设和完善相关标准、法规，适应新兴技术发展。如智能网联汽车的发展受到《道路交通安全法》《标准化法》《测绘法》

及相关法规不同程度的制约，为在全球竞争中占据优势，提升我国汽车企业产品创新能力，应尽快完善法规，消除法律法规障碍。三是要为技术标准联盟构建提供政策和专项资金支持，技术标准化和标准联盟构建都是高投入活动，国家可通过政策倾斜和资金补助鼓励标准联盟活动，增强我国技术标准化过程的开放度[474]，进一步推进团体标准的建设。

3. 加强知识产权保护，增进技术标准化与创新动力

本研究将专利作为衡量企业技术多元化能力的指标，实证检验了企业技术多元化能力在标准联盟网络结构对企业新产品开发绩效影响中的中介作用。随着知识产权战略和技术标准化战略融合发展，专利成为实现标准化垄断、获取超额利润的关键[471]。可见，知识产权作为一种重要的无形资产，在标准化与创新活动中起着愈加关键的作用。

因此，要增强我国企业技术标准化与创新的动力，一是要增强企业整体的知识产权保护意识。因为技术知识的重要性和易复制性特征使得知识产权保护十分重要，知识产权保护意识缺乏将使我国企业被定格于产业链低端，在国际竞争中技术一直处于落后和追赶地位，在国际标准制定中没有话语权。二是要继续完善知识产权制度，营造更加公开、透明的法律政策环境。知识产权保护制度不完善会降低企业公开研究成果的动力，导致知识技术在整个经济体系内流动缓慢，且带来重复投入与建设，技术创新效率低下。三是要利用一定的政策倾斜，通过补助和税收等形式鼓励关键重点领域的专利申请。虽然近年来我国专利总量呈现急剧增长趋势，但在很多高技术产业的关键环节技术布局不足，如我国汽车产业在发动机、关键零部件等领域缺乏核心专利；一些企业对核心技术采取保密方式，不对外申请专利，从而无法有效地将行业优势专利技术转化为优势标准，难以提升我国企业在国际竞争中的地位。

8.4 本章小结

本章为全书的管理启示与政策建议部分。首先，根据实证研究结果，

分别对标准联盟网络结构与新产品开发绩效、两种不同类型知识整合能力的关系，以及知识整合能力的中介作用、网络资源禀赋的调节作用，进行了较为详细的阐述与讨论。其次，分析了研究发现对企业实践的指导和借鉴意义，指导企业如何通过标准联盟网络参与提升不同维度新产品开发绩效，以及如何构建适配的网络结构构筑企业技术多元化能力和技术标准化能力，通过不同的能力培育路径影响新产品开发绩效，如何基于新产品开发战略采取适配的网络位置—网络构成模式。最后，分别从行业层面和国家层面提出相应的政策建议，在行业层面建议聚焦于如何通过产业政策鼓励企业参与标准联盟，促进产业标准联盟网络的形成与良性发展，从而实现产业整体标准化水平和创新水平的提升；在国家层面建议聚焦于如何通过国家法律法规的完善和国家战略的调整，助力标准联盟网络、技术标准、创新活动间的联动发展。

第9章 研究结论与展望

9.1 研究结论

本书主要运用知识基础理论、资源依赖理论、标准经济学理论、模块化理论、网络嵌入性理论、社会网络分析、计量经济模型等方法，针对标准联盟网络结构对企业新产品开发绩效的影响展开了一系列研究。本书分析了标准联盟网络的形成、演化和结构嵌入性特征；从中心度、结构洞两个方面论证了标准联盟网络结构对新产品数量和新产品进入市场速度的影响，探讨了网络资源禀赋在上述关系中的调节作用，知识整合能力（技术多元化能力、技术标准化能力）在上述关系中存在的中介作用，并深入拓展了关于不同类型技术标准化能力形成的标准联盟网络前因；结合汽车产业的技术标准、整车新产品、专利等二手数据展开实证分析；基于研究核心发现分析了不同新产品开发战略目标下提升企业新产品开发绩效的联盟网络构建对策和促进产业整体产品创新水平提升的政策建议。本书的主要研究结论如下。

（1）高技术产业技术系统复杂性和单个企业组织的资源有限性使得技术标准化活动超越企业边界，标准联盟网络应运而生。标准联盟网络是网络参与主体获取潜在网络资源的重要机制，然而并非网络中所有节点都拥有同等的资源获取机会。随着标准联盟网络逐步由简单、松散向复杂、贯通、体系化演化，企业所处网络位置也呈现出差异化的结构嵌入性特征。企业的结构嵌入性特征（中心度、结构洞）将影响跨组织学习和社会资本构建，从而决定了企业资源获取机会的多少及能否有效把握住这些机会。

第9章 研究结论与展望

（2）不同的标准联盟网络位置对企业新产品开发绩效的影响存在差异，对企业而言，没有绝对的好位置，只有适合企业实现特定新产品开发目标的网络位置。标准联盟网络中心位置所提供的丰富知识信息资源、较高的网络地位与权威可为企业提供更多的潜在知识组合机会，调动网络资源开发更多的新产品；但中心位置所伴随的高网络知识依赖、高知识吸收压力和复杂合作协调工作，将减缓新产品进入市场速度。企业在标准联盟网络中所占据的结构洞可帮助其在新产品开发中获取时间优势和先动优势，提升新产品进入市场速度；但网络桥位置也将带来信息不对称和机会主义行为风险，不利于企业探索网络多样化知识组合，降低企业开发更多新产品的可能性。

（3）标准联盟网络结构对新产品开发绩效的影响受到网络资源禀赋的调节作用。企业所处标准联盟网络资源影响力越强，中心度对企业新产品数量和新产品进入市场速度的影响越弱，结构洞对企业新产品数量和新产品进入市场速度的影响越强；企业所处标准联盟网络资源异质性越高，中心度对企业新产品数量的影响越强，结构洞对企业新产品数量的影响越弱。网络资源异质性在网络结构对企业新产品进入市场速度影响中的调节作用不显著。

（4）知识整合能力之技术多元化能力对新产品开发绩效之新产品数量产生正向影响。企业技术多元化能力越强，一方面有利于企业拓展技术领域，实现在多样化新技术领域的知识积累，基于更宽的技术基础开发更多的新产品；另一方面对企业外部多样化知识更有效地识别、吸收和转化，越有利于整合、利用外部知识形成新的知识组合，通过不同技术的交叉融合来提高新产品开发产出。

（5）知识整合能力之技术标准化能力对新产品开发绩效之新产品进入市场速度产生正向影响。对技术标准化能力的有效培育和发展可有效提升企业在业内的主导地位，有利于其参与和主导正式标准制定，其在正式标准制定中将享受更多私有利益，如所提供产品的持续达标性、研究与发展方向与标准系统技术路径的一致性等，这些好处可以帮助企业获得先动者优势，提升企业新产品进入市场速度。

（6）标准联盟网络结构通过知识整合能力对新产品开发绩效产生间接影响。其中，网络结构通过技术多元化能力对新产品数量产生间接影响，通过技术标准化能力对新产品进入市场速度产生间接影响。中心度提升有利于企业利用网络资源提升技术多元化能力，但结构洞增多不利于知识技术范围拓展，技术多元化能力进一步限制了企业进行知识技术组合与重构的基础，影响企业所能开发的新产品数量。企业在标准联盟网络中的中心度越高、结构洞越丰富，越有利于提升企业制定标准和推广标准的能力，企业标准化能力越强，越有利于其获得先动者优势，比竞争者更快、更及时地将新产品推入市场。

（7）标准联盟网络中心度、结构洞对企业技术标准化主导能力、跟随能力的影响方向一致，但发生作用的网络多样性构成条件存在差异。标准联盟网络中的中心位置和结构洞位置十分有利于企业提升技术标准化主导能力和跟随能力；高网络多样性有利于企业更好地支持关联领域主导者的技术方案和主张，强化技术标准化跟随能力；但会弱化企业标准制定话语权，削弱技术标准化主导能力。此外，网络多样性在中心度、结构洞与不同类型技术标准化能力的关系中发挥差异化的调节作用。网络多样性提升会强化结构洞对技术标准化主导能力的正向作用，却会弱化中心度、结构洞对技术标准化跟随能力的正向作用。

9.2 研究展望

（1）本书实证研究的背景是汽车产业，涵盖多产业的研究更有利于检验研究发现的普遍性[472]。具体来说，本书聚焦于整车制造商，未考虑产业内零部件制造商及其他服务商，未来研究可增加对B2B市场中零部件制造商的关注，比较标准化合作活动的差异。在此情境下，关注正式标准制定的企业更可能彼此互为竞争者或客户，这将影响标准联盟网络中的知识信息流动和协调问题。因此，引入焦点企业在产业链中的背景与角色来理解组织间标准化合作和产品创新，是一个具有理论和实践意义的研究方向。

(2) 本书的标准联盟网络是基于正式标准制定合作关系构建的，未考虑非正式标准化合作。本书用于构建网络的联合起草标准是正式标准制定合作的直接可见结果。然而，基于日常面对面互动的非正式社会关系可有效加速学习，产生动态创新协同效应[473]。Delcamp 和 Leiponen（2014）指出，在非正式标准联盟中的企业间联系将影响标准化和创新产出的效率[9]。如此，本书并未充分探索组织间标准联盟网络对企业新产品开发绩效的影响。未来研究可通过对正式和非正式网络构成、结构特征所产生效应的观察与比较，加深我们对企业新产品开发绩效前因的理解。

(3) 网络结构指标——中心度、结构洞被着重强调，未对网络结构进行深入展开的研究，如不同类别中心度指标、不同侧重的结构洞指标，以及网络结构对等、网络结构自治等。此外，将网络关系嵌入性指标，如将关系强度、关系类型等纳入研究框架，将提供崭新的视角与研究思路。关系是网络构成和社会资本形成的基础，是实现知识信息流动的桥梁。学术界普遍认可强联结可增强组织间信任，促进关键知识的分享意愿，弱联结则有利于多样化信息获取[80,388]。这些特征与新产品开发所涉及的知识信息整合利用密切相关[402]，影响新产品开发绩效。尽管本书将联结强度作为控制变量，但并未对其影响进行深入分析与考察。未来研究可针对标准联盟网络结构嵌入性进行更为全面、深入的探讨，并可关注标准联盟网络关系嵌入性在企业产品创新过程中发挥的作用。

(4) 技术标准化能力采用正式标准制定信息来衡量，未考虑企业事实标准制定活动。我国事实标准总量较少，对研究结论有效性影响不大，但随着我国标准化改革大力推进团体标准规范化与合法化，由市场竞争形成的事实标准将逐步增多。未来可增加事实标准信息来完善技术标准化能力的测度及培育。

参考文献

［1］ 中共中央 国务院. 国家创新驱动发展战略纲要［EB/OL］.（2016-05-19）［2024-08-10］. https：//www. gov. cn/xinwen/2016-05/19/content_5074812. htm.

［2］ 李政，罗晖，李正风，等. 基于质性数据分析的中美创新政策比较研究：以"中国双创"与"创业美国"为例［J］. 中国软科学，2018（4）：18-30.

［3］ 张易. 异质知识网络、管理创新与企业新产品开发绩效关系研究［D］. 广州：华南理工大学，2016.

［4］ 杜阳. 团队特征、二元学习与新产品开发绩效关系研究［D］. 长春：吉林大学，2014.

［5］ 李国鑫，王超，陈易思，等. 新产品开发二维绩效影响因素的元分析［J］. 科学学研究，2012，30（12）：1843-1852.

［6］ ANDERSON P，TUSHMAN M L. Technological discontinuities and dominant designs：a cyclical model of technological change［J］. Administrative science quarterly，1990，35（4）：604-633.

［7］ BALLESTER C，CALVO-ARMENGOL A，ZENOU Y. Who's who in networks-wanted：the key player［J］. Econometrica，2006，74（5）：1403-1417.

［8］ FERSHTMAN C，GANDAL N. Direct and indirect knowledge spillovers：the "social network" of open-source projects［J］. Rand journal of economics，2011，42（1）：70-91.

［9］ DELCAMP H，LEIPONEN A. Innovating standards through informal consortia：the case of wireless telecommunications［J］. International journal of industrial organization，2014，36（C）：36-47.

［10］ 党兴华，黄继勇. 技术创新新网络中跨组织学习绩效研究［J］. 中国管理科学，2005，13（z1）：414-418.

[11] 丁宝军，马文聪，朱桂龙. 供应商参与对新产品开发效率的影响：以知识获取为中介［J］. 预测，2013（5）：63-68.

[12] SALONER G. Economic issues in computer interface standardization［J］. Economics of innovation & new technology, 1990, 1（1）: 135-156.

[13] 谭劲松. 行业标准的战略问题［J］. 经济管理，2002（13）：8-12.

[14] DEMIRKAN I, DEMIRKAN S. Network characteristics and patenting in biotechnology, 1990-2006［J］. Journal of management, 2012, 38（6）: 1892-1927.

[15] NAMBISAN S. Industry technical committees, technological distance, and innovation performance［J］. Research policy, 2013, 42（4）: 928-940.

[16] BLIND K, MANGELSDORF A. Alliance formation of SMEs: empirical evidence from standardization committees［J］. IEEE transactions on engineering management, 2013, 60（1）: 148-156.

[17] TSAI W. Knowledge transfer in intraorganizational networks: effects of network position and absorptive capacity on business unit innovation and performance［J］. Academy of management journal, 2001, 44（5）: 996-1004.

[18] RONG M A, HUANG Y C, SHENKAR O. Social networks and opportunity recognition: a cultural comparison between Taiwan of China and the United States［J］. Strategic management journal, 2011, 32（11）: 1183-1205.

[19] NAHAPIET J, GHOSHAL S. Social capital, intellectual capital, and the organizational advantage［J］. Academy of management review, 1998, 23（2）: 242-266.

[20] TSAI W, GHOSHAL S. Social capital and value creation: the role of intrafirm networks［J］. Academy of management journal, 1998, 41（4）: 464-476.

[21] KOGUT B, ZANDER U. Knowledge of the firm, combinative capabilities, and the replication of technology［J］. Organization science, 1992, 3（3）: 383-397.

[22] FELIN T, HESTERLY W S. The knowledge-based view, nested heterogeneity, and new value creation: philosophical considerations on the locus of knowledge［J］. Academy of management review, 2007, 32（1）: 195-218.

[23] GRANT R M, BADEN-FULLER C. A knowledge-based theory of inter-firm collaboration［J］. Academy of management annual meeting proceedings, 1995（1）: 17-21.

[24] GRANT R M. Toward a knowledge-based theory of the firm [J]. Strategic management journal, 1996, 17 (S2): 109-122.

[25] KLEINSCHMIDT E J, BRENTANI U D, SALOMO S. Performance of global new product development programs: a resource-based view [J]. Journal of product innovation management, 2007, 24 (5): 419-441.

[26] 任皓, 邓三鸿. 知识管理的重要步骤——知识整合 [J]. 情报科学, 2002, 20 (6): 650-653.

[27] 杜静, 魏江. 知识存量的增长机理分析 [J]. 科学学与科学技术管理, 2004, 25 (1): 24-27.

[28] 陈力, 宣国良. 后发企业的知识整合能力提升研究 [J]. 情报科学, 2005, 23 (12): 1892-1898.

[29] TIWANA A. An empirical study of the effect of knowledge integration on software development performance [J]. Information & software technology, 2004, 46 (13): 899-906.

[30] DE BOER M, VAN DEN BOSCH F A J, VOLBERDA H W. Managing organizational knowledge integration in the emerging multimedia complex [J]. Journal of management studies, 1999, 36 (3): 379-398.

[31] PHELPS C C. A longitudinal study of the influence of alliance network structure and composition on firm exploratory innovation [J]. Academy of management journal, 2010, 53 (4): 890-913.

[32] 李娜, 李随成, 王玮. 供应商供应网络位置与企业绩效: 网络认知能力的作用 [J]. 管理科学, 2015, 28 (2): 49-59.

[33] LAVIE D. The competitive advantage of interconnected firms: an extension of the resource-based view [J]. Academy of management review, 2006, 31 (3): 638-658.

[34] BEERS C, ZAND F. R&D cooperation, partner diversity, and innovation performance: an empirical analysis [J]. Journal of product innovation management, 2014, 31 (2): 292-312.

[35] LIN Z, YANG H, ARYA B. Alliance partners and firm performance: resource complementarity and status association [J]. Strategic management journal, 2009,

30（9）：921-940.

［36］ COSTENBADER E，VALENTE T W. The stability of centrality measures when networks are sampled［J］. Social networks，2003，25（4）：283-307.

［37］ 罗家德. 社会网分析讲义［M］. 2版. 北京：社会科学文献出版社，2010：246-248.

［38］ 李薇. 技术标准联盟的本质：基于对R&D联盟和专利联盟的辨析［J］. 科研管理，2014，35（10）：49-56.

［39］ 邹思明，曾德明，张利飞，等. 网络关系、技术多元化与企业技术标准化能力［J］. 科研管理，2017，38（9）：12-20.

［40］ 王道平，韦小彦，邹思明，等. 技术标准联盟主导企业标准化能力研究［J］. 中国科技论坛，2017（2）：92-97.

［41］ 张琰. 模块化分工条件下网络状产业链中知识创新研究［D］. 上海：复旦大学，2008.

［42］ LANGLOIS R N，ROBERTSON P L. Explaining vertical integration：lessons from the American automobile industry［J］. Journal of economic history，1989，49（2）：361-375.

［43］ 芮明杰，张琰. 产业创新战略：基于网络状产业链内知识创新平台的研究［M］. 上海：上海财经大学出版社，2009：6-13，89-101.

［44］ 余东华，芮明杰. 论模块化分工［J］. 山西财经大学学报，2008（10）：7-15.

［45］ BALDWIN C Y，CLARK K B. Managing in an age of modularity［J］. Harvard business review，1997，75（5）：84-93.

［46］ 青木昌彦. 模块时代：新产业结构的本质［M］. 周国荣，译. 上海：上海远东出版社，2003：5-8，15-16.

［47］ CLARK J，GUY K. Innovation and competitiveness：a review-practitioners' forum［J］. Technology analysis & strategic management，1998，10（3）：363-395.

［48］ BLIND K，GAUCH S. Trends in ICT standards：the relationship between European standardisation bodies and standards consortia［J］. Telecommunications policy，2008，32（7）：503-513.

［49］ 邹思明. 网络嵌入性社会资本对企业技术标准化能力的影响研究［D］. 长

沙：湖南大学，2015．

[50] BRUSONI S, PRENCIPE A. Unpacking the black box of modularity: technologies, products and organizations [J]. Industrial & corporate change, 2001, 10 (1): 179-205.

[51] 芮明杰，季丹. 模块化网络状产业组织的演进：基于计算机行业的研究 [J]. 经济与管理研究，2009 (1): 81-86.

[52] FARRELL J, SALONER G. Converters, compatibility, and the control of interfaces [J]. Journal of industrial economics, 1992, 40 (1): 9-35.

[53] NICKERSON J V, MUEHLEN M Z. The ecology of standards processes: insights from internet standard making [J]. MIS quarterly, 2006, 30 (1): 467-488.

[54] TASSEY G. Standardization in technology-based markets [J]. Research policy, 2000, 29 (4-5): 587-602.

[55] NARAYANAN V K, CHEN T. Research on technology standards: accomplishment and challenges [J]. Research policy, 2012, 41 (8): 1375-1406.

[56] 冯科. 协作研发网络提升企业对技术标准制定的影响力研究 [D]. 长沙：湖南大学，2014．

[57] MURMANN J P, FRENKEN K. Toward a systematic framework for research on dominant designs, technological innovations, and industrial change [J]. Research policy, 2006, 35 (7): 925-952.

[58] DAVID P A, GREENSTEIN S. The economics of compatibility standards: an introduction to recent research [J]. Economics of innovation and new technology, 1990, 1 (1-2): 3-41.

[59] BLIND K, MANGELSDORF A. Motives to standardize: empirical evidence from Germany [J]. Technovation, 2016 (48-49): 13-24.

[60] AXELROD R, MITCHELL W, THOMAS R E, et al. Coalition formation in standard-setting alliances [J]. Management science, 1995, 41 (9): 1493-1508.

[61] CHIESA V, TOLETTI G. Standard-setting strategies in the multimedia sector [J]. International journal of innovation management, 2003, 7 (3): 281-308.

[62] DAVID P A. Some new standards for the economics of standardisation in the information age [M]. Cambridge: Cambridge University Press, 1987.

［63］布林德. 标准经济学：理论、证据与政策［M］. 高鹤, 译. 北京：中国标准出版社, 2006：16-23.

［64］胡黎明, 肖国安. 技术标准经济学30年：兴起发展及新动态［J］. 湖南科技大学学报（社会科学版），2016, 19（5）：97-103.

［65］BLIND K. Explanatory factors for participation in formal standardisation processes: empirical evidence at firm level［J］. Economics of innovation and new technology, 2006, 15（2）：157-170.

［66］潘海波, 金雪军. 技术标准与技术创新协同发展关系研究［J］. 中国软科学, 2003（10）：110-114.

［67］FARRELL J, SALONER G. Standardization, compatibility, and innovation［J］. The RAND journal of economics, 1985, 16（1）：70-83.

［68］LIEBOWITZ S, MARGOLIS S. Path dependence, lock-in and history［J］. Journal of law, economics and organization, 1995, 11（1）：205-226.

［69］HILLMAN A J, WITHERS M C, COLLINS B J. Resource dependence theory: a review［J］. Journal of management, 2009, 35（6）：1404-1427.

［70］PFEFFER J. A resource dependence perspective on interorganizational relations［M］. Cambridge: Cambridge University Press, 1987：22-55.

［71］XIA J, WANG Y, LIN Y, et al. Alliance formation in the midst of market and network: insights from resource dependence and network perspectives［J］. Journal of management, 2018, 44（5）：1899-1925.

［72］曾德明, 方放, 王道平. 技术标准联盟的构建动因及模式研究［J］. 科学管理研究, 2007, 25（1）：37-40.

［73］吴文华, 张琰飞. 技术标准联盟对技术标准确立与扩散的影响研究［J］. 科学学与科学技术管理, 2006, 27（4）：44-47.

［74］KOH J, VENKATRAMAN N. Joint venture formations and stock market reactions: an assessment in the information technology sector［J］. Academy of management journal, 1991, 34（4）：869-892.

［75］SCHUMPETER J A. The theory of economic development: an inquiry into profits, capital, credit, interest, and the business cycle［M］. Cambridge: Harvard University Press, 1934.

[76] WEITZMAN M L. Recombinant growth [J]. The quarterly journal of economics, 1998, 113 (2): 331-360.

[77] WANG C, RODAN S, FRUIN M, et al. Knowledge networks, collaboration networks, and exploratory innovation [J]. Academy of management journal, 2014, 57 (2): 484-514.

[78] BALDWIN C Y, CLARK K B. Design rules: the power of modularity [M]. Cambridge: MIT Press, 2000: 280-282.

[79] ETHIRAJ S K, LEVINTHAL D. Modularity and innovation in complex systems [J]. Management science, 2004, 50 (2): 159-173.

[80] GRANOVETTER M. Economic action and social structure: the problem of embeddedness [J]. American journal of sociology, 1985, 91 (3): 481-510.

[81] LAZERSON M. A new phoenix? modern putting-out in the Modena knitwear industry [J]. Administrative science quarterly, 1995 (40): 34-59.

[82] 范群林, 邵云飞, 唐小我, 等. 结构嵌入性对集群企业创新绩效影响的实证研究 [J]. 科学学研究, 2010, 28 (12): 1891-1900.

[83] MOORMAN C, DESHPANDE R, ZALTMAN G. Factors affecting trust in market research relationships [J]. Journal of marketing, 1993 (57): 81-101.

[84] 李善民, 黄灿, 史欣向. 信息优势对企业并购的影响: 基于社会网络的视角 [J]. 中国工业经济, 2015 (11): 141-155.

[85] YANG H, LIN Z J, PENG M W. Behind acquisitions of alliance partners: exploratory learning and network embeddedness [J]. Academy of management journal, 2011, 54 (5): 1069-1080.

[86] LIN Z J, PENG M W, YANG H, et al. How do networks and learning drive M&As? an institutional comparison between China and the United States [J]. Strategic management journal, 2009, 30 (10): 1113-1132.

[87] UZZI B. Social structure and competition in interfirm networks: the paradox of embeddedness [J]. Administrative science quarterly, 1997, 42 (1): 35-67.

[88] HAGEDOORN J. Understanding the cross-level embeddedness of interfirm partnership formation [J]. Academy of management review, 2006, 31 (3): 670-680.

[89] 赵炎, 周娟. 企业合作网络中嵌入性及联盟类型对创新绩效影响的实证研究:

以中国半导体战略联盟网络为例[J]. 研究与发展管理, 2013, 25(1): 12-23.

[90] PORTES A. Social capital: its origins and applications in modern sociology [J]. Annual review of sociology, 1998, 24(1): 1-24.

[91] 赵炎, 刘忠师. 联盟中企业网络位置与资源位置对创新绩效影响的实证研究: 基于中国化学药品行业联盟的分析[J]. 研究与发展管理, 2012, 24(5): 73-82.

[92] 常红锦, 杨有振. 创新网络惯例、网络位置与知识共享[J]. 研究与发展管理, 2016, 28(3): 89-96.

[93] GNYAWALI D R, MADHAVAN R. Cooperative networks and competitive dynamics: a structural embeddedness perspective [J]. Academy of management review, 2001, 26(3): 431-445.

[94] LIN J L, FANG S C, FANG S R, et al. Network embeddedness and technology transfer performance in R&D consortia in Taiwan of China [J]. Technovation, 2009, 29(11): 763-774.

[95] TAN J, ZHANG H, WANG L. Network closure or structural hole? the conditioning effects of network-level social capital on innovation performance [J]. Entrepreneurship theory and practice, 2015, 39(5): 1189-1212.

[96] BURT R S. Structural holes and good ideas [J]. American journal of sociology, 2004, 110(2): 349-399.

[97] AHUJA G. Collaboration networks, structural holes, and innovation: a longitudinal study [J]. Administrative science quarterly, 2000, 45(3): 425-455.

[98] SCHILLING M A, PHELPS C C. Interfirm collaboration networks: the impact of large-scale network structure on firm innovation [J]. Management science, 2007, 53(7): 1113-1126.

[99] KARAMANOS A G. Leveraging micro- and macro-structures of embeddedness in alliance networks for exploratory innovation in biotechnology [J]. R&D management, 2012, 42(1): 71-89.

[100] FEY C F, BIRKINSHAW J. External sources of knowledge, governance mode, and R&D performance [J]. Journal of management, 2005, 31(4): 597-621.

[101] KOKA B R, PRESCOTT J E. Designing alliance networks: the influence of network position, environmental change, and strategy on firm performance [J]. Strategic management journal, 2008, 29 (6): 639-661.

[102] 曾德明, 文金艳. 协作研发网络中心度、知识距离对企业二元式创新的影响 [J]. 管理学报, 2015, 12 (10): 1479-1486.

[103] 曾德明, 文金艳, 禹献云. 技术创新网络结构与创新类型配适对企业创新绩效的影响 [J]. 软科学, 2012, 26 (5): 1-4.

[104] 范钧, 聂津君. 企业—顾客在线互动、知识共创与新产品开发绩效 [J]. 科研管理, 2016, 37 (1): 119-127.

[105] 吴家喜, 吴贵生. 外部组织整合与新产品开发绩效关系实证研究: 以产品创新程度为调节变量 [J]. 科学学与科学技术管理, 2008, 29 (12): 58-62.

[106] GARCIA R, CALANTONE R. A critical look at technological innovation typology and innovativeness terminology: a literature review [J]. Journal of product innovation management, 2002, 19 (2): 110-132.

[107] SONG X M, MONTOYA-WEISS M M. Critical development activities for really new versus incremental products [J]. Journal of product innovation management, 1998, 15 (2): 124-135.

[108] ATUAHENE-GIMA K. An exploratory analysis of the impact of market orientation on new product performance a contingency approach [J]. Journal of product innovation management, 1995, 12 (4): 275-293.

[109] O'CONNOR G C. Market learning and radical innovation: a cross case comparison of eight radical innovation projects [J]. Journal of product innovation management, 1998, 15 (2): 151-166.

[110] GILSING V, NOOTEBOOM B, VANHAVERBEKE W, et al. Network embeddedness and the exploration of novel technologies: technological distance, betweenness centrality and density [J]. Research policy, 2008, 37 (10): 1717-1731.

[111] AHUJA G, LAMPERT M C. Entrepreneurship in the large corporation: a longitudinal study of how established firms create breakthrough inventions [J]. Strategic management journal, 2001, 22 (6-7): 521-543.

[112] OLSON E M, WALKER J O C, RUEKERT R W. Organizing for effective new product development: the moderating role of product innovativeness [J]. Journal of marketing, 1995, 59 (1): 48-62.

[113] CHANDY R K, TELLIS G J. The incumbent's curse? incumbency, size, and radical product innovation [J]. Journal of marketing, 2000, 64 (3): 1-17.

[114] RUBERA G, KIRCA A H. Firm innovativeness and its performance outcomes: a meta-analytic review and theoretical integration [J]. Journal of marketing, 2012, 76 (3): 130-147.

[115] KESSLER E H, CHAKRABARTI A K. Speeding up the pace of new product development [J]. Journal of product innovation management, 1999, 16 (3): 231-247.

[116] SCHMIDT J B, CALANTONE R J. Are really new product development projects harder to shut down? [J]. Journal of product innovation management, 1998, 15 (2): 111-123.

[117] COOPER R G, DE BRENTANI U. New industrial financial services: what distinguishes the winners [J]. Journal of product innovation management, 1991, 8 (2): 75-90.

[118] KOK R A W, LIGTHART P E M. Differentiating major and incremental new product development: the effects of functional and numerical workforce flexibility [J]. Journal of product innovation management, 2014, 31 (S1): 30-42.

[119] VERYZER R W. Discontinuous innovation and the new product development process [J]. Journal of product innovation management, 1998, 15 (4): 304-321.

[120] JOSHI A W. When does customer orientation hinder (help) radical product innovation? the role of organizational rewards [J]. Journal of product innovation management, 2015, 33 (4): 435-454.

[121] 郭斌, 刘鹏, 汤佐群. 新产品开发过程中的知识管理 [J]. 研究与发展管理, 2004, 16 (5): 58-64.

[122] 胡林辉. 基于知识整合的供应商参与制造企业新产品开发研究 [D]. 长沙: 湖南大学, 2012.

[123] CHURCHILL Jr G A, FORD N M, HARTLEY S W, et al. The determinants of salesperson performance: a meta-analysis [J]. Journal of marketing research, 1985, 22 (2): 103-118.

[124] PARK S H, LUO Y. Guanxi and organizational dynamics: organizational networking in Chinese firms [J]. Strategic management journal, 2001, 22 (5): 455-477.

[125] GAO G Y, ZHOU K Z, YIM C K. On what should firms focus in transitional economies? a study of the contingent value of strategic orientations in China [J]. International journal of research in marketing, 2007, 24 (1): 3-15.

[126] 张妍, 魏江. 战略导向、研发伙伴多样性与创新绩效 [J]. 科学学研究, 2016, 34 (3): 443-452.

[127] LUO X, SIVAKUMAR K, LIU S S. Globalization, marketing resources, and performance: evidence from China [J]. Journal of the academy of marketing science, 2005, 33 (1): 50-65.

[128] 张婧, 段艳玲. 市场驱动型学习对新产品绩效的影响: 基于我国制造型出口企业的实证研究 [J]. 科学学研究, 2010, 28 (6): 912-919.

[129] 廖勇海, 刘益, 贾兴平. 基于 Meta 视角的市场导向、产品创新、产品竞争优势与新产品绩效关系研究 [J]. 研究与发展管理, 2015, 27 (3): 105-113.

[130] ATUAHENE-GIMA K. Resolving the capability-rigidity paradox in new product innovation [J]. Journal of marketing, 2005, 69 (4): 61-83.

[131] BAKER W E, SINKULA J M. Does market orientation facilitate balanced innovation programs? an organizational learning perspective [J]. Journal of product innovation management, 2007, 24 (4): 316-334.

[132] GATIGNON H, XUEREB J M. Strategic orientation of the firm and new product performance [J]. Journal of marketing research, 1997 (61): 77-90.

[133] CITRIN A V, LEE R P, MCCULLOUGH J. Information use and new product outcomes: the contingent role of strategy type [J]. Journal of product innovation management, 2007, 24 (3): 259-273.

[134] SOUDER W E, MICHAEL S X. Analyses of U.S. and Japanese management

processes associated with new product success and failure in high and low familiarity markets [J]. The journal of product innovation management, 1998, 15 (3): 208-223.

[135] 周健明, 陈明, 刘云枫. 知识惯性、知识整合与新产品开发绩效研究 [J]. 科学学研究, 2014, 32 (10): 1531-1538.

[136] 秦剑. 研发/制造/营销跨职能整合与新产品开发: 产品创新性的差异效应研究 [J]. 中国管理科学, 2014, 22 (1): 130-138.

[137] DURMUŞOĞLU S S. Merits of task advice during new product development: network centrality antecedents and new product outcomes of knowledge richness and knowledge quality [J]. Journal of product innovation management, 2013, 30 (3): 487-499.

[138] 吴爱华, 苏敬勤. 人力资本专用性、创新能力与新产品开发绩效: 基于技术创新类型的实证分析 [J]. 科学学研究, 2012, 30 (6): 950-960.

[139] 吴伟伟, 邓强, 于渤. 技术能力对新产品开发绩效的影响: 以技术管理为调节变量 [J]. 科学学研究, 2010, 28 (3): 429-435.

[140] 冯宗宪, 张哲, SONG M. 企业产品创新国际比较研究 [J]. 科研管理, 2012, 33 (8): 1-8.

[141] 吴伟伟, 于渤, 邓强, 等. 技术管理能力对新产品开发绩效的影响路径识别: 基于动态能力视角 [J]. 科学学与科学技术管理, 2013, 34 (5): 106-115.

[142] CHEN Y C, LI P C, EVANS K R, et al. Interaction orientation and product development performance for Taiwanese electronics firms: the mediating role of market-relating capabilities [J]. Journal of product innovation management, 2017, 34 (1): 13-34.

[143] 赵文红, 原长弘. 企业影响政府/行业的能力与新产品绩效关系研究 [J]. 科学学研究, 2011, 29 (6): 906-913.

[144] 于晓宇, 陶向明. 创业失败经验与新产品开发绩效的倒 U 形关系: 创业导向的多重中介作用 [J]. 管理科学, 2015 (5): 1-14.

[145] 钟竞. 知识资产特性与高技术企业学习战略研究 [J]. 科学学研究, 2006, 24 (2): 582-589.

[146] ATUAHENE-GIMA K, LI H. Strategic decision comprehensiveness and new product development outcomes in new technology ventures [J]. Academy of management journal, 2004, 47 (4): 583-597.

[147] 俞仁智, 何洁芳, 刘志迎. 基于组织层面的公司企业家精神与新产品创新绩效——环境不确定性的调节效应 [J]. 管理评论, 2015, 27 (9): 85-94.

[148] FRANKORT H T W. When does knowledge acquisition in R&D alliances increase new product development? the moderating roles of technological relatedness and product-market competition [J]. Research policy, 2016, 45 (1): 291-302.

[149] 曹勇, 孙合林, 蒋振宇, 等. 模糊前端不确定性、知识共享与新产品开发绩效 [J]. 科研管理, 2016, 37 (5): 24-32.

[150] DYER J H, SINGH H. The relational view: cooperative strategy and sources of interorganizational competitive advantage [J]. Academy of management review, 1998, 23 (4): 660-679.

[151] JOSHI A W, SHARMA S. Customer knowledge development: antecedents and impact on new product performance [J]. Journal of marketing, 2004, 68 (4): 47-59.

[152] 汪涛, 郭锐. 顾客参与对新产品开发作用机理研究 [J]. 科学学研究, 2010, 28 (9): 1383-1387.

[153] WYNSTRA F, ANDERSON J C, NARUS J A, et al. Supplier development responsibility and NPD project outcomes: the roles of monetary quantification of differences and supporting-detail gathering [J]. Journal of product innovation management, 2012, 29 (S1): 103-123.

[154] 谢恩, 陈昕. 供应商网络与买方企业新产品开发绩效的研究 [J]. 科研管理, 2015 (6): 20-27.

[155] SUBRAMANIAM M. Integrating cross-border knowledge for transnational new product development [J]. Journal of product innovation management, 2006, 23 (6): 541-555.

[156] HARTER D E, KRISHNAN M S, SLAUGHTER S A. Effects of process maturity on quality, cycle time, and effort in software product development [J]. Management science, 2000, 46 (4): 451-466.

[157] TATIKONDA M V, ROSENTHAL S R. Successful execution of product development projects: balancing firmness and flexibility in the innovation process [J]. Journal of operations management, 2000, 18 (4): 401-425.

[158] STORY V M, BOSO N, CADOGAN J W. The form of relationship between firm-level product innovativeness and new product performance in developed and emerging markets [J]. Journal of product innovation management, 2015, 32 (1): 45-64.

[159] ERNST H, FISCHER M. Integrating the R&D and patent functions: implications for new product performance [J]. Journal of product innovation management, 2014, 31 (S1): 118-132.

[160] 孔婷, 孙林岩, 冯泰文. 营销—制造整合对新产品开发绩效的影响研究 [J]. 科研管理, 2015, 36 (9): 1-10.

[161] 游博, 龙勇. 模块化对新产品绩效的影响: 基于模块化系统间联系及绩效影响机制的实证研究 [J]. 研究与发展管理, 2016, 28 (5): 91-99.

[162] SETHI R, PANT S, SETHI A. Web-based product development systems integration and new product outcomes: a conceptual framework [J]. Journal of product innovation management, 2003, 20 (1): 37-56.

[163] HART S. Dimensions of success in new product development: an exploratory investigation [J]. Journal of marketing management, 1993, 9 (1): 23-41.

[164] ATUAHENE-GIMA K, MURRAY J Y. Exploratory and exploitative learning in new product development: a social capital perspective on new technology ventures in China [J]. Journal of international marketing, 2007, 15 (2): 1-29.

[165] 陈力. 基于知识整合的新产品开发绩效研究 [D]. 上海: 上海交通大学, 2006.

[166] ARTZ K W, NORMAN P M, HATFIELD D E, et al. A longitudinal study of the impact of R&D, patents, and product innovation on firm performance [J]. Journal of product innovation management, 2010, 27 (5): 725-740.

[167] ZHANG Y, LI H. Innovation search of new ventures in a technology cluster: the role of ties with service intermediaries [J]. Strategic management journal, 2010, 31 (1): 88-109.

[168] GANESAN S, MALTER A J, RINDFLEISCH A. Does distance still matter? geographic proximity and new product development [J]. Journal of marketing, 2005, 69 (4): 44-60.

[169] MONTOYA-WEISS M M, CALANTONE R. Determinants of new product performance: a review and meta-analysis [J]. Journal of product innovation management, 1994, 11 (5): 397-417.

[170] SHERMAN J D, BERKOWITZ D, SOUDER W E. New product development performance and the interaction of cross-functional integration and knowledge management [J]. Journal of product innovation management, 2005, 22 (5): 399-411.

[171] 张慧颖, 李振东. 创新投入、新产品开发绩效与新产品市场绩效的关系研究: 顾客隐性需求的调节作用 [J]. 科学学与科学技术管理, 2015, 36 (12): 128-138.

[172] KATILA R, AHUJA G. Something old, something new: a longitudinal study of search behavior and new product introduction [J]. Academy of management journal, 2002, 45 (6): 1183-1194.

[173] SMITH K G, COLLINS C J, CLARK K D. Existing knowledge, knowledge creation capability, and the rate of new product introduction in high-technology firms [J]. Academy of management journal, 2005, 48 (2): 346-357.

[174] DEEDS D L, HILL C W L. Strategic alliances and the rate of new product development: an empirical study of entrepreneurial biotechnology firms [J]. Journal of business venturing, 1996, 11 (1): 41-55.

[175] ROTHAERMEL F T, DEEDS D L. Exploration and exploitation alliances in biotechnology: a system of new product development [J]. Strategic management journal, 2004, 25 (3): 201-221.

[176] KEIL T. De-facto standardization through alliances-lessons from bluetooth [J]. Telecommunication policy, 2002 (26): 205-221.

[177] 张米尔, 冯永琴. 标准联盟的兴起及诱发技术垄断的机制研究 [J]. 科学学研究, 2010, 28 (5): 690-696.

[178] 孙耀吾, 赵雅, 曾科. 技术标准化三螺旋结构模型与实证研究 [J]. 科学

学研究, 2009, 27 (5): 733-742.

[179] 王珊珊, 许艳真, 李力. 新兴产业技术标准化: 过程、网络属性及演化规律 [J]. 科学学研究, 2014, 32 (8): 1181-1188.

[180] 李再扬, 杨少华. GSM: 技术标准化联盟的成功案例 [J]. 中国工业经济, 2003 (7): 89-95.

[181] 邓颖. 高技术企业技术标准联盟稳定性控制研究 [D]. 长沙: 湖南大学, 2015.

[182] VAKILI K. Collaborative promotion of technology standards and the impact on innovation, industry structure, and organizational capabilities: evidence from modern patent pools [J]. Organization science, 2016, 27 (6): 1504-1524.

[183] 曾德明, 彭盾, 陈春晖. 高技术企业协作 R&D 网络与技术标准联盟契合动因分析 [J]. 软科学, 2008, 22 (9): 31-35.

[184] 张米尔, 张美珍, 冯永琴. 技术标准背景下的专利池演进及专利申请行为 [J]. 科研管理, 2012, 33 (7): 67-73.

[185] BLIND K, THUMM N. Interrelation between patenting and standardisation strategies: empirical evidence and policy implications [J]. Research policy, 2004, 33 (10): 1583-1598.

[186] LEIPONEN A E. Competing through cooperation: the organization of standard setting in wireless telecommunications [J]. Management science, 2008, 54 (11): 1904-1919.

[187] ANDREVSKI G, BRASS D J, FERRIER W J. Alliance portfolio configurations and competitive action frequency [J]. Journal of management, 2016, 42 (4): 811-837.

[188] BURT R S. Structural holes: the social structure of competition [M]. Cambridge: Harvard University Press, 1992: 57-91.

[189] 斯科特. 社会网络分析法 [M]. 3 版. 刘军, 译. 重庆: 重庆大学出版社, 2016: 75-76, 91-97.

[190] 肖冰. 中小企业集群复杂网络资源整合能力研究 [D]. 广州: 暨南大学, 2012.

[191] KRACKHARDT D. Review symposium: structural holes [J]. Administrative

science quarterly,1995（40）：350-354.

[192] RODAN S,GALUNIC C. More than network structure：how knowledge heterogeneity influences managerial performance and innovativeness［J］. Strategic management journal,2004,25（6）：541-562.

[193] TIWANA A. Do bridging ties complement strong ties? an empirical examination of alliance ambidexterity［J］. Strategic management journal,2008,29（3）：251-272.

[194] ROWLEY T,BEHRENS D,KRACKHARDT D. Redundant governance structures：an analysis of structural and relational embeddedness in the steel and semiconductor industries［J］. Strategic management journal,2000,21（3）：369-386.

[195] ECHOLS A,TSAI W. Niche and performance：the moderating role of network embeddedness［J］. Strategic management journal,2005,26（3）：219-238.

[196] 禹献云. 协作研发网络演化及其对技术创新的影响研究［D］. 长沙：湖南大学,2013.

[197] 高展军,李垣. 战略网络结构对企业技术创新的影响研究［J］. 科学学研究,2006,24（3）：474-479.

[198] REAGANS R,ZUCKERMAN E W. Networks,diversity,and productivity：the social capital of corporate R&D teams［J］. Organization science,2001,12（4）：502-517.

[199] 韩连庆. 技术联盟、产业链与技术标准的确立：以中国高清视频技术的发展为例［J］. 科学学研究,2016,34（3）：418-424.

[200] LERNER J,TIROLE J. Efficient patent pools［J］. The American economic review,2004,94（3）：691-711.

[201] 曹勇,张诗瑶. 辩证分析专利池对技术创新的影响：理论述评［J］. 情报杂志,2012,31（11）：128-135.

[202] SAMPSON R C. Experience effects and collaborative returns in R&D alliances［J］. Strategic management journal,2005,26（11）：1009-1031.

[203] XIA M,ZHAO K,MAHONEY J T. Enhancing value via cooperation：firms' process benefits from participation in a standard consortium［J］. Industrial and

corporate change, 2011, 21 (3): 699-729.

[204] WEISS M B H, SIRBU M. Technological choice in voluntary standards committees: an empirical analysis [J]. Economics of innovation and new technology, 1990, 1 (1-2): 111-133.

[205] VARADARAJAN P R, CUNNINGHAM M H. Strategic alliances: a synthesis of conceptual foundations [J]. Journal of the academy of marketing science, 1995, 23 (4): 282.

[206] 李莉. 基于网络嵌入性的核心企业知识扩散方式对知识获取绩效的影响研究 [D]. 西安: 西安理工大学, 2008.

[207] 李薇, 袁明波, 敖永春. 基于伙伴类型与关系的技术标准联盟中的企业嵌入机制 [J]. 科技管理研究, 2016, 36 (19): 116-122.

[208] 曾德明, 戴海闻, 张裕中. 基于网络结构与资源禀赋的企业对标准化影响力研究 [J]. 管理学报, 2016, 13 (1): 59-66.

[209] 李冬梅, 宋志红. 网络模式、标准联盟与主导设计的产生 [J]. 科学学研究, 2017, 35 (3): 428-437.

[210] WAKKE P, BLIND K, RAMEL F. The impact of participation within formal standardization on firm performance [J]. Journal of productivity analysis, 2016, 45 (3): 317-330.

[211] HENDERSON R M, CLARK K B. Architectural innovation: the reconfiguration of existing product technologies and the failure of established firms [J]. Administrative science quarterly, 1990, 35 (1): 9-30.

[212] DEMSETZ H. The theory of the firm revisited [M]. London: Oxford University Press, 1991.

[213] 陈力, 宣国良. 顾客知识整合对新产品开发绩效的影响 [J]. 科学学研究, 2007, 25 (1): 147-151.

[214] GRANT R M. Prospering in dynamically-competitive environments: organizational capability as knowledge integration [J]. Organization science, 1996, 7 (4): 375-387.

[215] 陈力, 鲁若愚. 企业知识整合研究 [J]. 科研管理, 2003, 24 (3): 32-38.

[216] 赵修卫. 组织学习与知识整合 [J]. 科研管理, 2003, 24 (3): 52-57.

［217］ SINGH J. Distributed R&D, cross-regional knowledge integration and quality of innovative output ［J］. Research policy, 2008（37）: 77-96.

［218］ 程鹏, 张桂芳, 余江. 知识整合能力与本土企业的快速追赶: 基于华星光电的分析［J］. 科学学研究, 2014, 32（7）: 1060-1069.

［219］ 陈铁军. 基于知识整合能力的自主新产品创新模式研究: 以万向系统有限公司为例［J］. 科技管理研究, 2007, 27（7）: 20-23.

［220］ KRAAIJENBRINK J, WIJNHOVEN F, GROEN A. Towards a kernel theory of external knowledge integration for high-tech firms: exploring a failed theory test ［J］. Technological forecasting and social change, 2007, 74（8）: 1215-1233.

［221］ 谢洪明, 吴溯, 王现彪. 知识整合能力、效果与技术创新［J］. 科学学与科学技术管理, 2008, 29（8）: 88-93.

［222］ YAYAVARAM S, SRIVASTAVA M K, SARKAR M B. Role of search for domain knowledge and architectural knowledge in alliance partner selection ［J］. Strategic management journal, 2018, 39（8）: 2277-2302.

［223］ IANSITI M, CLARK K B. Integration and dynamic capability: evidence from product development in automobiles and mainframe computers ［J］. Industrial and corporate change, 1994, 3（3）: 557-605.

［224］ JIROUŠEK R. A survey of methods used in probabilistic expert systems for knowledge integration ［J］. Knowledge-based systems, 1990, 3（1）: 7-12.

［225］ 潘文安. 关系强度、知识整合能力与供应链知识效率转移研究［J］. 科研管理, 2012, 33（1）: 147-153.

［226］ 孔凡柱. 知识整合能力与运作特性对组织创新绩效的交互效应研究［J］. 软科学, 2014, 28（12）: 10-14.

［227］ 何郁冰, 陈劲. 技术多元化研究现状探析与整合框架构建［J］. 外国经济与管理, 2012, 34（1）: 46-56.

［228］ BRUSONI S, PRENCIPE A, PAVITT K. Knowledge specialization, organizational coupling, and the boundaries of the firm: why do firms know more than they make? ［J］. Administrative science quarterly, 2001, 46（4）: 597-621.

［229］ SUZUKI J, KODAMA F. Technological diversity of persistent innovators in Japan: two case studies of large Japanese firms ［J］. Research policy, 2004, 33（3）:

531-549.

[230] LEVINTHAL D A. Adaptation on rugged landscapes [J]. Management science, 1997, 43 (7): 934-950.

[231] 贾军, 张卓. 企业技术范围选择: 技术多元化还是技术专业化 [J]. 科学学与科学技术管理, 2012 (11): 124-133.

[232] GARCIA-VEGA M. Does technological diversification promote innovation? an empirical analysis for European firms [J]. Research policy, 2006, 35 (2): 230-246.

[233] 潘鑫, 王元地, 金珺. 技术多元化前因探究: 基于省级数据的分析 [J]. 科学学与科学技术管理, 2014 (6): 27-33.

[234] 曾德明, 邹思明, 张运生. 网络位置、技术多元化与企业在技术标准制定中的影响力研究 [J]. 管理学报, 2015, 12 (2): 198-206.

[235] 楼永. 技术资源与企业多元化的相互影响及其启示 [J]. 研究与发展管理, 2004 (6): 92-96.

[236] 何郁冰, 陈劲. 资源特性、能力系统与技术演化: 对企业技术多样化的理论解析 [J]. 西安电子科技大学学报 (社会科学版), 2008, 18 (3): 1-7.

[237] 周新川. 基于企业资源观的技术多元决策模式研究 [D]. 杭州: 浙江大学, 2009.

[238] 朱朝晖. 基于开放式创新的技术学习动态协同模式研究 [J]. 科学学与科学技术管理, 2009 (4): 99-103.

[239] GAMBARDELLA A, TORRISI S. Does technological convergence imply convergence in markets? evidence from the electronics industry [J]. Research policy, 1998, 27 (5): 445-463.

[240] 林明, 任浩, 董必荣. 技术多样化结构二元平衡、企业内聚性与探索式创新绩效 [J]. 科研管理, 2015 (4): 65-72.

[241] 徐娟. 基于二元技术能力调节作用的技术多元化与企业绩效 [J]. 管理学报, 2017, 14 (1): 63-68.

[242] WANG H, CHEN W. Is firm-specific innovation associated with greater value appropriation? the roles of environmental dynamism and technological diversity [J]. Research policy, 2010, 39 (1): 141-154.

[243] 何郁冰,陈劲. 技术多元化战略与企业竞争优势关系研究述评 [J]. 科研管理, 2013, 34 (5): 10-20.

[244] 何郁冰,丁佳敏. 企业多元化战略的内部关联及其对绩效的影响: 来自中国制造业上市公司的经验证据 [J]. 科学学研究, 2015, 33 (11): 1715-1726.

[245] 郭玉玉,宋燕. 技术多元化与企业创新绩效关系的实证研究 [J]. 科技管理研究, 2016, 36 (5): 82-86.

[246] 王文华,张卓,陈玉荣,等. 基于技术整合的技术多元化与企业绩效研究 [J]. 科学学研究, 2015 (2): 279-286.

[247] 孙玉涛,臧帆. 企业区域内/间研发合作与创新绩效: 技术多元化的调节作用 [J]. 科研管理, 2017, 38 (3): 52-60.

[248] OSTERLOFF M. Technology-based product market entries: managerial resources and decision-making process [D]. Espoo: Helsinki University of Technology, 2003.

[249] 魏江,应瑛,刘洋. 研发活动地理分散性、技术多样性与创新绩效 [J]. 科学学研究, 2013, 31 (5): 772-779.

[250] QUINTANA-GARCÍA C, BENAVIDES-VELASCO C A. Innovative competence, exploration and exploitation: the influence of technological diversification [J]. Research policy, 2008, 37 (3): 492-507.

[251] 张庆垒,刘春林,施建军. 动荡环境下技术多元化与企业绩效关系 [J]. 管理学报, 2014, 11 (12): 1818-1825.

[252] 贾军,张卓. 技术多元化对企业绩效的影响研究: 技术关联的调节效应 [J]. 管理评论, 2013, 25 (8): 126-133.

[253] 郭斌. 产业标准竞争及其在产业政策中的现实意义 [J]. 中国工业经济, 2000 (1): 41-44.

[254] 刘恩初,李健英. 技术标准与技术创新效率关系实证研究: 基于随机前沿模型 [J]. 研究与发展管理, 2014, 26 (4): 56-66.

[255] 时建中,陈鸣. 技术标准化过程中的利益平衡: 兼论新经济下知识产权法与反垄断法的互动 [J]. 科技与法律, 2008 (5): 45-50.

[256] 中国标准化研究院,等. 标准化工作指南 第1部分: 标准化和相关活动的通用术语 GB/T 20000.1—2014 [S]. 北京: 中国标准出版社, 2014.

[257] TECHATASSANASOONTORN A A, SUO S. Influences on standards adoption in

de facto standardization [J]. Information technology and management, 2011, 12 (4): 357-385.

[258] 伍燕妩, 陈道珍, 曾德明, 等. 企业技术标准化能力指标设定与测度 [J]. 科技与管理, 2005, 7 (3): 51-53.

[259] 孙耀吾, 胡林辉, 胡志勇. 技术标准化能力链: 高技术产业技术能力研究新维度 [J]. 财经理论与实践, 2007, 28 (6): 95-99.

[260] 王珊珊, 武建龙, 王宏起. 产业技术标准化能力的结构维度与评价指标研究 [J]. 科学学与科学技术管理, 2013, 34 (6): 112-118.

[261] SRINIVASAN R, LILIEN G L, RANGASWAMY A. The emergence of dominant designs [J]. Journal of marketing, 2006, 70 (2): 1-17.

[262] TEECE D J. Explicating dynamic capabilities: the nature and micro-foundations of (sustainable) enterprise performance [J]. Strategic management journal, 2007, 28 (13): 1319-1350.

[263] HAGEDOORN J, CARAYANNIS E, ALEXANDER J. Strange bedfellows in the personal computer industry: technology alliances between IBM and Apple [J]. Research policy, 2001, 30 (5): 837-849.

[264] HAURAND M D, STUMMER C. Stakes or garlic? studying the emergence of dominant designs through an agent-based model of a vampire economy [J]. Central European journal of operations research, 2018, 26 (2): 373-394.

[265] 曾德明, 伍燕妩, 吴文华. 企业技术标准化能力指标体系构建 [J]. 科技管理研究, 2005, 25 (8): 164-167.

[266] LEE E, LEE J, LEE J. Reconsideration of the winner-take-all hypothesis: complex networks and local bias [J]. Management science, 2006 (52): 1838-1848.

[267] STREMERSCH S, TELLIS G J, FRANSES P H, et al. Indirect network effects in new product growth [J]. Journal of marketing, 2007, 71 (3): 52-74.

[268] 张晓博. 标准制定工作中的"政府管制俘虏"现象分析及防范对策 [J]. 中国标准化, 2013 (4): 69-71.

[269] 文金艳, 曾德明. 标准联盟组合配置与企业技术标准化能力 [J]. 科学学研究, 2019, 37 (7): 1300-1308.

[270] SUAREZ F F. Battles for technological dominance: an integrative framework [J]. Research policy, 2004, 33 (2): 271-286.

[271] DAI H, ZENG D, QUALLS W J, et al. Do social ties matter for the emergence of dominant design? the moderating roles of technological turbulence and IRP enforcement [J]. Journal of engineering and technology management, 2018 (47): 96-109.

[272] BLIND K, GAUCH S. Research and standardisation in nanotechnology: evidence from Germany [J]. The journal of technology transfer, 2009, 34 (3): 320-342.

[273] BLIND K. The impact of standardization and standards on innovation [EB/OL]. [2024-08-10]. http://www.innovation-policy.org.uk.

[274] SWANN G M P. The economics of standardization: final report for standards and technical regulations, directorate department of trade and industry [M]. Manchester: University of Manchester, 2000.

[275] COHEN J E, LEMLEY M A. Patent scope and innovation in the software industry [J]. California law review, 2001, 89 (1): 1-57.

[276] LEMLEY M A. Intellectual property rights and standard-setting organizations [J]. Social science electronic publishing, 2002, 90 (6): 1889-1980.

[277] BEKKERS R, IVERSEN E, BLIND K. Emerging ways to address the reemerging conflict between patenting and technological standardization [J]. Industrial and corporate change, 2012, 21 (4): 901-931.

[278] 陈德敏, 杜健勋. 资源禀赋、地区差异与法律控制: 地区差异条件下能矿资源安全的社会学基本分析框架 [J]. 中国软科学, 2009 (7): 1-9, 18.

[279] 斯坦利, 兰迪. 经济思想史 [M]. 8版. 邱晓燕, 等译. 北京: 北京大学出版社, 2014: 104-105.

[280] 王冬, 孔庆峰. 资源禀赋、制度变迁与中国科技兴衰: 李约瑟之谜的科技加速进步假说 [J]. 科学学研究, 2013, 31 (3): 321-329.

[281] 吴建南, 李贵宁, 侯一麟. 财政管理、角色定位与组织绩效: 不同资源禀赋下西部某市乡镇政府的经验研究 [J]. 管理世界, 2008 (12): 64-74.

[282] 杨海生, 罗党论, 陈少凌. 资源禀赋、官员交流与经济增长 [J]. 管理世界, 2010 (5): 17-26.

[283] BARNEY J. Firm resources and sustained competitive advantage [J]. Journal of management, 1991, 17 (1): 99-120.

[284] WERNERFELT B. A resource-based view of the firm [J]. Strategic management journal, 1984, 5 (2): 171-180.

[285] CONNER K R. A historical comparison of resource-based theory and five schools of thought within industrial organization economics: do we have a new theory of the firm? [J]. Journal of management, 1991, 17 (1): 121-154.

[286] SHANE S, STUART T. Organizational endowments and the performance of university start-ups [J]. Management science, 2002, 48 (1): 154-170.

[287] 田莉. 新技术企业初始资源禀赋与初期绩效关系研究 [J]. 中国科技论坛, 2009 (9): 52-57.

[288] 苏晓华, 王招治. 资源禀赋与高校衍生企业绩效关系研究: 以我国高校上市公司为例 [J]. 科学学与科学技术管理, 2010, 31 (6): 137-142.

[289] 姚铮. 开放式创新中企业资源禀赋对新产品开发绩效作用机理研究 [D]. 长沙: 湖南大学, 2016.

[290] WASSERMAN S, FAUST K. Social network analysis: methods and applications [M]. Cambridge: Cambridge University Press, 1994: 4-9.

[291] 曹霞, 宋琪. 产学合作网络中企业关系势能与自主创新绩效: 基于地理边界拓展的调节作用 [J]. 科学学研究, 2016, 34 (7): 1065-1075.

[292] LIANG X, LIU A M M. The evolution of government sponsored collaboration network and its impact on innovation: a bibliometric analysis in the Chinese solar PV sector [J]. Research policy, 2018, 47 (7): 1295-1308.

[293] WUYTS S, DUTTA S. Benefiting from alliance portfolio diversity: the role of past internal knowledge creation strategy [J]. Journal of management, 2014, 40 (6): 1653-1674.

[294] JIANG R J, TAO Q T, SANTORO M D. Alliance portfolio diversity and firm performance [J]. Strategic management journal, 2010, 31 (10): 1136-1144.

[295] DE LEEUW T, LOKSHIN B, DUYSTERS G. Returns to alliance portfolio diversity: the relative effects of partner diversity on firm's innovative performance and productivity [J]. Journal of business research, 2014, 67 (9): 1839-1849.

[296] 殷俊杰, 邵云飞. 创新搜索和惯例的调节作用下联盟组合伙伴多样性对创新绩效的影响研究 [J]. 管理学报, 2017, 14 (4): 545-553.

[297] 张妍, 魏江. 研发伙伴多样性与创新绩效——研发合作经验的调节效应 [J]. 科学学与科学技术管理, 2015, 36 (11): 103-111.

[298] WASHINGTON M, ZAJAC E J. Status evolution and competition: theory and evidence [J]. Academy of management journal, 2005, 48 (2): 282-296.

[299] BONACICH P. Power and centrality: a family of measures [J]. American journal of sociology, 1987 (92): 1170-1182.

[300] SAXTON T. The effects of partner and relationship characteristics on alliance outcomes [J]. Academy of management journal, 1997, 40 (2): 443-461.

[301] LAVIE D. Alliance portfolios and firm performance: a study of value creation and appropriation in the US software industry [J]. Strategic management journal, 2007, 28 (12): 1187-1212.

[302] 邓渝, 黄小凤. 促进还是规避竞争: 联盟组合伙伴竞争与突破性创新倒 U 型关系研究 [J]. 科学学与科学技术管理, 2017, 38 (10): 55-68.

[303] PHELPS C, HEIDL R, WADHWA A. Knowledge, networks, and knowledge networks: a review and research agenda [J]. Journal of management, 2012, 38 (4): 1115-1166.

[304] LANE P J, LUBATKIN M. Relative absorptive capacity and interorganizational learning [J]. Strategic management journal, 1998 (19): 461-477.

[305] GOERZEN A, BEAMISH P W. The effect of alliance network diversity on multinational enterprise performance [J]. Strategic management journal, 2005, 26 (4): 333-354.

[306] LEE D, KIRKPATRICK-HUSK K, MADHAVAN R. Diversity in alliance portfolios and performance outcomes: a meta-analysis [J]. Journal of management, 2017, 43 (5): 1472-1497.

[307] WONG S S, HO V T, LEE C H. A power perspective to interunit knowledge transfer: linking knowledge attributes to unit power and the transfer of knowledge [J]. Journal of management, 2008, 34 (1): 127-150.

[308] THOMAS-HUNT M C, OGDEN T Y, NEALE M A. Who's really sharing? effects

of social and expert status on knowledge exchange within groups [J]. Management science, 2003, 49 (4): 464-477.

[309] STILL M C, STRANG D. Who does an elite organization emulate? [J]. Administrative science quarterly, 2009, 54 (1): 58-89.

[310] 王道平, 韦小彦, 方放. 基于技术标准特征的标准研发联盟合作伙伴选择研究 [J]. 科研管理, 2015, 36 (1): 81-89.

[311] 曾德明, 彭盾, 张运生. 技术标准联盟价值创造解析 [J]. 软科学, 2006, 20 (3): 5-8.

[312] FARRELL J, SALONER G. Installed base and compatibility: innovation, product preannouncements, and predation [J]. American economic review, 1986 (12): 940-955.

[313] AGGARWAL N, DAI Q, WALDEN E A. The more, the merrier? how the number of partners in a standard-setting initiative affects shareholder's risk and return [J]. MIS quarterly, 2011, 35 (2): 445-462.

[314] DELACEY B J, HERMAN K, KIRON D, et al. Strategic behavior in standard-setting organizations [EB/OL]. [2024-08-10]. https://www.researchgate.net/publication/228138342_Strategic_Behavior_in_Standard-Setting_Organizations.

[315] CLARK J, PICCOLO J, STANTON B, et al. Patent pools: a solution to the problem of access in biotechnology patents? [EB/OL]. (2001-05-13) [2024-08-10]. http://www.uspto.gov/web/offices/pac/dapp/opla/patentpool.pdf.

[316] KATZ M L, SHAPIRO C. Network externalities, competition, and compatibility [J]. The American economic review, 1985, 75 (3): 424-440.

[317] RYSMAN M, SIMCOE T. Patents and the performance of voluntary standard-setting organizations [J]. Management science, 2008, 54 (11): 1920-1934.

[318] FLEMING L, WAGUESPACK D M. Brokerage, boundary spanning, and leadership in open innovation communities [J]. Organization science, 2007, 18 (2): 165-180.

[319] 翁轶丛, 陈宏民, 孔新宇. 基于网络外部性的企业技术标准控制策略 [J]. 管理科学学报, 2004, 7 (2): 1-6.

[320] GAO X. A latecomer's strategy to promote a technology standard: the case of Da-

tang and TD-SCDMA [J]. Research policy, 2014, 43 (3)：597-607.

[321] TUSHMAN M L, ROSENKOPF L. Organizational determinants of technological-change-toward a sociology of technological evolution [J]. Research in organizational behavior, 1992 (14)：311-347.

[322] 黄少安. 经济学研究重心的转移与合作经济学构想：对创建"中国经济学"的思考 [J]. 经济研究，2000 (5)：60-67.

[323] 张泽麟，王道平，张虹，等. 标准设定动因下企业 R&D 联盟的进化博弈分析 [J]. 软科学，2014, 28 (1)：20-25.

[324] 吴文华. 高技术企业技术标准联盟治理研究 [D]. 长沙：湖南大学，2008.

[325] ROSEN B N, SCHNAARS S P, SHANI D. A comparison of approaches for setting standards for technological products [J]. Journal of product innovation management, 1988, 5 (2)：129-139.

[326] 邵爱军. 政府主导型低碳技术创新联盟研究 [D]. 青岛：中国石油大学（华东），2013.

[327] 邸晓燕，张赤东. 产业技术创新战略联盟的类型与政府支持 [J]. 科学学与科学技术管理，2011, 32 (4)：78-84.

[328] 李锐，鞠晓峰. 产业创新系统的自组织进化机制及动力模型 [J]. 中国软科学，2009 (S1)：159-163.

[329] 陆园园，张阳. 自组织理论视角下企业创新网络研究 [J]. 科技管理研究，2007, 27 (12)：27-30.

[330] 赵子军. 标准化助力农业供给侧改革：访国土资源部土地整治中心副主任郧文聚 [J]. 中国标准化，2017 (5)：8-10.

[331] WARNER A G. Block alliances and the formation of standards in the ITC industry [J]. Advanced topics in information technology standards & standardization research, 2006 (1)：50-70.

[332] 肖利平. 政府干预、产学联盟与企业技术创新 [J]. 科学学与科学技术管理，2016, 37 (3)：21-30.

[333] 杜伟锦，韩文慧，周青. 技术标准联盟形成发展的障碍及对策分析 [J]. 科研管理，2010 (5)：96-101.

[334] 曹如中，刘长奎，曹桂红. 基于组织生态理论的创意产业创新生态系统演化

规律研究［J］. 科技进步与对策, 2011, 28（3）: 64-68.

[335] 花磊, 王文平. 产业生命周期不同阶段的最优集体创新网络结构［J］. 中国管理科学, 2013, 21（5）: 129-140.

[336] 刘国巍. 产学研合作创新网络时空演化模型及实证研究: 基于广西 2000—2013 年的专利数据分析［J］. 科学学与科学技术管理, 2015, 36（4）: 64-74.

[337] AHOKANGAS P, HYRY M, RASANEN P. Small technology-based firms in a fast-growing regional cluster［J］. New England journal of entrepreneurship, 1999, 2（1）: 19-26.

[338] 刘友金, 刘莉君. 基于混沌理论的集群式创新网络演化过程研究［J］. 科学学研究, 2008, 26（1）: 185-190.

[339] 刘晓燕, 阮平南, 李非凡. 基于专利的技术创新网络演化动力挖掘［J］. 中国科技论坛, 2014（3）: 136-141.

[340] 龚艳萍, 董媛. 技术标准联盟生命周期中的伙伴选择［J］. 科技进步与对策, 2010, 27（16）: 13-16.

[341] 张龙, 张运生. 高科技企业技术标准定价研究［J］. 中国科技论坛, 2010（8）: 66-73.

[342] 柳卸林. 二元的中国创新体系［J］. 科学学与科学技术管理, 2006, 27（2）: 14-21.

[343] 蔡宁, 潘松挺. 网络关系强度与企业技术创新模式的耦合性及其协同演化: 以海正药业技术创新网络为例［J］. 中国工业经济, 2008（4）: 137-144.

[344] KRAATZ M S. Learning by association? interorganizational networks and adaptation to environmental change［J］. Academy of management journal, 1998, 41（6）: 621-643.

[345] POWELL W W, KOPUT K W, SMITHDOERR L. Interorganizational collaboration and the locus of learning in biotechnology［J］. Administrative science quarterly, 1996, 41（1）: 116-145.

[346] 钱锡红, 徐万里, 杨永福. 企业网络位置、间接联系与创新绩效［J］. 中国工业经济, 2010（2）: 78-88.

[347] ROSENKOPF L, PADULA G. Investigating the microstructure of network evolu-

tion: alliance formation in the mobile communications industry [J]. Organization science, 2008, 19 (5): 669-687.

[348] 李金华, 孙东川. 创新网络的演化模型 [J]. 科学学研究, 2006, 24 (1): 135-140.

[349] KOKA B R, MADHAVAN R, PRESCOTT J E. The evolution of interfirm networks: environmental effects on patterns of network change [J]. Academy of management review, 2006, 31 (3): 721-737.

[350] HAGEDOORN J. Inter-firm R&D partnerships: an overview of major trends and patterns since 1960 [J]. Research policy, 2002, 31 (4): 477-492.

[351] 张志彤, 程跃, 银路. 战略性新兴产业创新系统网络演化及运行模式研究: 基于深圳LED产业的分析 [J]. 研究与发展管理, 2014, 26 (6): 114-121.

[352] 田钢, 张永安. 集群创新网络演化的动力模型及其仿真研究 [J]. 科研管理, 2010, 31 (1): 104-115.

[353] 彭盾. 复杂网络视角下的高技术企业技术创新网络演化研究 [D]. 长沙: 湖南大学, 2010.

[354] 陈文婕. 低碳汽车技术创新网络演化研究 [D]. 长沙: 湖南大学, 2013.

[355] 周青, 韩文慧, 杜伟锦. 技术标准联盟伙伴关系与联盟绩效的关联研究 [J]. 科研管理, 2011, 32 (8): 1-8.

[356] 何传启, 张凤. 国家创新系统与第二次现代化 [J]. 科学新闻, 1999 (34): 8.

[357] MAHMOOD I P, ZHU H, ZAJAC E J. Where can capabilities come from? network ties and capability acquisition in business groups [J]. Strategic management journal, 2011, 32 (8): 820-848.

[358] BURT R S. The network structure of social capital [J]. Research in organizational behavior, 2000 (22): 345-423.

[359] GLAISTER K W, BUCKLEY P J. Strategic motives for international alliance formation [J]. Journal of management studies, 1996, 33 (3): 301-332.

[360] CLARK J, PICCOLO J, STANTON B, et al. Patent pools: a solution to the problem of access in biotechnology patents? [J]. US patent and trademark office, 2000: 4.

[361] 郭勇. 航天晨光专用汽车发展战略研究 [D]. 哈尔滨：哈尔滨工业大学，2005.

[362] 陈姝. 感知产品创新的作用结果及其机制研究 [D]. 西安：西北大学，2015.

[363] KYRGIDOU L P, SPYROPOULOU S. Drivers and performance outcomes of innovativeness: an empirical study [J]. British journal of management, 2013, 24 (3): 281-298.

[364] TELLIS G J, PRABHU J C, CHANDY R K. Radical innovation across nations: the preeminence of corporate culture [J]. Journal of marketing, 2009, 73 (1): 3-23.

[365] HUA S Y, WEMMERLÖV U. Product change intensity, product advantage, and market performance: an empirical investigation of the PC industry [J]. Journal of product innovation management, 2006, 23 (4): 316-329.

[366] XU S, WU F, CAVUSGIL E. Complements or substitutes? internal technological strength, competitor alliance participation, and innovation development [J]. Journal of product innovation management, 2013, 30 (4): 750-762.

[367] SORESCU A B, CHANDY R K, PRABHU J C. Sources and financial consequences of radical innovation: insights from pharmaceuticals [J]. Journal of marketing, 2003, 67 (4): 82-102.

[368] PURANAM P, SINGH H, ZOLLO M. Organizing for innovation: managing the coordination-autonomy dilemma in technology acquisitions [J]. Academy of management journal, 2006, 49 (2): 263-280.

[369] CHEN J, DAMANPOUR F, REILLY R R. Understanding antecedents of new product development speed: a meta-analysis [J]. Journal of operations management, 2010, 28 (1): 17-33.

[370] 梁杰，谢恩，唐青青. 市场导向与新产品开发速度：供应商网络的调节作用 [J]. 研究与发展管理，2015, 27 (4): 25-35.

[371] 郝生宾，王媛. 新产品开发速度研究综述与展望 [J]. 中国管理科学，2013, 21 (2): 707-714.

[372] DUMAINE B. How managers can succeed through speed [J]. Fortune, 1989,

119（4）：54-59.

[373] CHEN J, REILLY R R, LYNN G S. The impacts of speed-to-market on new product success: the moderating effects of uncertainty [J]. IEEE transactions on engineering management, 2005, 52（2）：199-212.

[374] DRÖGE C, JAYARAM J, VICKERY S K. The ability to minimize the timing of new product development and introduction: an examination of antecedent factors in the North American automobile supplier industry [J]. Journal of product innovation management, 2000, 17（1）：24-40.

[375] CANKURTARAN P, LANGERAK F, GRIFFIN A. Consequences of new product development speed: a meta-analysis [J]. Journal of product innovation management, 2013, 30（3）：465-486.

[376] KHANNA T, GULATI R, NOHRIA N. The dynamics of learning alliances: competition, cooperation, and relative scope [J]. Strategic management journal, 1998, 19（3）：193-210.

[377] KALE P, SINGH H, PERLMUTTER H. Learning and protection of proprietary assets in strategic alliances: building relational capital [J]. Strategic management journal, 2000, 21（3）：217-237.

[378] DYER J H, NOBEOKA K. Creating and managing a high-performance knowledge-sharing network: the Toyota case [J]. Strategic management journal, 2000, 21（3）：345-367.

[379] BANKER R D, KAUFFMAN R J. 50th anniversary article: the evolution of research on information systems-a fiftieth-year survey of the literature in management science [J]. Management science, 2004, 50（3）：281-298.

[380] 刘爱文，蒋军锋，王修来. 技术创新网络中的知识-信息-知识作用过程研究 [J]. 科学学研究，2008，26（5）：1067-1072.

[381] KWON S W, ADLER P S. Social capital: maturation of a field of research [J]. Academy of management review, 2014, 39（4）：412-422.

[382] COLEMAN J S. Social capital in the creation of human capital [J]. American journal of sociology, 1988（94）：95-120.

[383] PORTES A, SENSENBRENNER J. Embeddedness and immigration: notes on the

social determinants of economic action [J]. American journal of sociology, 1993, 98 (6): 1320-1350.

[384] GARGIULO M, BENASSI M. Trapped in your own net? network cohesion, structural holes, and the adaptation of social capital [J]. Organization science, 2000, 11 (2): 183-196.

[385] GULATI R. Social structure and alliance formation patterns: a longitudinal analysis [J]. Administrative science quarterly, 1995, 40 (4): 619-652.

[386] GULATI R, GARGIULO M. Where do interorganizational networks come from? [J]. American journal of sociology, 1999, 104 (5): 1439-1493.

[387] 孙永磊, 党兴华, 宋晶. 网络位置、跨组织学习对惯例搜寻能力的影响研究 [J]. 软科学, 2014, 28 (3): 21-25.

[388] HANSEN M T. The search-transfer problem: the role of weak ties in sharing knowledge across organization subunits [J]. Administrative science quarterly, 1999, 44 (1): 82-111.

[389] KRACKHARDT D. Assessing the political landscape: structure, cognition, and power in organizations [J]. Administrative science quarterly, 1990, 35 (2): 342-369.

[390] WHITTINGTON K B, OWEN-SMITH J, POWELL W W. Networks, propinquity, and innovation in knowledge-intensive industries [J]. Administrative science quarterly, 2009, 54 (1): 90-122.

[391] POWELL W W, WHITE D R, KOPUT K W, et al. Network dynamics and field evolution: the growth of interorganizational collaboration in the life sciences [J]. American journal of sociology, 2005, 110 (4): 1132-1205.

[392] SUTTON R I, HARGADON A. Brainstorming groups in context: effectiveness in a product design firm [J]. Administrative science quarterly, 1996, 41 (4): 685-718.

[393] GULATI R, NOHRIA N, ZAHEER A. Strategic networks [J]. Strategic management journal, 2000, 21 (3): 203-215.

[394] ZAHEER A, SODA G. Network evolution: the origins of structural holes [J]. Administrative science quarterly, 2009, 54 (1): 1-31.

[395] BERCOVITZ J, FELDMAN M. The mechanisms of collaboration in inventive teams: composition, social networks, and geography [J]. Research policy, 2011, 40 (1): 81-93.

[396] DAMANPOUR F. Organizational innovation: a meta-analysis of effects of determinants and moderators [J]. Academy of management journal, 1991, 34 (3): 555-590.

[397] BARSNESS Z I, DIEKMANN K A, SEIDEL M D L. Motivation and opportunity: the role of remote work, demographic dissimilarity, and social network centrality in impression management [J]. Academy of management journal, 2005, 48 (3): 401-419.

[398] GOULD R V, FERNANDEZ R M. Structures of mediation: a formal approach to brokerage in transaction networks [J]. Sociological methodology, 1989 (19): 89-126.

[399] STOVEL K, SHAW L. Brokerage [J]. Annual review of sociology, 2012, 38 (1): 139-158.

[400] HANNEMAN R A, RIDDLE M. Introduction to social network methods [EB/OL]. [2024-08-10]. http://faculty.ucr.edu/~hanneman/.

[401] LEE R P. Extending the environment-strategy-performance framework: the roles of multinational corporation network strength, market responsiveness and product innovation [J]. Journal of international marketing, 2010, 18 (4): 58-73.

[402] RINDFLEISCH A, MOORMAN C. The acquisition and utilization of information in new product alliances: a strength-of-ties perspective [J]. Journal of marketing, 2001, 65 (2): 1-18.

[403] GONZALEZ-BRAMBILA C N, VELOSO F M, KRACKHARDT D. The impact of network embeddedness on research output [J]. Research policy, 2013, 42 (9): 1555-1567.

[404] DOOLEY L, KENNY B, CRONIN M. Interorganizational innovation across geographic and cognitive boundaries: does firm size matter? [J]. R&D management, 2016, 46 (S1): 227-243.

[405] JAFFE A. Technological opportunity and spillovers of R&D: evidence from firms'

patents, profits and market value [J]. American economic review, 1986 (76):984-1001.

[406] VASUDEVA G, ZAHEER A, HERNANDEZ E. The embeddedness of networks: institutions, structural holes, and innovativeness in the fuel cell industry [J]. Organization science, 2013, 24 (3): 645-663.

[407] AHUJA G. The duality of collaboration: inducements and opportunities in the formation of interfirm linkages [J]. Strategic management journal, 2000, 3 (21): 317-343.

[408] SØRENSEN J B, STUART T E. Aging, obsolescence, and organizational innovation [J]. Administrative science quarterly, 2000, 45 (1): 81-112.

[409] 李子奈. 计量经济学模型对数据的依赖性 [J]. 经济学动态, 2009 (8): 22-27.

[410] SOH P H. Network patterns and competitive advantage before the emergence of a dominant design [J]. Strategic management journal, 2010, 31 (4): 438-461.

[411] FUNK R J. Making the most of where you are: geography, networks, and innovation in organizations [J]. Academy of management journal, 2014, 57 (1): 193-222.

[412] 党兴华, 郑登攀. 技术创新网络中核心企业影响力评价因素研究 [J]. 科研管理, 2007, 28 (S1): 19-25.

[413] GOULD R V. The origins of status hierarchies: a formal theory and empirical test [J]. American journal of sociology, 2002, 107 (5): 1143-1178.

[414] STAM W, ELFRING T. Entrepreneurial orientation and new venture performance: the moderating role of intra and extra industry social capital [J]. Academy of management journal, 2008, 51 (1): 97-111.

[415] 李延喜, 吴笛, 肖峰雷, 等. 声誉理论研究述评 [J]. 管理评论, 2010, 22 (10): 3-11.

[416] 詹坤, 邵云飞, 唐小我. 联盟组合网络特征对创新能力影响的实证研究 [J]. 科学学研究, 2017, 35 (12): 1910-1920.

[417] PODOLNY J M. Status signals: a sociological study of market competition [M]. Princeton: Princeton University Press, 2005.

[418] 戴海闻, 曾德明, 张运生. 标准联盟组合嵌入性社会资本对企业创新绩效的影响研究 [J]. 研究与发展管理, 2017, 29 (2): 93-101.

[419] 周雯琦. 技术多元化对企业创新绩效的影响因素分析 [D]. 杭州: 浙江大学, 2007.

[420] 何郁冰. 技术多元化促进企业绩效的机理研究 [J]. 科研管理, 2011, 32 (4): 9-18.

[421] CANTWELL J, SANTANGELO G D. The boundaries of firms in the new economy: M&As as a strategic tool toward corporate technological diversification [J]. Structural change and economic dynamics, 2006, 17 (2): 174-199.

[422] DIBIAGGIO L, NASIRIYAR M, NESTA L. Substitutability and complementarity of technological knowledge and the inventive performance of semiconductor companies [J]. Research policy, 2014, 43 (9): 1582-1593.

[423] TEECE D J, RUMELT R, DOSI G, et al. Understanding corporate coherence: theory and evidence [J]. Journal of economic behavior & organization, 1994, 23 (1): 1-30.

[424] GOURIEROUX C, MONFORT A, TROGNON A. Pseudo maximum likelihood methods: applications to Poisson models [J]. Econometrica, 1984, 52 (3): 701-720.

[425] ZHENG Y, YANG H. Does familiarity foster innovation? the impact of alliance partner repeatedness on breakthrough innovations [J]. Journal of management studies, 2015, 52 (2): 213-230.

[426] GUAN J, LIU N. Exploitative and exploratory innovations in knowledge network and collaboration network: a patent analysis in the technological field of nano-energy [J]. Research policy, 2016, 45 (1): 97-112.

[427] TEECE D J, PISANO G, SHUEN A. Dynamic capabilities and strategic management [J]. Strategic management journal, 1997, 18 (7): 509-533.

[428] CHIU Y C, LAI H C, LEE T Y, et al. Technological diversification, complementary assets, and performance [J]. Technological forecasting & social change, 2008, 75 (6): 875-892.

[429] GRANSTRAND O, OSKARSSON C. Technology diversification in "MUL-

TECH" corporations [J]. IEEE transactions on engineering management, 1994, 41 (4): 355-364.

[430] GILSING V A, DUYSTERS G M. Understanding novelty creation in exploration networks—structural and relational embeddedness jointly considered [J]. Technovation, 2008, 28 (10): 693-708.

[431] KAASA A. Effects of different dimensions of social capital on innovative activity: evidence from Europe at the regional level [J]. Technovation, 2009, 29 (3): 218-233.

[432] EASTERBY-SMITH M, LYLES M A, TSANG E W K. Inter-organizational knowledge transfer: current themes and future prospects [J]. Journal of management studies, 2008, 45 (4): 677-690.

[433] TORTORIELLO M, KRACKHARDT D. Activating cross-boundary knowledge: the role of Simmelian ties in the generation of innovations [J]. Academy of management journal, 2010, 53 (1): 167-181.

[434] INKPEN A C, TSANG E W K. Social capital, networks, and knowledge transfer [J]. Academy of management review, 2005, 30 (1): 146-165.

[435] STASSER G, TITUS W. Pooling of unshared information in group decision making: biased information sampling during discussion [J]. Journal of personality and social psychology, 1985, 48 (6): 1467.

[436] MENGUC B, AUH S, YANNOPOULOS P. Customer and supplier involvement in design: the moderating role of incremental and radical innovation capability [J]. Journal of product innovation management, 2014, 31 (2): 313-328.

[437] GAO P. Counter-networks in standardization: a perspective of developing countries [J]. Information systems journal, 2007, 17 (4): 391-420.

[438] GRIGORIOU K, ROTHAERMEL F T. Structural microfoundations of innovation: the role of relational stars [J]. Journal of management, 2014, 40 (2): 586-615.

[439] IBARRA H. Network centrality, power, and innovation involvement: determinants of technical and administrative roles [J]. Academy of management journal, 1993, 36 (3): 471-501.

[440] MARTINI A, NEIROTTI P, APPIO F P. Knowledge searching, integrating and

performing: always a tuned trio for innovation? [J]. Long range planning, 2017, 50 (2): 200-220.

[441] KING S P. Collective bargaining by business: economic and legal implications [J]. UNSW law journal, 2013, 36 (1): 107-138.

[442] JULIEN P A, ANDRIAMBELOSON E, RAMANGALAHY C. Networks, weak signals and technological innovations among SMEs in the land-based transportation equipment sector [J]. Entrepreneurship & regional development, 2004, 16 (4): 251-269.

[443] 何郁冰, 陈劲. 企业技术多元化战略影响因素的实证研究 [J]. 技术经济, 2010, 29 (11): 1-7.

[444] AFUAH A. Innovation management: strategies, implementation, and profits [J]. Advances in competitiveness research, 1998, 6 (6): 578-580.

[445] DOUGHERTY D, MUNIR K, SUBRAMANIAM M. Managing technology flows in practice: a grounded theory of sustained innovation [J]. Academy of management proceedings & membership directory, 2002 (1): 1-6.

[446] GUPTA A K, WILEMON D L. Accelerating the development of technology-based new products [J]. California management review, 1990, 32 (2): 24-44.

[447] SWINK M. Completing projects on-time: how project acceleration affects new product development [J]. Journal of engineering & technology management, 2003, 20 (4): 319-344.

[448] ARGYRES N. Capabilities, technological diversification and divisionalization [J]. Strategic management journal, 1996, 17 (5): 395-410.

[449] SHERIF M H. ICT standardisation strategies and interactive learning spaces-the case of China [J]. International journal of technology marketing, 2015, 10 (2): 113-136.

[450] FERNÁNDEZ E, MONTES J M, VÁZQUEZ C J. Typology and strategic analysis of intangible resources: a resource-based approach [J]. Technovation, 2000, 20 (2): 81-92.

[451] RANGANATHAN R, ROSENKOPF L. Do ties really bind? the effect of knowledge and commercialization networks on opposition to standards [J]. Academy of manage-

ment journal, 2014, 57 (2): 515-540.

[452] GREVE H R. Exploration and exploitation in product innovation [J]. Industrial and corporate change, 2007, 16 (5): 945-975.

[453] BARON R M, KENNY D A. The moderator-mediator variable distinction in social psychological research: conceptual, strategic, and statistical considerations [J]. Journal of personality and social psychology, 1986, 51 (6): 1173-1182.

[454] 邝兵. 标准化战略的理论与实践研究 [M]. 武汉: 武汉大学出版社, 2011.

[455] 文金艳, 曾德明, 王媛. 联盟组合多样性、关系强度与技术标准化能力 [J]. 科研管理, 2021, 42 (11): 164-170.

[456] 文金艳, 曾德明, 徐露允, 等. 结构洞、网络多样性与企业技术标准化能力 [J]. 科研管理, 2020, 41 (12): 195-203.

[457] 韦小彦. 技术标准联盟核心企业标准化能力研究 [D]. 长沙: 湖南大学, 2017.

[458] WEN J, LI J, ZHOU Q, et al. How firms support formal standardization: the role of alliance portfolio and internal technological diversity [J]. Technological forecasting and social change, 2023, 196: 122854.

[459] WEN J, QUALLS W J, ZENGN D. Standardization alliance networks, standard-setting influence, and new product outcomes [J]. Journal of product innovation management, 2020, 37 (2): 138-157.

[460] DOLOREUX D. Regional innovation systems in Canada: a comparative study [J]. Regional studies, 2004, 38 (5): 479-492.

[461] 詹也, 吴晓波. 企业联盟组合配置战略与组织创新的关系研究: 基于我国汽车行业的多案例研究 [J]. 科学学研究, 2012, 30 (3): 466-473.

[462] STIRLING A. A general framework for analyzing diversity in science, technology and society [J]. Journal of the royal society interface, 2007 (4): 707-719.

[463] BEAUDRY C, SCHIFFAUEROVA A. Impacts of collaboration and network indicators on patent quality: the case of Canadian nanotechnology innovation [J]. European management journal, 2011, 29 (5): 362-376.

[464] 熊焰, 李杰义. 网络结构、知识整合与知识型团队绩效关系研究 [J]. 研究与发展管理, 2011, 23 (6): 8-16.

[465] SHIPILOV A V, LI S X. Can you have your cake and eat it too? structural holes' influence on status accumulation and market performance in collaborative networks [J]. Administrative science quarterly, 2008, 53 (1): 73-108.

[466] GRANSTRAND O, PATEL P, PAVITT K. Multi-technology corporations: why they have "distributed" rather than "distinctive core" competencies [J]. California management review, 1997, 39 (4): 8-25.

[467] BERGER F, BLIND, THUMM N. Filing behaviour regarding essential patents in industry standards [J]. Research policy, 2012, 41 (1): 216-225.

[468] 栾春娟, 侯海燕, 王贤文. 重大发明创造的技术多元化特征更明显吗? [J]. 科学学与科学技术管理, 2014, 35 (4): 66-73.

[469] 江洲, 陈玉忠, 咸奎桐, 等. 构建国家标准体系的关键问题研究 [J]. 中国标准化, 2012 (2): 40-44.

[470] 舒蜀波. 对我国标准化法律法规体系建设的思考 [D]. 重庆: 西南政法大学, 2009.

[471] 张平, 马骁. 技术标准战略与知识产权战略的结合 (上) [J]. 电子知识产权, 2003 (1): 44-47.

[472] FANG E. Customer participation and the trade-off between new product innovativeness and speed to market [J]. Journal of marketing, 2008, 72 (4): 90-104.

[473] 马庆国, 杨薇. 创新文化、人格特征与非正式创新网络 [J]. 科学学研究, 2007, 25 (4): 772-776.

[474] 吕铁. 论技术标准化与产业标准战略 [J]. 中国工业经济, 2005 (7): 43-49.